南方传媒蓝皮书

传媒与城市形象传播（2014）

Media and City Image Communication（2014）

王玉玮　主编

暨南大學出版社
JINAN UNIVERSITY PRESS

中国·广州

图书在版编目（CIP）数据

传媒与城市形象传播（2014）/ 王玉玮主编 .—广州：暨南大学出版社，2015.6
（南方传媒蓝皮书）
ISBN 978-7-5668-1624-5

Ⅰ.①传… Ⅱ.①王… Ⅲ.①传播媒介—作用—城市—形象—传播—研究 Ⅳ.①F290

中国版本图书馆 CIP 数据核字（2015）第 219462 号

……………………………………………………………………………

传媒与城市形象传播（2014）
主　　编：王玉玮

策划编辑：史学英
责任编辑：陈丽娟
责任校对：姚荇姝

地　　址：中国广州暨南大学
电　　话：总编室（8620）85221601
营销部（8620）85225284　85228291　85228292（邮购）
传　　真：（8620）85221583（办公室）　85223774（营销部）
邮　　编：510630
网　　址：http://www.jnupress.com　http://press.jnu.edu.cn
排　　版：广州良弓广告有限公司
印　　刷：佛山市浩文彩色印刷有限公司
开　　本：787mm×1092mm　1/16
印　　张：18.125
字　　数：328 千
版　　次：2015 年 6 月第 1 版
印　　次：2015 年 6 月第 1 次
定　　价：42.80 元

目　录

第一部分　影视与城市形象传播

第二部分　新媒体与城市形象传播

第三部分　城市形象传播个案研究

第一部分　影视与城市形象传播

2014年中国电影与城市形象传播

郝逸林

发展城市形象能够提高市民的自我认同感和自豪感，对维护城市的稳定和提升民族自信心具有积极作用。城市形象是人们对城市的主观看法，是城市的历史发展、文化生活、精神风貌的识别符号与集体话语的体现。目前，城市形象的利益相关者们都致力于传播城市的正面形象，城市形象的传播是由大众传播、个人经历、人际传播三者共同作用完成的。其中，大众传播是更主观、更可掌握的城市形象传播形式，包括新闻、纪录片、电影、宣传片、小说等传播形式。

电影凭借动人的情节、细腻的情感和精良的制作获得广大受众的青睐，电影承载与记录着一个时代、一个地域的风土人情，对所描述的城市（或特定的地域）的形象塑造有着广泛的影响。电影是一门视觉和听觉相结合的现代艺术，可以多方位、多角度地反映一座城市（或特定的地域）。一方面，电影具有极强的故事性，能以其强烈的情感感染受众，提升受众对城市形象的认同感；另一方面，电影通过塑造人物形象来增强受众对城市形象的真实感受。

对城市形象传播而言，无论是城市内部受众还是城市外部受众，都能对电影中的人物或情节感同身受，与电影中展现的城市形象产生共鸣，取得事半功倍的传播效果。电影展现出城市（或特定的地域）的自然景观、人文情怀、历史变迁和独特的精神面貌，有利于增强城市外部受众对城市的了解和认同，在潜移默化中提升城市的知名度。在信息全球化的今天，城市形象想要更快更好地传播，需要依靠电影这一媒介。随着中国综合国力的增强和文化软实力的提高，外国民众和媒体对中国愈发关注，电影无疑是外国人了解中国城市的最好窗口，也是外国人了解中国文化的主要途径。

一、2014年中国电影与城市形象传播现状综述

关于城市形象的概念，中外学者多有定义，简而言之，即社会公众对

城市外在形象与内在精神认知的总和，包含了经济、政治、文化等多个方面。城市为了让政治、经济、文化更好地发展，需要树立良好的城市形象，同时也离不开人们对城市的积极想象。城市形象的多面性使其无法用文字、语言、图画全面展现，而电影以独特的方式展现着城市的外在形象和内在精神，也激发和维系着人们对城市的积极想象。故事是电影的骨骼，人物又是故事的精髓，而人物的性格又必须根据城市市民的内在精神、性格、习惯来塑造，所以电影可以反映出一座城市的方方面面，是城市形象传播的扬声器。

（一）国家政策积极支持电影产业“走出去”

2014 年 3 月，中华人民共和国文化部与中国人民银行等部门联合下发了《关于深入推进文化金融合作的意见》，电影行业最先得到了支持。此项政策将重点放在了创新文化金融体制机制上，以解决文化企业融资困难的问题。

目前，银行的贷款模式仍以担保、有形资产抵押等传统方式为主，电影企业普遍没有什么可供抵押的资产，所以从银行贷款较为困难。为此，国家已成立中央文化产业专项资金，二十多个省级财政部也设立了文化产业专项资金，主要扶持电影产业的发展，尤其是重点推动中国电影“走出去”等项目。推动电影“走出去”是中国提高文化软实力的重要一步，通过电影的出口，达到传播中国的自然风光、风土人情、文化精神等城市（或特定的地域）形象的目的，提升外国人对中国文化的认同感，使中华文化国际化。

2014 年，中国大陆发行上映的 70 余部电影当中，在海外市场播放的有 26 部，引进中国影片数量最多的是新加坡，马来西亚和美国分别位列第二、第三（见表 1）。电影《西游记之大闹天宫》远销海外，在中国香港、澳门、台湾，以及美国、加拿大、日本、西欧、东欧、新加坡、马来西亚、文莱、泰国、印度尼西亚、澳大利亚等 32 个国家及地区先后上映。

此外，国家还给予电影产业多项免税政策。2014 年 4 月 16 日，国务院办公厅颁发了《文化体制改革中经营性文化事业单位转制为企业的规定》《进一步支持文化企业发展的规定》，其中规定：对电影制片企业销售电影拷贝（含数字拷贝）、转让版权取得的收入，电影发行企业取得的电影发行收入，电影放映企业在农村的电影放映收入免征增值税；2014 年 1 月 1 日至 2016 年 12 月 31 日，广播电视运营服务企业收取的有线数字电视基本收视维护费和农村有线电视基本收视费免征增值税；对国家重点鼓励的文化产品出口实行增值税零税率；对国家重点鼓励的文化服务出口实行营业税免税；结合营业税改征增值税改革试点，逐步将文化服务行业纳入改革试点范围，对纳入增值税征收范围的上述文化服务出口实行增值税零税率或免税。

表1　2014 年中国出口电影一览表

序号	发行地区	电影名称	总片数
1	新加坡	《救火英雄》《六福喜事》《西游记之大闹天宫》《澳门风云》《狂舞派》《魔警》《窃听风云》《反贪风暴》《临时同居》《一生一世》《亲爱的》《等一个人咖啡》《一个人的武林》《黄飞鸿之英雄有梦》《撒娇女人最好命》	15 部
2	马来西亚	《西游记之大闹天宫》《澳门风云》《北京爱情故事》《窃听风云》《反贪风暴》《临时同居》《等一个人咖啡》《黄飞鸿之英雄有梦》	8 部
3	美国	《西游记之大闹天宫》《北京爱情故事》《魔警》《心花路放》《撒娇女人最好命》《匆匆那年》《智取威虎山》	7 部
4	加拿大	《魔警》《心花路放》《匆匆那年》《智取威虎山》	4 部
5	韩国	《我在路上最爱你》《催眠大师》《夜莺》	3 部
6	澳大利亚	《西游记之大闹天宫》《心花路放》	2 部
7	德国（柏林国际电影节）	《白日焰火》《忘了去懂你》	2 部
8	法国	《过界男女》《夜莺》	2 部
9	英国	《狂舞派》	1 部
10	意大利（威尼斯影展）	《亲爱的》	1 部
11	新西兰	《心花路放》	1 部
12	日本	《深夜前的五分钟》	1 部

（二）2014 年中国电影与城市形象传播的类型

2014 年中国电影的拍摄类型仍以爱情电影为主，爱情电影占全部影片的 40%，如《前任攻略》《北京爱情故事》等，其余影片类型包括动作电影（如《绣春刀》）、奇幻电影（如《西游记之大闹天宫》）、喜剧电影（如《六福喜事》）、恐怖电影（如《京城 81 号》）、冒险电影（如《密道追踪之阴兵虎符》）、警匪电影（如《魔警》）、战争电影（如《智取威虎山》）、公路电影（如《后会无期》）等。

在爱情电影类型中，80% 的影片将背景设定在北京、上海等城市，并在这些大城市里取景拍摄。电影通过镜头语言的运用向观众展现出城市的外观设计、生活风貌、文化精神、风俗习惯等方面，不再拘泥于城市繁华的外观，而是带领观众走向城市浮华外表之下的内在文化和市民性格，让观众与城市文化亲密接触，更深层次地了解城市，对城市形象的塑造更加完整、多面、立体。

在警匪电影中，激烈的枪战和开车追逐场面更大限度地展现了城市的高楼林立和道路的四通八达，繁华的城市、便捷的交通更易使观众内心产生认同感。而且警匪电影的主题是正义战胜邪恶，最终警察与罪犯殊死搏斗后完成了任务，保护了市民的人身与财产安全，从城市形象利益相关者的角度来讲，这有利于塑造城市的警察形象，观众无意识中将城市形象与安全画上了等号，一方面加强了市民团结的向心力，另一方面震慑了潜在的犯罪分子。

值得一提的是公路电影类型，公路电影是 2014 年热门的电影类型，其以路途反映人生为特征，收获了大量的观众。在表现城市形象方面，公路电影的最大优势是展现地域之宽广，经过城市之多样。在一部影片中出现多个城市（或特定的区域），无形中为观众提供了比较，城市形象的差异在更大程度上表现出来，更鲜明地被人认知。路途的风景、城市的人物，还有主角与之格格不入的文化、习俗，带领观众走进一个个陌生且神秘的城市，让观众在探索中认知、理解、认同。

（三）2014 年中国电影与城市形象传播的特点

2014 年在中国拍摄并在院线上映的电影的拍摄地区如表 2 所示。其中，在北京拍摄的电影有 20 部，在香港拍摄的有 17 部，分别居全国各省市的第一、第二名；在广州、上海、台湾拍摄的电影分别为 6 部、10 部、6 部。另外，古装剧和年代剧共 11 部，占总比重的 15%，且多在北京、上海、横店影视城拍摄。在中西部地区拍摄的电影共 12 部，多集中在云南、四川、重庆、内蒙古等省市，且多以拍摄自然风光为主。此外，还有 12 部电影跨国取景，先后到 9 个国家进行拍摄。

表2　2014年中国上映电影拍摄地区一览表

序号	拍摄地区	电影名称	总片数
1	北京	《西游记之大闹天宫》（棚拍）、《一步之遥》（怀柔影视城）、《绣春刀》（怀柔影视城）、《前任攻略》《北京爱情故事》《谁说我们不会爱》《我在路上最爱你》《整容日记》《同桌的你》《归来》《激浪青春》《分手大师》《老男孩之猛龙过江》《洋妞到我家》《一生一世》《夜莺》《天河》《匆匆那年》《智取威虎山》《微爱之渐入佳境》	20部
2	广东	《爸爸去哪儿》（广州番禺）、《脱轨时代》（广州）、《过界男女》（深圳）、《亲爱的》（广州、深圳、南雄市坪田镇）、《单身男女2》（广州）、《黄飞鸿之英雄有梦》（清末广州珠江码头）、《精武青春》（东莞、深圳）、《男人不可以穷》（广州、佛山）	8部
3	上海	《太平轮（上）》（20世纪40年代上海）、《王牌》（车墩影视基地）、《后备空姐》《小时代3：刺金时代》《后会无期》《黄金时代》《深夜前的五分钟》《露水红颜》《撒娇女人最好命》《一步之遥》	10部
4	香港	《救火英雄》《六福喜事》《澳门风云》《过界男女》《狂舞派》《盗马记》《魔警》《冰封：重生之门》《人间·小团圆》《窃听风云》《反贪风暴》《临时同居》《黄金时代》《一个人的武林》《求爱大作战》《精武青春》《男人不可以穷》	17部
5	澳门	《澳门风云》	1部
6	台湾	《甜蜜杀机》《追爱大布局》《闺蜜》《痞子英雄2：黎明升起》《等一个人咖啡》《不能说的夏天》	6部
7	黑龙江	《白日焰火》（哈尔滨）、《黄金时代》（哈尔滨）、《智取威虎山》（牡丹江市）	3部
8	云南	《心花路放》（大理、昆明、香格里拉）、《37次想你》（丽江、大理）、《我在路上最爱你》	3部
9	内蒙古	《后会无期》（赤峰）、《绣春刀》（乌兰布统）、《密道追踪之阴兵虎符》《一步之遥》	4部

（续上表）

序号	拍摄地区	电影名称	总片数
10	重庆	《笔仙惊魂 3》（武隆风景区）、《蓝色骨头》（亚溪县）、《最佳嫌疑人》《忘了去懂你》	4 部
11	河北	《归来》（唐山）、《密道追踪之阴兵虎符》（承德、燕山）、《天河》	3 部
12	浙江	《后会无期》（舟山）、《四大名捕》（横店）、《谁动了我的梦想》（宁波）、《一步之遥》	4 部
13	福建	《同桌的你》（厦门）、《一步之遥》（永定土楼）、《我的早更女友》（厦门、福州、漳州）	3 部
14	吉林	《冰封：重生之门》（长白山）	1 部
15	天津	《催眠大师》《归来》	2 部
16	江苏	《京城 81 号》（无锡）、《推拿》（南京）	2 部
17	四川	《后会无期》（西昌）、《37 次想你》（安仁古镇）	2 部
18	山东	《爱情进化论》（青岛）、《黄金时代》（青岛）	2 部
19	湖南	《心花路放》（张家界、芙蓉镇）	1 部
20	湖北	《黄金时代》（武汉）、《全城通缉》（武汉）、《天河》	3 部
21	河南	《天河》	1 部
22	广西	《201413》（南宁市）、《夜莺》（桂林）	2 部
23	美国	《老男孩之猛龙过江》（纽约）、《一生一世》（纽约）、《同桌的你》	3 部
24	以色列	《脱轨时代》（死海）	1 部
25	捷克	《盗马记》（布拉格）	1 部
26	韩国	《我在路上最爱你》（济州岛、首尔）	1 部
27	马来西亚	《后备空姐》（沙巴亚庇）	1 部
28	毛里求斯	《分手大师》《深夜前的五分钟》	2 部
29	意大利	《小时代 3：刺金时代》（罗马）	1 部
30	泰国	《澳门风云》（曼谷、芭提雅）	1 部
31	希腊	《北京爱情故事》（圣托里尼岛）	1 部

由表 2 可知，2014 年中国电影与城市形象传播具有以下三个特点：

（1）多集中在一线城市拍摄。2014 年上映的国产电影中，有 55 部在北京、上海、广州、香港等一线城市拍摄，占总体电影比重的 77%，基本与往年持平。

（2）多地拍摄、跨国拍摄已成主流。相比往年，2014 年的公路电影大放异彩，多地拍摄是公路电影的特征。电影《后会无期》在上海、四川西昌、内蒙古赤峰、浙江舟山的普陀山和东极岛等地先后取景，电影《心花路放》也到湖南张家界天云山、芙蓉镇和云南大理的洱海、双廊、大理古城以及昆明、香格里拉的普达措公园等地拍摄，仅这两部电影包含的城市（或特定的区域）形象就多达 12 个。此外，《智取威虎山》《黄金时代》等电影也在多地取景，跨地域的拍摄已成为电影拍摄的新趋势，有利于城市形象传播的多样性，加强了二、三线城市形象的传播。

此外，有 12 部影片进行了跨国拍摄，占总比重的 17%，除了以往在电影中频繁出现的美国城市形象外，2014 年上映的国产电影还去了中东、欧洲、东南亚以及非洲等国家取景，选取的大多是自然景观，以岛屿居多，如海天一色的死海、珊瑚礁环绕的毛里求斯。跨国拍摄以中国人自己的审美视角选取自然景观，该地区的形象以共通的审美观被观众接受，并利用差异性吸引观众的注意，取得了良好的传播效果。

（3）影视城的拍摄具有跨地域特点。观众对影视城的景象并不陌生，横店的秦王宫、明清宫苑、清明上河图或多或少都在各种各样的影视剧中出现过，原本发生在北京紫禁城、陕西咸阳的故事其实都是在浙江横店影视城拍摄的。之于电影，影视城千篇一律的建筑构造、景色设计已无法满足其拍摄需求，大多数剧组选择搭建场景，如姜文拍摄的《一步之遥》分别在福建永定土楼、内蒙古、北京怀柔影视城取景拍摄。此外，由于在上海取景时发现可取之景与其他影视作品有所重叠，于是《一步之遥》剧组结合大量史料在北京怀柔影视城内搭建起 1920 年的上海，在还原的同时加入自身需要，也可以说这是一个完全由导演和编剧创造的上海。电影《京城 81 号》也采取了同样的方式，在无锡惠山古镇杨氏祠堂按 1∶1 还原朝内 81 号。这种取景方式主要作用于拍摄效果，《一步之遥》追求独特性，《京城 81 号》追求幽静的环境，影片背景所在地区无法满足影片要求是跨地域影视城拍摄的动因。跨地域影视城拍摄的方式在一定程度上传播的是实际拍摄地区的城市形象，实景搭建使影视建筑成为城市（或特定的区域）的一部分，其形象也是城市形象的组成部分。

二、电影传播城市形象的方式

电影传播城市形象的方式多种多样，其中名称植入、场景植入、情节植入、细节（如方言、台词、道具）植入是电影展现城市形象的常用手法。名称植入是指在电影片名中直接点题，例如《长岛之恋》，这是传播城市形象最简单、最直接的方式。场景植入是指城市的场景以静态的形式出现在影视画面中，如自然风光、繁华都市，植入的场景多为故事的发生地。情节植入是指根据故事发展的必然需要，将城市形象元素加入故事情节中，使观众在娱乐中接受城市形象的灌输和影响。细节植入指的是通过方言、台词、道具等一系列特有的城市符号传递城市形象元素，在不经意间展现出城市形象的本质。

在2014年上映的国产电影中，以城市名称命名的电影较之以往有所减少，仅《北京爱情故事》一部。电影制作者开始采用更隐蔽、更潜移默化的方式去传播城市形象。为了更好地刺激观众对一座城市进行积极想象，电影制作者不再生硬地将城市形象要素套用在电影中，而是通过以下方式不断刺激观众的兴奋点，加深观众对城市的印象。

1．通过符号建构城市形象

符号是人们共同约定的、用来指定特定的具象或抽象对象的标志物，它可以包括以任何形式通过感觉来显示意义的全部现象。在这些现象中，某种可以感觉的东西就是对象及其意义的体现者，一方面，它是意义的载体，是精神外化的呈现；另一方面，它具有能被感知的客观形式。符号是具有意义的符号，意义以符号形式来表现。符号的建构作用就是在知觉符号与其意义之间建立联系，并把这种联系呈现在我们的意识之中。研究符号学的集大成者是语言学家索绪尔，他以结构主义阐释符号学，他认为，一个符号包括了两个不可分割的组成部分，即能指（语言的一套表述系统或一套印刷、书写记号）和所指（作为符号含义的概念或观念）。符号原本是语言学中的要素，随着电影叙事语言的日渐成熟，符号也成为电影不可或缺的组成部分，在电影中出现的构成城市信息的符号，不仅体现出美学的追求，还起着承载意义的作用。电影中频繁出现的城市符号会加深观众的记忆，从而使城市形象收到潜移默化的传播效果。

众所周知，冰雪是中国东北地区的特殊标志，哈尔滨是有名的冰城。从未去过哈尔滨的人除了通过新闻报道、图片以及有限的人际传播了解冰城外，还可以通过电影更全面、更细致地了解冰城的城市形象。影片《白日焰火》重点突出了雪的细节，影片在哈尔滨取景，展现了从初冬到深冬的过程，从片头到片尾都没有离开过冰和雪。影片伊始，哈尔滨地面上还是冰雪混合物，主角踩在雪上，雪便化了；影片结尾，大雪堆积了厚厚一层，房屋旁还有堆砌的雪人。同样，雪的符号在《智取威虎山》中也得到了充分表现，虽然与《白日焰火》时空不同，但深山老林中的茫茫大雪更深化了雪这一符号，给观众留下深刻的印象，这种对雪的印象最终又统一到东北地区的城市形象上。这里的城市形象不仅指代狭义的城市，还包含广义的特定地区，如《智取威虎山》的拍摄地包括了黑龙江省牡丹江市辖下海林市大海林林业局双峰林场和牡丹江市柴河林业局卫星林场。

除了雪这一总体符号外，还有一些表现城市形象的特有符号，如《白日焰火》中多次出现的冰刀鞋和露天滑冰场。冰刀鞋对于南方人来说是较少见的，却是东北人常常会接触到的物品，冰刀鞋甚至在王学兵扮演的梁志军手中成了碎尸工具。露天滑冰场也是表现城市形象的重要符号，桂纶镁扮演的吴志贞与廖凡扮演的张自力初识时在滑冰场曼舞的场景也给观众留下了深刻的印象。在《智取威虎山》中，冰刀鞋被雪橇代替，小栓子一句“我们雪原长大的，谁不会滑雪”将地区特色淋漓尽致地表现了出来。此外，毛皮大氅也是《智取威虎山》中的重要符号，以座山雕为首的土匪们无一不是穿着毛皮大氅，就连杨子荣打入土匪内部时也穿着毛皮大氅。厚重的衣物、茫茫的大雪、雪橇、冰刀鞋、滑冰场，这些符号都指向了一个关键词——寒冷。东北地区最主要的特征被电影通过符号的方式隐蔽地表达出来，传播了特有的城市形象。

2. 室内室外相结合反映城市形象

在电影中，我们经常可以看到辽阔的原野、险峻的高山、奔腾的江河，以及富有特殊意义的室外建筑；也会看到各类符合影片人物身份的居室、庭院。前者多是根据情节的需要在自然或人为的室外景观中拍摄的，即外景；后者多是根据影片剧情和人物需要在室内拍摄的，即内景，内景有时在原本存在的建筑内拍摄，有时在专门搭设的摄影棚中拍摄。内景与外景要为人物形象提供相符的环境，这些环境需要根据影片的题材、内容、风格、样式来选择。城市形象分为外部形象和内部形象两部分，外部形象包括城市建筑、城市交通、城市绿化等，内部形象包括办公室环境、住宅环境、消费场所环境等。传播城市形象要同时兼顾内外形象，电影内外景的拍摄是根据剧情发展、人物刻画的需要进行的，所以可以更全面地传播城市形象。

在传播城市外部形象方面，一些电影集中传播了城市的标志性建筑，如电影《前任攻略》中出现的世贸天阶、《冰封：重生之门》中的青马大桥、《最佳嫌疑人》中的南坪星光时代广场、《催眠大师》中的安里甘教堂、《爱情进化论》中的黄岛隧道、《一步之遥》中的永定土楼等等。另一些电影则集中传播了城市的自然景观，如《笔仙惊魂3》中重庆市武隆风景区的景色，《后会无期》中普陀山和东极岛的景色，《心花路放》中天门山、洱海、香格里拉的景色，《匆匆那年》中北京航空航天大学的校园景色等等。

在传播城市内部形象方面，几乎每一部电影都会涉及。如关于火灾的电影《救火英雄》，展现了熊熊大火中的发电站；喜剧电影《六福喜事》的内景占了大部分影片时长，展现出富商的住宅以及医院的医疗设施等室内场景；《前任攻略》中，一对新人的婚宴邀请了各自的前任，举行婚礼的酒店是北京丽丝卡尔顿酒店，该酒店高端典雅，选择此酒店为北京的城市形象增色不少；《谁说我们不会爱》在北京本色酒吧拍摄，反映了都市的夜生活和另类的爱情观，对纸醉金迷的内景的拍摄反映出城市形象的另一个侧面；《催眠大师》给观众留下深刻印象的内景无外乎徐峥所饰的心理医生的办公室，整个故事都是在办公室里发生的，而办公室的内景位于天津的老洋房内，对内景的拍摄使天津厚重的、带有西方气息的城市形象被表现出来；电影《亲爱的》里，黄渤所饰的田文军在深圳城中村里开的黑网吧也向观众展示了深圳除大都市以外的小市民的生活空间。

3. 贵族化与平民化相结合深化城市形象

近年来电影为了给观众展现一种独特的、华丽的场景，多取景于高级住宅区、五星级宾馆、高端商务楼、时装秀、画展等一般观众无法接触到的场景，一方面满足了观众的猎奇心理，另一方面传播了繁华的都市形象。但随着这种电影的逐渐增多，豪华场景再也不能对观众形成刺激，同时，过分豪华也使影片脱离实际，无法引起观众的共鸣。在城市形象传播方面，单方面地宣传贵族式的生活方式虽然能让观众心生羡慕，但也会导致观众最终望而却步，因此出现了一系列既展示豪华的贵族化生活又休现小人物的平民化乐趣的电影。

其中以《撒娇女人最好命》为典型，它是一部在上海拍摄的讲述女追男故事的影片，影片除了对上海繁华都市的内外景的展现外，还向观众展现了小人物生活的方方面面，其中最具亮点的是上海的街边摊，还有招牌菜爆炒兔肉。《老男孩之猛龙过江》除了展现北京的繁华外，还让观众看到了和丈人、丈母娘挤在四合院里的上门女婿王小帅的悲惨生活。随着剧情的发展，王小帅和朋友肖大宝的生活有了翻天覆地的变化，他们去纽约参加了选秀比赛，大型的舞会、灯光闪烁的舞台让电影的场景从平民化转向贵族化。《过界男女》也表现出贵族化与平民化的融合，展现了富家太太 Anna（刘嘉玲饰）的都市上流生活和司机阿辉（陈坤饰）的下层市民生活。

4. 多渠道传播城市形象

电影可以传播城市形象是因为拥有数量众多的观众，电影以影院为主要途径与观众接触，至今票房仍是衡量电影质量的重要指标之一，电影传播渠道的单一和付费的传播方式是限制电影传播的两大问题。除影院外，自1996年1月1日起，中央电视台电影频道开始播出国内外优秀影片，但最快也要在影院上映半年后播出，并且有固定的播出时间，电影频道播出影片的滞后性和固定性使得电影传播受到阻碍。从2014年起，电影发行方与视频网站的合作开始频繁起来，新影片在电影院下线一个月后以付费的方式登录视频网站，半年后以免费的方式出现在观众眼前。这一新型的传播方式吸引了缺乏资金或缺少时间的受众，受众只需要付少量的费用便可以不限时间、不限地点地选择影片。电影新传播渠道的开拓加大了城市形象传播的受众面，加重了电影这一传播方式在城市形象传播中的地位。

《北京爱情故事》《整容日记》《心花路放》《撒娇女人最好命》《西游记之大闹天宫》《白日焰火》《男人不可以穷》《等一个人咖啡》《临时同居》《黄飞鸿之英雄有梦》《匆匆那年》《智取威虎山》等2014年上映的影片，几乎全部在视频网站上播出。部分视频网站（如土豆、哔哩哔哩）向用户开放了弹幕功能，用户可以自由发表评论，交流观看影片时的想法，用户沟通的即时性加深了受众对电影的感受。根据“沉默的螺旋”理论，即使某个受众在观看电影时对一个城市形象的认识是负面的，或者从未注意到电影中的城市形象，但如果在观看电影的过程中接收到其他人对城市形象正面认同的大量评论，此受众对城市形象的认识有可能向正面转变。

三、电影在传播城市形象上的优势

电影是艺术，是媒体，也是广告，同时集报纸、杂志、电视、网络等媒体之大成。城市形象认知程度提升的一般方法是提高城市在大众传媒特别是主流媒体上的曝光率。而电影既是时间媒体，又是空间媒体；既是内容，又是载体；既是媒体，又是商品，这种综合性的特征是电影在城市形象传播中的优势。

1. 声画结合的动态艺术

电影是一种以现代科技成果为工具和材料，运用摄影技术和镜头组接在银幕上塑造运动的、声画结合的真实形象的艺术。电影根据故事的需要展现真实世界，给人逼真、接近的真实感受，身临其境是电影带给观众的最佳感受。随着电影技术的发展，3D 成为近年来导演喜爱的电影技术，3D 不仅可以给观众带来立体画面的效果，也可以加深观众的电影体验，满足人们更广阔、更真实的生活感受。

电影的动态性在城市形象的传播上较之照片、小说以及人际传播具有更大优势。照片可以展示城市特定时间、特定地点的景象，却无法满足观众更多的需求；小说虽然能够从多方面对城市形象进行细致的描述，但无法展现具体的图像画面，一千个读者有一千个哈姆雷特，读者们只能自行想象，所以说，小说所描述的是一种无法具象化的城市形象；就人际传播而言，虽然它增强了城市形象传播的可靠性，但百闻不如一见，相较于描述，人们更希望看到完整的形象。而电影解决了以上传播困境，它既可以对城市标志性建筑进行全方位、多角度的展现，也可以对城市中的小细节、任意的小故事进行诠释。

2. 动人的情节

受众对城市信息的认知和学习很大程度上依赖媒介内容，因此受众获取的有关城市的可感知元素成为城市形象建构的重要内容。只有让受众在接受媒介内容的基础上获得有关城市形象的信息，才能维持并提升城市形象的知名度和美誉度。从电影本身作为营销渠道的载体来说，它是构建城市文本的另类媒介方式，但同样以消费者需求为导向，生产受众喜闻乐见的城市内容。电影搭载了情节、故事、人物等平台，这种特殊性使其比一般的硬广告更容易被人们认知和接受，在受众心中留下的潜移默化的影响也更为显著。前面解释了为什么照片、小说、人际传播无法单独展现城市形象，下面着重比较电影与纪录片、城市形象宣传片等形式的影像资料在传播城市形象上的优势。

媒介内容是受众了解和认知城市形象的基础，城市形象并非只是一堆建筑物或者一片自然景观，它的根本在于祖祖辈辈生活在这里的人，是他们构筑起了城市形象。人是城市形象的本质，对人的塑造和描述是表现城市形象的基本途径，人承载着城市的历史、文化、精神，是深层次城市形象的具现，这些并非空洞的城市宣传片所能表现的。城市宣传片大多拍摄城市的标志性建筑、交通、绿化等硬性形象，并没有文化内涵。如今城市发展迅速，城市形象无外乎高楼、立交桥和散落的公园，除标志性建筑外，城市与城市之间日渐趋同，所以城市形象宣传片难以给受众留下深刻的印象。纪录片虽然真实记录了城市里的人，反映了城市文化，但由于缺少故事性，没有完整的故事情节和人物内心情感的表达而无法给观众留下津津乐道的兴奋点，所以在传播城市形象方面处于劣势。

电影是挖掘人性最好的工具，具有动人的情节、生动且地域化鲜明的台词和城市的特定符号，在塑造人物形象方面有着其他影视媒介无法超越的优点。电影通过最形象、最生动的方式切入普通人的生活，为城市形象做广泛性、持久性及深层性的宣传。此外，古装、年代电影通过虚拟场景的搭建还原历史场景，一方面实地取景拍摄，另一方面运用舞台搭建和后期制作展现历史场景，通过技术方式还原城市历史，展现出一座城市的前世今生，这是电影传播城市形象的又一优势。

3. 广泛的传播

上文提到，电影具有广大的受众群体，且多为中青年人。中国电影网调查数据显示，年龄在 15～25 岁的观众占整个调查人群的 46.6%，26～35 岁的占 29.8%，36～45 岁的占 13.1%，46～55 岁的占 4.6%。而城市形象传播的目标群体以可与城市进行合作与交流的中青年人为主，城市传播的目的是吸引外部受众对城市的兴趣，并与之交流，在交流与合作中获得大量的资源、信息、资本、人才和市场，实现城市的发展。由此可得出结论，电影的主要受众——中青年人是社会进步的中坚力量，也是城市形象传播的目标受众，电影可以说是最适合城市形象传播的媒介之一。城市通过电影展示自我魅力，获得外部受众的好感，具有好感的受众在开展与该城市有关的活动时，会做出有利于该城市的行为选择，无形之中提升了城市的竞争力。

除直击城市形象传播的目标受众外，电影相较其他影像形式更容易走出国门。如表 1 所示，2014 年在中国大陆发行上映的 70 余部电影中，在海外市场播放的有 26 部，占 37%。随着全球范围的经济一体化趋势和我国经济的逐步发展，提升文化软实力成为文化发展的主要目标。城市形象作为一种认识，不能仅仅局限于国内，而要具有国际视野，城市也必须在区域经济格局中找到自己的位置，让外界了解自身的同时去了解外界。其他影视形式，如城市形象宣传片是难以走出国门的，如同在中国除互联网以外的媒体上从未出现过国外的城市形象宣传片一样，中国的城市形象宣传片也无法在国外主流媒体上传播。又比如纪录片，纪录片虽然也出口国外，并在主流媒体上播出，但经常遭到删减，如 12 集的纪录片《故宫》输出到欧美之后被剪辑成 2 集。又由于纪录片产量少、内容故事性弱、耗时长、预算高等自身弱点，造成了海外传播不足的现象。

总而言之，传播群体广泛和传播地区众多是电影在传播城市形象上的决定性优势。

四、电影传播城市形象存在的不足

1．城市形象过于集中

如表2所示，2014年上映的国产电影中，有53部在北京、上海、广州、香港等一线城市拍摄，占总体电影的76%。

一方面，过于集中地宣传某些城市形象而忽略其他城市形象的宣传，造成了信息传播不平衡的现状。一些二、三线城市无法在电影中“露脸”，拍摄关于中西部省份的电影也屈指可数，即便今年异军突起的公路片在云南、四川等西部省份拍摄，看重的也只是这些地区的自然景观。小成本电影《白日焰火》是与“大”“唱反调”的一部作品，它选取了哈尔滨为故事的发生地，剧中人物朴实无华的衣着、简陋的舞厅和六层高的居民楼体现出一个二线城市本来的特点，易获得二、三线城市居民的认同。

另一方面，过于集中的宣传导致被宣传的城市形象的进一步提升缺乏持久力。目前，北京是国产电影宣传得最多的城市，关于北京的城市形象，大陆居民基本都了解，继续拍摄关于北京城市形象的电影会给观众带来审美疲劳，容易使其反感，对城市形象造成负面影响。此外，城市的标志性建筑有限，若继续拍摄，无非是进行一遍遍的重复，如2014年上映的电影《北京爱情故事》和《前任攻略》都曾去世贸天阶取景。若这种不断撞景的城市形象传播问题得不到解决，电影对于城市形象的传播就无法突破传播中的瓶颈。

2．电影大片化走向不伦不类

电影类型过于单一的问题之前就有学者提出过，直到2014年这一情况仍不见改善。2014年中国电影的拍摄类型仍以爱情电影为主，占全部影片的40%，这种单一削弱了观众对城市形象的注意力，不利于城市形象的宣传。除影片类型过于单一外，2014年的中国电影除少数几部思想内容深刻、有中国电影特色外，大多都包裹着商业化的外衣，以看似大片的制作吸引受众眼球，但受众看到最后却索然无味，对电影的反感又导致观众对城市形象产生了负面的印象。

中国电影比较严肃，侧重于作品的思想内涵、人物塑造、故事的叙述等，这是中国民族个性的外化。但是目前中国电影侧重于包装，向美国好莱坞学习大片制作，快节奏的剪辑、快餐式的剧情，再加上酷炫的技术，一切都以票房为准则的营销思路使得中国电影越来越找不到自我发展的道路，找不到影片要表达的主题。中国电影向好莱坞电影学习只学到了外在的形式。好莱坞电影的本质是注重观众的视觉感受，所以这些电影具有娱乐性、视觉享受性，观众可以感到轻松、刺激、搞笑。而中国电影在注重观众的感受方面达不到好莱坞电影的高度，总想给观众灌输某些严肃的思想，利用这样不符合内容的形式，中国电影注定会不伦不类。

用华丽的包装包裹不丰满的核心，最终的结果就是故事思想性差、人物塑造没有特色。不成功的影片无法成为经典，塑造和传播的城市形象也无法深入人心。

3. 电影衍生产品开发薄弱

经过上文的论述可知，电影与城市形象之间是正相关的关系，即电影受众越多，城市形象传播的受众也越多。电影衍生品是电影形象的实物化，它进一步加深了受众对电影的印象，所以电影衍生品的传播同样带动了城市形象的传播和受众对城市形象认识的深化。

目前，国产电影的产业化规模、水平及其市场占有率与发达国家相比还有明显的差距。一方面，中国影视公司对后电影产品和电影衍生产品的开发类型相对比较单一，电影创作市场相对于观众观影的热情度而言还不够多样化。另一方面，电影自身影响力不够也制约了后电影产品和电影衍生产品的开发。

2014 年，电影《老男孩之猛龙过江》衍生品策划案的成功给了电影界一剂强心剂，它借鉴了好莱坞衍生品的运作方式，与众多电商平台、商品品类做了结合，印有“老男孩之猛龙过江”标志的充电宝、手机壳、T 恤等产品 2 个月内销售了近 3 万件。T 恤上印着《老男孩之猛龙过江》的经典台词：“Don't kill me，I have a family.”这句经典台词，让肖大宝和王小帅被美国黑帮绑架的画面自动浮现在受众的脑海中，加深了受众对影片的印象，刺激了受众对影片的回忆。

虽然衍生品市场已有发展的趋势，但整体开发仍然很薄弱，电影公司未来需要加大对衍生品的开发力度，利用衍生品带动电影影响的持久力，进一步传播城市形象。

2014年电视综艺节目与城市形象传播

周鑫湉

从媒介特性出发，电视可视可听，无需门槛，通俗易懂，并不苛求观众拥有高度集中的注意力及飞速运转的头脑，这就使得电视在社会功能上更多地扮演了让大众轻松休闲、娱乐的角色。从电视文化的社会影响来看，其具备了审美娱乐和减压宣泄的主要功能。观众能够通过观看电视节目消除疲劳、释放压力，从而得到满足与快乐。2014年，湖南卫视《爸爸去哪儿2》强势回归，浙江卫视《奔跑吧兄弟》再创新高，户外真人秀节目遍地开花，迎来了它的黄金时代。而此类综艺节目因其“户外”的特征设置，为拍摄地的城市形象塑造及传播带来了更多施展空间。

一、综艺节目在城市形象传播中的实力彰显

2014年电视荧屏上综艺节目亮点不断，其目前仍然是电视内容市场竞争最为激烈的板块。随着“加强版限娱令”等广电政策的持续发酵，愈加火爆的综艺节目竞争被进一步规范和控制，但这似乎并没有对户外真人秀节目产生任何阻碍，其强大的频道资源优势以及良好的社会评价依旧是赢得收视率的关键因素。正是这些好的收视效果给各个城市对外进行城市形象传播和旅游宣传创造了更为诱人的条件，综艺节目在城市形象传播中的实力逐步彰显。

（一）综艺节目的资源使用率高

根据央视—索福瑞媒介研究有限公司（CSM）的相关数据，从各级频道不同节目类型的收播分布上看，2014年上半年中央级频道各类节目的收视分布相对均匀，新闻、电视剧、综艺节目共占据了整体收视量的46.9%。

从表1我们可以看出，2014年上半年综艺节目在各级频道占有一定的收播比重：中央级频道的综艺节目播出比重为9.1%，收视比重为13.7%，仅次于电视剧和新闻时事，排名第三；省级卫视的综艺节目播出比重为

6.3%，收视比重则达到了14.4%；省级非上星频道的综艺节目播出比重为6.3%，收视比重为7.8%。

表1　2014年上半年各级频道各类型节目收播比重及资源使用率

（单位：%）

节目类别	中央级频道			省级卫视			省级非上星频道		
	播出比重	收视比重	资源使用率	播出比重	收视比重	资源使用率	播出比重	收视比重	资源使用率
电视剧	13.1	14.7	12.2	34.1	43.7	28.2	23.8	32.9	38.2
新闻时事	10.5	18.5	76.2	8.8	6.4	-25.0	8.5	16.7	96.5
综艺节目	9.1	13.7	50.5	6.3	14.4	128.6	6.3	7.8	23.8
生活服务	5.8	5.5	-5.2	14.5	8.5	-41.4	19.1	11.9	-37.7
专题	18.8	9.7	-48.4	8.7	3.9	-55.2	8.3	4.6	-44.6
电影	4.6	7.3	58.7	2	2.1	5.0	4.8	3.9	-18.8

从各类节目的资源使用率上看，综艺节目无疑是回报价值最高的节目类型。在2014年上半年，中央级频道、省级卫视以及省级非上星频道的收视比重都大大高于播出比重；尤其是各省级卫视的资源使用率高达128.6%，居各类电视内容之首，这也就彰显出其高收视、高回报的强大影响力。

这样的高资源使用率说明，倘若各城市相关部门能够利用综艺节目进行城市形象的塑造和宣传，将会起到事半功倍的效果。相关部门只需协助配合或策划推进各省级卫视综艺节目的外景拍摄，便能将自身城市形象广而告之地传播出去。这种简洁、直接、新颖的对外形象宣传方式对城市形象传播起着至关重要的作用。

（二）省级卫视收视份额平稳，中央级频道略微降低

从综艺节目的观众收视分布上看，省级卫视是观众收看综艺节目的主要平台。根据CSM 2012—2014年的统计数据可得出近3年不同频道的收视份额比较，如图1所示。

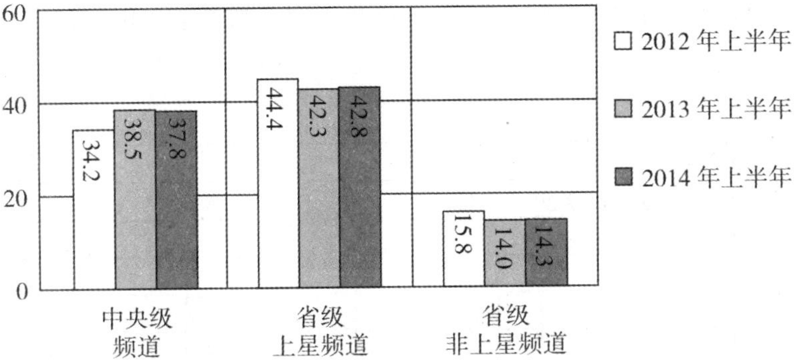

图 1 2012—2014 年上半年不同频道综艺节目的收视份额统计

由图 1 可以看出，2014 年，80.6% 的节目收视份额是由中央级频道和省级上星频道贡献的，地面频道相对处于劣势地位。与 2013 年同期相比，2014 年各省级卫视收视情况平稳，总体变化不大；省级上星频道占据的收视份额略有提升，提升幅度为 0.5 个百分点；中央级频道的收视量较上一年略降了 0.7 个百分点，而地面频道综艺节目的收视份额则保持稳定。

从整体数据来看，2012—2014 年间不同频道的综艺节目收视情况相对平稳，中央级频道及省级上星频道是吸引受众的主要平台。因省级上星频道整体收视份额在不同频道间较为突出，城市在选择形象宣传平台时可优先考虑。

（三）省级卫视中“三驾马车”优势领跑

省级卫视市场收视份额之间的竞争愈演愈烈，这同时影响了其电视台的对外广告收益、观众口碑以及业内影响力，因此受到各电视台的重视。而在收视的组成之中，省级卫视更多倚重电视剧和综艺节目，这两者共贡献了近六成之多的收视总量。进一步的，收视比重排第二位的综艺节目以 6.3% 的播出比重贡献了 14.4% 的观众收看时长，收视效益最为突出。根据 CSM 本年度的收视份额统计，收视率排行前三的频道毫无悬念，分别是湖南卫视、江苏卫视和浙江卫视。一直以来，湖南卫视占尽了“娱乐”大众的建台优势，在收视率的竞争之中遥遥领先。

根据 CSM 50 城 2014 年全天数据统计，省级卫视收视率排名如下：第 1 名湖南卫视，收视率为 0.378；第 2 名江苏卫视，收视率为 0.289；第 3 名浙江卫视，收视率为 0.273；第 4 名北京卫视，收视率为 0.227；第 5 名山东卫视，收视率为 0.224；第 6 名天津卫视，收视率为 0.205；第 7 名上海东方卫视，收视率为 0.197；第 8 名安徽卫视，收视率为 0.176；第 9 名江西卫视，收视率为0.157；第10名深圳卫视，收视率为0.143。

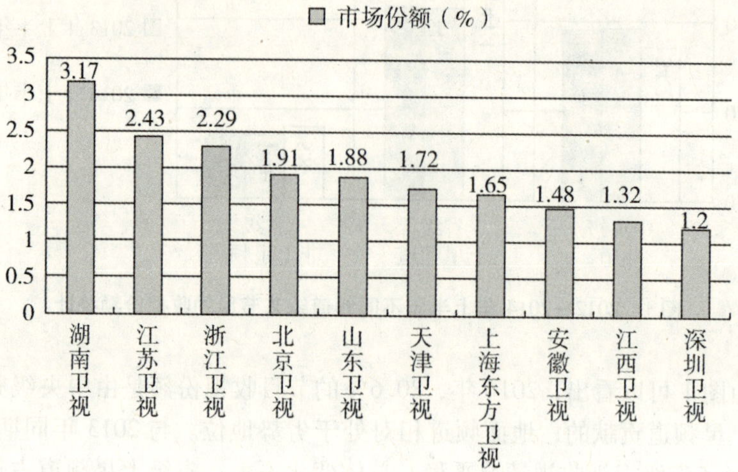

图2　2014年省级卫视收视份额统计

从2014年省级卫视收视份额统计中可以看出，占2.0%以上份额的频道有湖南卫视、江苏卫视、浙江卫视3家，对比2011—2013年“四小龙”（湖南卫视、江苏卫视、浙江卫视、上海东方卫视）领跑的格局有所改变，不变的是湖南卫视依然风头不减，除了自制剧的优势外，部分原因还在于其应对收视竞争与突破发展的挑战中的品牌化、营销化策略，利用著名主持人领衔娱乐节目，通过购买版权、自制原创等方式打造多元综艺氛围。

另外，湖南卫视、江苏卫视、浙江卫视这“三驾马车”无论是在栏目品牌还是电视剧资源方面均飞速发展，对其他频道产生了较大影响。这种频道上的优势还表现在广告收益方面：一线卫视广告价格昂贵，火爆综艺节目的营销费用甚至高达亿元。而正是这种品质高、稀缺性强的综艺节目促使这“三驾马车”成为实力广告主和品牌争夺的焦点，见表2。

表2　2014年综艺节目冠名费用排行

名次	节目名称	播出平台	冠名费（亿元）
1	爸爸去哪儿2	湖南卫视	3.12
2	中国好声音3	浙江卫视	2.5
3	非诚勿扰	江苏卫视	2.4
4	我是歌手2	湖南卫视	2.35

（续上表）

名次	节目名称	播出平台	冠名费（亿元）
5	快乐大本营	湖南卫视	1.93
6	天天向上	湖南卫视	1.58
7	梦想星搭档	CCTV－1	1.35
8	我要上春晚	CCTV－3	1.31
9	奔跑吧兄弟	浙江卫视	1.3
10	中国梦之声	东方卫视	1.12

注：根据“@腾讯娱乐”数据整理。

因此，城市形象的传播应根据城市自身资源的特点，并结合平台特性来进行更为高效的对外宣传。根据 Hawkins 和 Pingree 的涵化理论，媒介内容影响受众需要经过学习和构建两个阶段，受众对城市信息的认识和学习受到媒介内容的影响，只有受众在选择、感知的基础上获得关于城市的动态，才能维持并提高城市形象的知名度及美誉度。① 而提高城市形象知名度的主要策略就是提高媒体曝光率。从各项指标来看，各省级卫视综艺节目高达 128.6% 的资源使用率无疑是城市形象最为有效的传播窗口。但值得一提的是，由于经济因素及平台效果，并不是所有城市都适合追求“大牌综艺”的传播窗口，各城市还需根据自身定位及形象特征来寻找最为高效的宣传方式。

二、2014 年中国综艺节目城市形象传播现状分析

（一）2014 年综艺节目城市形象传播现状

随着 2013 年《爸爸去哪儿》首播火爆后，户外真人秀节目仿佛一夜之间迎来了它的黄金时代，迅速走进观众的视野。近年来，真人秀类型节目可谓在各电视台遍地开花，除了涵盖传统的竞技、跳水、成长、求职、相亲、演讲、才艺等诸多元素外，更是蔓延到了生存体验、喜剧表演、旅游交友等各种类型。真人秀节目由此从“棚内”走向“棚外”，诞生了一系列展现明星嘉宾户外生活状态的“自助旅行”“生存体验”或是“极限

① Hawkins，Pingree. Television and behavior：Ten years of scientific progress and implications for the eighties［J］. *Technical reviews*，Vol. 2 224.

挑战”类节目。户外真人秀节目不仅收视长红，还在2014年的社交媒体上占领话题首位。该类节目的“户外”特征更是为拍摄地的城市形象提供了良好的展示空间。为了进一步了解2014年综艺节目中的城市形象传播现状，笔者对该类节目进行了简要统计，详见表3。

表3　2014年户外真人秀节目列表

节目名称	播出频道	首播时间	节目类型	版权所属	拍摄地区
爸爸去哪儿2	湖南卫视	6月	亲子互动真人秀	韩国	重庆武隆、浙江建德、湖南怀化、四川成都、内蒙古自治区呼伦贝尔、甘肃白银、台湾台北、新西兰
花儿与少年	湖南卫视	4月	自助远行真人秀	中国	罗马、巴塞罗那、圣吉米尼亚诺、马德里、佛罗伦萨
花样爷爷	东方卫视	6月	旅游真人秀	韩国	巴黎、尼斯
花样年华2	江苏卫视	5月	明星体验真人秀	中国	贵州雷山
人生第一次2	浙江卫视	1月	家庭户外真人秀	中国	浙江丽水、云南丽江
鲁豫的礼物	旅游卫视	6月	旅行真人秀	中国	毛里求斯、澳大利亚、夏威夷、法国
真爱在囧途	东南卫视	7月	夫妻真人秀	韩国	韩国首尔
秘境	天津卫视	5月	生存挑战秀	中国	湖北神农架、浙江丽水、新疆维吾尔自治区喀纳斯、吉林长白山天池、四川黑竹沟
奔跑吧兄弟	浙江卫视	10月	户外竞技真人秀	韩国	浙江杭州、浙江乌镇、韩国首尔、韩国济州岛、上海、甘肃敦煌、湖北武汉、重庆

除了《爸爸去哪儿》首季成功即乘胜追击外，《花样年华》和《人生第一次》都是在第一季节目的基础上对形式和内容做了调整后再出发，而其拍摄地的选择也更为广泛。对比2013年度户外真人秀节目的拍摄地点的

选择，2014 年综艺节目《爸爸去哪儿 2》《花儿与少年》《花样爷爷》《鲁豫的礼物》《真爱在囧途》《奔跑吧兄弟》都“迈出了国门”，分别到新西兰、罗马、巴塞罗那、韩国、毛里求斯、澳大利亚、夏威夷等地拍摄，视野愈加宽广。然而，上述节目涉及城市形象传播的内容大多为题材的间接植入，鲜有城市相关部门主动与节目联手合作。

另外，由表 3 可以看出，户外真人秀节目的形式正在朝着多样化的方向发展，节目数量也大为可观。而此类户外真人秀节目具有真实、全记录和户外录制的特性，也正因如此，该类节目是城市对外传播的良好载体之一；节目在保证多样性的同时也为拍摄地的宣传带来了不可多得的机遇。

（二）2014 年综艺节目城市形象传播的发展趋势

1. 趋势一：季播节奏，缓解收视疲劳

季播节目以季度作为单位，通常在一个月或几个月时间内集中播出。节目每季播出之时跟观众形成的是短期约定意识，有了这样的时间编排，即使节目临时做出播出时段的调整，观众也能及时适应。而该类型的户外真人秀节目均采用季播的主流制播方式，既能够缓解观众的收视疲劳，同时又给制作团队留下一定的创作空间，可谓两全。而通过统计，该类节目的时长多控制在 60 ~ 100 分钟，相对集中于综艺节目的黄金时间——“后半周”进行播出，又以周末为重要播出阵地。

以《爸爸去哪儿 2》为例，在较为集中的季播过程之中，湖南卫视全频道开启联动推广模式，从内容预告到嘉宾宣传再到动态角标，甚至是整个频道的包装都以其为核心，就连该频道的王牌节目《快乐大本营》《天天向上》也被纳入这档亲子户外真人秀节目的宣传之中。

从播出日期的选择来看，这其中近三分之一的户外真人秀节目在 6 月播出，暑期市场成为火热争夺战场，从“亲子”到“夫妻”，从“萌娃”到“爷爷”，形态多样，内容丰富。另外，央视—索福瑞长期收视数据显示，我国被调查居民的收视规律明显：寒暑假、春节和“五一”“十一”等小长假期间都是收视增长的高峰。从表 3 我们也可以看出，户外真人秀节目选择寒暑假档期的占到了 56% 左右，小长假档期节目占 33% 左右。

城市形象传播的意义在于在公众心中树立良好的城市形象，而根据皮尔斯符号学的观点，通过改善解释内容从而使城市标识显著，能够更好地体现城市特色元素。因此，在综艺节目的传播过程中，“符号是最重要和最现实的需要"①。通过户外真人秀节目"季播化"的特点，城市相关部门可配合节目时机开展特色民俗文化活动来作为该城市的符号标识，从而收到更好的宣传效果，促进城市旅游业发展。例如，2014年8月22日，《爸爸去哪儿2》上演了"萌娃版"呼伦贝尔草原摔跤大赛，而该项比赛正是呼伦贝尔市的"标志性符号"之一，每年草绿花红、羊肥马壮的农历六月初四（阳历七八月份），草原上举行一年一度的传统盛会——"那达慕"大会，以示人们丰收的喜悦之情。这样一来，节目播出时间与该城市的民俗文化盛事的配合就为其有特色的形象符号的传播提供了契机。

2. 趋势二：从韩国引进的节目增多

近些年火爆的综艺季播节目大多是国内电视台花费重金从国外引进成熟的节目模板制作而成的，而流行文化盛行的韩国更是综艺节目引进的"香饽饽"。从制作方面考量，这些节目在国外已经历过市场的重重检验，积累了丰富的制作经验。这样一来，引进模式在一定程度上就降低了国内节目投资方的风险，同时保证了节目的质量和可看性。

相应的，在城市形象传播方面，同属东亚、与我国隔海相望的韩国在文化背景、城市环境、家庭观念等方面都与我国有许多共通之处。这不仅方便了节目在形式上的嫁接、模仿，还能使我国制作方在深入韩国进行实地拍摄、制作的同时，能够在城市形象传播方面进行借鉴，甚至进行核心思想上的思考。

3. 趋势三：拍摄城市选择多样，逐步走出国门

在户外综艺节目中，拍摄地的多样性为观众提供了不同景观、不同文化、不同风俗与不同城市风格。拍摄地的多样性不仅为节目的内容制作提供了更多创作空间，还为观众带来视听上的新鲜刺激。与此同时，也为各城市的宣传部门、旅游部门带来了绝佳的城市形象传播机会。

对比2013年综艺节目走过的城市，除了延续风景秀丽的古朴村落路线外，2014年综艺节目的拍摄地呈现出更为多样化的特点，有些节目甚至迈开了步伐，走向国际名城进行创作。例如《花儿与少年》将拍摄目的地定为罗马、巴塞罗那、圣吉米尼亚诺等国际都会，《奔跑吧兄弟》也在韩国首尔、济州岛等地录制，《爸爸去哪儿2》更是去了旅游胜地新西兰进行收官大作。这对于国内城市形象的传播来说，既是挑战，也是机遇。面对国际名城的对比冲击，只要国内城市根据自身形象定位，主动制造参与综艺节目拍摄的机会并积极配合，就能将本地民俗特色发挥出来，甚至更为突出。

---

① 戴元光. 传播学通论［M］. 上海：上海交通大学出版社，2007：221.

4. 趋势四：新媒体环境下城市形象传播由单向宣传变为互动

在新媒体环境下，广大观众不仅拥有了更多获取信息的渠道，也获得了更为充分的话语权。在这种背景下，城市通过综艺节目进行城市形象宣传，其传播的路径得到了改变：观众能够参与传播过程，而城市也能够获得反馈。

例如，在户外真人秀节目《爸爸去哪儿2》中，新叶古镇作为拍摄地之一，因其古朴风情而受到游客的追捧，这时城市便完成了传统的单向形象传播过程。而在接下来的节目纪录片拍摄中，《和爸爸在一起》又对大批慕名而来的游客进行了采访和报道，并在户外真人秀节目后贴片播放，这时城市形象传播便完成了反向的互动传播。公众能够通过节目微博、纪录片等多种方式参与传播，并反馈其关于城市的意见和观点。

三、以《爸爸去哪儿2》为例分析综艺节目进行城市形象传播的路径

1. 节目介绍

《爸爸去哪儿2》是湖南卫视从韩国MBC电视台引进的亲子户外真人秀节目《爸爸去哪儿》的第二季。每期节目中，5位明星爸爸要在72小时的户外体验中单独照顾孩子的饮食起居，并共同完成节目组设置的一系列任务。参演嘉宾为：运动员杨威父子、演员吴镇宇父子、演员黄磊父女、演员陆毅父女、歌手曹格及其一对儿女。与第一季5对亲子嘉宾贯穿始终不同的是，《爸爸去哪儿2》采用“4 + X”的嘉宾轮换模式进行，且第二季节目定档时间为2014年6月20日，并在第一季12集的基础上增加至16集，节目播出时间横跨整个暑期档。

2. 节目拍摄城市

表4　《爸爸去哪儿2》各期拍摄所在城市

期数	播放日期	录制地点	任务设置
1	2014年6月20日	重庆武隆 仙女山镇白果村 （武隆天坑）	拿缸顶碗蹲马步、泥地足球赛、蜂房取材、修猪圈、集市采购、赶猪
2	2014年6月27日		
3	2014年7月4日	浙江建德 大慈岩镇新叶村	村民搭戏、蹭饭、古村篮球赛、铁人五项、舞台剧、走秀、分享测试
4	2014年7月11日		

（续上表）

期数	播放日期	录制地点	任务设置
5	2014 年 7 月 18 日	湖南怀化 靖州苗族侗族自治县 （地笋苗寨）	鸡窝取蛋、做蛋汤、做糍粑、榨油、摘卖杨梅、给老奶奶买礼物、怀旧运动会
6	2014 年 7 月 25 日		
7	2014 年 8 月 1 日	四川成都 都江堰虹口乡	小狗赛跑、树屋居住、丛林寻宝、搭帐篷、找野菜
8	2014 年 8 月 8 日		
9	2014 年 8 月 15 日	内蒙古自治区 呼伦贝尔草原 （伊利牧场）	帮摊主卖菜、射箭、篝火晚会、挤牛奶、抓羊、摔跤、滑草
10	2014 年 8 月 22 日		
11	2014 年 8 月 29 日	甘肃白银 景泰中泉乡 （黄河石林）	做拉面、划船、拍电影、烧烤
12	2014 年 9 月 5 日		
13	2014 年 9 月 12 日	中国台湾台北 花莲光复乡 （富兴社区和花莲糖厂）	溯溪、跳水、采槟榔、做刨冰、采凤梨、海边烧烤、赏鲸、卖东西
14	2014 年 9 月 19 日		
15	2014 年 9 月 26 日	新西兰	搭车、悠波球比赛、抓鳗鱼、山路单车、学毛利战舞、温泉火锅、泥地寻宝、霍比特主题宴
16	2014 年 10 月 3 日		

3. 湖南卫视《爸爸去哪儿 2》的城市形象传播路径

2014 年国庆期间，《爸爸去哪儿 2》在湖南卫视圆满收官，本季 16 期节目平均收视达到了 2.1%，平均收视份额为 12.7%。在节目播出期间，亲子教育、儿童成长、家庭责任等相关社会话题不断；更显著的是，该节目的播出还直接带动了拍摄地旅游经济的发展，为拍摄地的城市形象传播带来了良好的收益。

首先，城市定位是综艺节目进行城市形象传播的第一步。眼下，越来越多的城市放弃了创建国际化大都市的目标，转而将精力放到如何建设富有地方特色和文化个性的城市形象上来，当代城市形象建设正在发生新的转向。[①] 而这种转向主要表现为城市开始摆脱普遍发展规律，从而寻求适合自己的城市文化发展的思路。城市文化建设开始从追求档次、规模转向追求自己独特的文化和品格。

---

① 袁瑾. 媒介景观与城市文化　广州城市形象研究［M］. 北京：中央编译出版社，2012：25.

然而，一个良好的城市形象还取决于两方面的工作：一是城市定位是否与竞争的实际状态及社会公众的期望相吻合；二是城市如何将定位信息有效地传播到社会公众的视野中。从《爸爸去哪儿2》国内拍摄地点的选择来看，拍摄地多为风景秀美、远离喧嚣的聚集村落，对于当下看惯了高楼大厦的观众来说，非常符合其对于外出旅游地的选择需求。无论是江南水乡、茂密丛林，还是广袤草原，这样的拍摄路线为城市追求其独特文化和品格提供了良好的契机。此外，当代社会生活、工作节奏较快，人们的压力越来越大，此时户外真人秀节目中安逸美好的城市形象就像是一剂良药，能够治愈人们受伤的心灵。这样一来，这些拍摄地的城市形象也就与竞争的实际状态以及公众期望达到了高度吻合。再加上节目任务设置与城市定位的有效配合，一个良好的城市形象就跃然出现在屏幕上了。

其次，城市风貌是综艺节目进行城市形象传播的背景。在《爸爸去哪儿2》中，制作方在节目开场运用了大量的全景镜头，对其拍摄地进行背景性描绘。例如，2014 年 10 月 3 日播出的节目开篇，制作方用航拍、大全景等宏大叙事方式对新西兰的自然风光进行了生动的展示，旁白也恰到好处地交代了城市的自然地理背景，见图 3。从而使观众能够更为直观地感受城市的良好形象，为理解之后的风土人情埋下伏笔。

图3　2014 年 10 月 3 日《爸爸去哪儿 2》拍摄地新西兰风景展示

再次，风土人情是城市形象传播中不可或缺的组成部分。在本季的节目当中，制作方安排的娱乐任务大多与拍摄当地的风土人情息息相关，能够反映当地的民俗特色。如在 8 月 15 日和 22 日播出的节目去了内蒙古的呼伦贝尔草原，这两期节目的任务设置便为射箭、篝火晚会、挤牛奶、抓羊、摔跤、滑草等，这些任务恰恰就是草原城市形象的最佳代表。另外，在这两期节目中，嘉宾居住的房屋也是城市形象的符号之一——蒙古包使观众能够直观感受当地居民的生活状态与城市魅力。在这些节目任务的完成过程之中，拍摄当地人的风貌也是吸引观众的因素之一。正如城市旅游宣传语说的那样，“台湾最美的风景是人”，在台湾花莲录制的节目当中，在小朋友卖槟榔和刨冰的过程中，当地人表现出了对孩子极大的喜爱和关怀；当嘉宾在海边烧烤之时，当地人也热情加入、载歌载舞。这些与人接触的拍摄内容也是城市形象的有效符号，吸引着观众去悉心感受。

最后，将当地服饰、美食、民族特色作文化符号也是城市形象宣传的重要路径之一。索绪尔把符号看作能指和所指的结合，和一般人对符号的用法是一致的：符号是用一个东西来指另一个东西。新西兰的毛利战舞，地笋苗寨的糍粑、杨梅，甘肃的拉面，呼伦贝尔草原的蒙古族服饰，新叶古村的汉服、私塾等具有民族特色和当地特色的符号便是能指，指向其所指——城市形象。利用综艺节目进行有效的城市形象传播，选择具有特色的符号及适合的路径是关键性因素。

四、综艺节目进行城市形象传播的效果分析

前面我们谈到，从电视文化的社会影响来看，综艺节目具备了审美娱乐和传播信息的主要功能，且电视综艺的使用效率是其他任何形式的节目都不能比拟的。城市形象也因此能够通过电视节目来进行高效传播。那么，2014 年城市利用综艺节目来进行形象宣传的效果如何呢？下面我们就从个案及反馈、功能等角度进行剖析。

（一）利用综艺节目进行城市形象传播的有效个案及反馈

要想对综艺节目的城市形象传播行为进行更为细致的了解，就必须要深入具体节目进行文本分析，从而得出其传播的方式、路径以及效果反馈。

1. 《爸爸去哪儿 2》城市形象传播的影视文本分析

一个城市的形象包含了其地理环境、文化传统、人文生产等各方面内容，而城市景象的呈现无疑是其最为直观、具象的代表。在综艺节目中，所在地的外貌景象往往起到了交代背景、转换场景、介绍信息的作用，下面我们就对 2014 年《爸爸去哪儿 2》涉及的城市景象的内容做出统计，结果如下：

表5　《爸爸去哪儿2》各期城市景象呈现

期数	城市	时间	内容	形式
1	重庆武隆天坑	0:15:30	世界自然遗产、重庆武隆标志	画面
2	重庆武隆天坑	0:16:04	风景（自然+人文）	画面+解说
3	浙江建德新叶古村	0:22:59	喀斯特地貌	画面
4	浙江建德新叶古村	0:36:25	山洞、喀斯特地貌，俯瞰全景	画面+解说
5	湖南怀化靖州	1:19:10	天空	画面
6	湖南怀化靖州	1:23:06	山景、田间	画面+解说
7	四川都江堰虹口	1:58:39	仙女山	画面
8	四川都江堰虹口	0:01:03	俯拍丛林	画面
9	内蒙古呼伦贝尔大草原	0:03:36	航拍草原、溪流、马群	画面+解说
11	甘肃白银景泰黄河石林	0:00:54	航拍黄河、石林、绿洲	画面+解说
12	甘肃白银景泰黄河石林	0:04:44	黄河、石林	画面
13	中国台湾花莲	0:02:50	城市道路俯拍	画面+解说
14	中国台湾花莲	0:04:05	田间小道	画面+解说
15	新西兰	0:02:40	雪山湖水、海洋丛林、人文动物	画面+解说
16	新西兰	0:01:01	山川河流、霍比特山庄	画面+解说

从表5我们可以看出，六成城市景象的呈现采用了“画面+解说”的美化方式，外景的植入描述多设置于节目前段，并且在景象呈现上多采用“航拍+全景”的拍摄方法，能够让观众在享受视觉盛宴的同时，更为直观地感受拍摄地的城市形象，将城市形象这一抽象概念在脑海中具象化。

而在用影像呈现城市形象的同时，旁白的语言描述也起到了至关重要的信息传递作用。例如，在甘肃省白银市的当期节目当中，画面旁白这样描述道：“黄河石林形成于210万年前，由于地壳运动、风化、雨蚀等地质作用，形成了千姿百态的石林奇观。这里原始、亘古、苍莽、纯粹，这里是笼罩在浓郁梦幻色彩中的超越时空的造物杰作。更为神奇的是，在与石林一河之隔的地方有着一片神奇的绿洲——龙湾村，这里绿意盎然、瓜果飘香。这片同时拥有着黄河、石林、戈壁、绿洲的神奇土地又会有怎样的惊喜和挑战在等待着大家呢?”这样的语言描述清晰地表达了城市的地理、文化等基本信息，能够直接传递该城市的宣传信息，具有配合景象画面的补充作用。对于城市形象传播而言，“画面+解说”的形式无疑是最简洁的组合宣传方式。

为分析利用综艺节目进行城市形象表现的频率，笔者抽取了《爸爸去哪儿2》节目中的第1、4、8、11、15期做出以下统计：

表6 《爸爸去哪儿2》中城市形象呈现记录

节目文本	第1期 武隆天坑	第4期 新叶古村	第8期 都江堰虹口	第11期 黄河石林	第15期 新西兰
时间及形式	0:15:31 影像 0:15:58 影像 0:16:16 语言 0:27:30 影像 0:36:50 影像 1:20:07 影像	0:00:45 影像 0:01:46 影像 0:03:24 影像 0:03:36 语言 0:04:19 影像 0:58:22 影像 1:13:14 语言 1:32:38 影像 1:33:25 影像	0:02:32 影像 0:07:12 影像 1:03:16 影像 1:18:11 影像 1:18:57 影像 1:26:00 影像 1:38:36 影像	0:03:46 影像 0:03:50 语言 0:04:18 语言 0:21:24 字幕 0:28:40 影像 0:32:16 影像 0:39:06 影像 1:20:19 影像 1:32:19 影像 1:32:50 语言	0:03:19 字幕 0:06:13 字幕 0:06:16 影像 0:07:14 语言 0:07:28 影像 0:07:41 语言 0:15:24 影像 0:16:19 影像 0:16:30 语言 0:17:08 语言 0:27:46 影像 0:40:27 影像 1:21:15 影像 1:28:40 影像 1:29:38 语言 1:30:40 影像 1:30:54 语言 1:31:17 影像 1:32:25 字幕
频率	6	9	7	10	19

由表6可以看出，随着节目拍摄的进行，相关城市形象的表现频率呈增长趋势，这也就表明了其利用综艺节目进行城市形象表现的模式愈加成熟。其中，在所选的5期节目中，影像的应用占到了所有表现形式的68.6%左右，是城市形象宣传的主要方式。仅次于影像表现形式的是主持人的语言表达，占到了总量的23.5%左右。值得注意的是，在语言表达方面，主持人在进行城市介绍时还采取了说当地方言、唱民歌等多元方式，轻松有趣，加深了受众对城市的印象。另外，在配合城市影像的背景音乐的选取上，节目组也花费了心思，例如在内蒙古呼伦贝尔大草原的节目

中，背景音乐就是蒙古族特色音乐——马头琴和“呼麦”。由此可见，多元的城市形象传播方法与恰当的配合路径是增强城市宣传的关键所在。

2.《爸爸去哪儿2》城市形象传播的效果反馈

在《爸爸去哪儿2》第15期配套节目纪录片《和爸爸在一起》中，制作方对城市宣传的效果做了采访反馈：“节目的拍摄地成为热门旅游地，老爸和萌娃们住过的房子，参与过的项目都成了游客们争相体验的环节。”根据旅游部门的统计，节目播出之后，新叶古镇的游客量从2013年7月的800人次增加到2014年的18 000人次，游客直观增加20倍之多。而旅行社方面也应观众要求开设了“爸爸去哪儿旅游专线”，让观众可以根据节目设置重游拍摄地城市。采访中，新西兰旅游局副局长、地笋苗寨党委书记等都对节目进行城市形象宣传的效果进行了肯定。

图4 2014年《爸爸去哪儿2》拍摄地城市形象传播反馈

（二）综艺节目进行城市形象传播的功能

综艺节目作为城市形象的影像传播方式之一，与电视剧、纪录片、城市形象宣传片相比具有相对突出的娱乐功能；它能够借助较为轻松的方式立体、真实地给受众传达城市的人文地理、风俗民情等相关信息，能够为城市形象传播出谋划策、提供介质。利用综艺节目进行城市形象传播主要具有以下几个功能：

1. 提高城市知名度及美誉度

当下户外综艺节目爆红，众多节目收视可观，例如户外竞技真人秀节目《奔跑吧兄弟》连续14期蝉联周五档综艺节目收视冠军，据CSM 50城数据，第一季平均收视达到了2.635；户外亲子真人秀节目《爸爸去哪儿2》，全季16期平均收视3.311，而其节目纪录片《和爸爸在一起》平均收视也达到了1.089。正是这样的高收视率为更多的观众传播了拍摄地的相关信息，使拍摄地的城市知名度能够在短时间内迅速提高。

然而，综艺节目的高收视率并不是提高拍摄城市知名度的唯一途径。随着社交媒体的发展，现象级的综艺节目也在网络上掀起了一股话题热潮。节目《爸爸去哪儿2》的新浪官方微博在播放时阅读量突破了200亿人次。也就是说，通过综艺节目进行形象传播的城市相应获得了在网站、微博、微信进行二次传播的权利，其知名度的提高可想而知。

在美誉度方面，2014年12月12日《奔跑吧兄弟》之“楚汉之争”为城市宣传做出了很好的例证。该期节目以武汉市为拍摄背景，加入了“楚文化”相关元素，凸显了城市自由激扬、开拓创新的精神，无疑对推动武汉市今天的软实力建设具有重要意义。湖北是“楚文化”的发生和发展之地，武汉作为湖北省的省会、“楚文化”所在地的特大城市，因其展现在节目中的深厚文化底蕴而受到了观众的赞美。

2. 促进当地旅游业的发展

在2014年度的户外综艺节目中，每个拍摄地都可以说有着独特的文化背景和风俗民情。城市能够借助节目塑造之手充分展示自身的地域特色，从而增加当地的旅游魅力。根据节目纪录片《和爸爸在一起》的播出反馈：自2014年7月4日《爸爸去哪儿2》节目播出之后，拍摄地新叶古村便成为暑假当季的旅游胜地。虽然拍摄地并没有乌镇、丽江那些旅游景点著名，但在节目当中散发着古镇独有的恬静祥和。较少的商业因素、秀丽的江南水乡、白墙灰瓦，节目为观众勾勒出了它真正的魅力所在。而新叶村政府旅游部门也适时推出了嘉宾住房、节目游戏地的参观项目，受到了游客的欢迎。

3. 打造城市独特性及竞争力

城市竞争力的概念诞生于20世纪80年代后期，是指在社会、经济、文化、环境等各方面运用各种指标反映出来的城市吸引、促进、获取、利用各种资源而进行自身发展的能力。[①] 在综艺节目利用各要素感知对城市

---

① 苏永华. 城市形象传播理论与实践［M］. 杭州：浙江大学出版社，2013：105.

形成具象形象之时，不仅可以提高其知名度和美誉度，更能够凸显城市的独特之处，从而扩大社会效应，提升竞争能力。例如浙江卫视的综艺节目《奔跑吧兄弟》中就多次出现了拍摄地的科技馆、学校、综合商场等多种现代化的城市符号，展现了拍摄地的经济、品牌实力，对吸引高能力人才和提升城市综合竞争力起到了推动作用。

五、目前综艺节目进行城市形象传播存在的弊端

1. 城市利用综艺节目进行形象传播时缺乏清晰的定位

根据广告学中的定位理论，卖家要对潜在顾客下足功夫，把产品成功定位在潜在顾客的心中。同样，城市在进行形象传播的过程中，也必须要对自身的形象进行清晰的定位，城市如果没有其独一无二之处，那么就将失去传播的灵魂。随着户外真人秀节目的火爆，城市形象在节目当中的影射不可避免地会产生同质化的现象。而在未对城市资源进行优化定位之前，一味寻找节目媒介只会造成更坏的结果。

2. 综艺节目进行城市形象宣传时媒介使用单一，整合力不足

综艺节目在进行自身节目营销时往往会通过网站、社交媒体、电视媒体进行多元整合的宣传方式；而我国当下的大多数城市在传播形象的过程中媒介使用单一，将焦点聚集在电视平台上。在城市之间竞争如此激烈的当下，单一综艺节目塑造的城市形象显然无法完全满足城市的目标定位。这样一来，城市的形象宣传在媒介利用率低的情况下就会显得单一乏味，缺乏互动性，不够丰富和深厚。

3. 综艺节目娱乐化信息过多，不利于城市文化艺术传播

从本文分析的综艺节目类型来看，节目本身大多因为收视的需求而添加了过多娱乐信息，从而使得城市形象或被一笔带过，或缺乏文化艺术的魅力。不可否认的是，综艺节目的娱乐性是其主要特征之一，能够吸引大批拥有减压放松需求的观众群体。然而，对于一座城市来说，要想真正获得竞争力、取得良好的形象传播，仍然要靠其独特的精神文化和风俗人情。

六、对综艺节目进行城市形象传播的相关建议

随着 2014 年综艺节目的火爆反响，越来越多的城市选择将综艺节目作为形象宣传的载体之一。然而，我国城市形象传播意识起步较晚，城市定

位、品牌、管理等意识都还没有形成一定的规模。但可以预见的是，随着我国综艺节目的发展、成熟，城市将在其中找到适合自己形象传播的路径，越来越有效地进行宣传工作。如何更好地借助电视综艺平台进行城市形象传播是所有城市需要关注和解决的问题。

1．增强城市宣传的传播艺术

在政府的主导下，城市管理者为了达到对城市形象进行宣传的目的，在塑造城市形象时，往往过多地运用“强制说服”的手法，带有浓厚的宣传意味，缺少以受众为本位的城市形象报道。而电视综艺节目的出现，恰恰能够以补充者的身份介入城市形象传播的过程中，在这种条件下，城市相关部门应该及时掌握主动权，利用综艺节目的传播艺术特质，从而提升城市的知名度及美誉度。

例如，户外真人秀节目利用主持人的着装打扮、语调方言及民俗音乐来增强城市的宣传艺术，为广大城市提供有效参考。这样的传播方式不仅能够娱乐受众，传递城市元素，还能够使城市形象化作具象符号印入观众的头脑中，不失为一种有效的传播方式。

2．凸显城市形象传播的隐性化

利用综艺节目进行城市形象传播的优势之一就是宣传的隐性化。这种方式既不同于大众传媒的刻板传播，也没有让人难以接受的空泛的口号，取而代之的是以一种轻松愉悦的方式展现城市美景、刻画风土人情。这种综艺节目的传播能够将城市形象悄无声息地植入，从而令信息为更多受众所接受，而这正是隐性化传播的独特优势所在。

3．利用城市的内在精神和文化制造话题，形成二级传播

利用综艺节目进行城市形象传播不失为一种有效的宣传方式，然而，因其娱乐性强的媒介特征，这种传播过程还具有短暂性的局限。一个城市要想长久地树立起良好的城市形象，还需要在城市文化和精神内涵上多下功夫。

例如，新西兰在综艺节目中的城市形象塑造，尤其突出了毛利族的文化代表，以原始文明中的图腾、服饰、礼仪作为精神的符号，增加了城市形象传播的内涵及深度。国内城市可以以此作为参考，结合本地文化整合城市内涵，在节目播出的同时制造社会话题，获得二次传播或多级传播的效果，从而使城市形象长久建立起来。

七、结语

2014 年电视荧屏上综艺节目亮点不断，目前仍然是电视内容市场竞争

最为激烈的板块。再者，从各类节目的资源使用率来看，综艺节目无疑是回报价值最高的节目类型。而城市利用综艺节目进行自身形象的传播，不仅能够将信息有效地传播到社会公众的脑中，更能够在隐性的植入中提高城市知名度及美誉度，从而为该城市旅游事业的繁荣、综合实力的提升增加推动力。

总的来说，城市通过综艺节目进行形象上的塑造及宣传有助于其形象的建立和内涵精神的挖掘。因此，城市相关部门应保持主动的传播意识，积极探寻城市历史文化的独特性，增强城市宣传的艺术性，借助媒介平台更为有效地向受众展示城市的形象魅力。

2014年欧美电影与城市形象传播

石经纬

影视艺术与城市形象之间关系密切，渊源深远。电影诞生于城市、发展于城市、成熟于城市，可以说，电影的发展就是城市化的缩影。在许许多多的影视作品中，人们可以看到时代的进步和城市历史的变迁。21世纪以来，随着电影制作技术的不断提高，与城市相关的电影的质量也越来越好，近年来，一些电影更为城市形象的营销与推广做出了卓越贡献，使得城市的魅力在电影独有的光影变幻中得以彰显。而一部成功的电影必然是基于对影像符号的成功刻画。城市与电影之间的关系体现在无数的经典电影之中，本文选取2014年欧美电影中的城市形象进行研究，以探索两者之间的关系。

一、城市与电影的关系

电影诞生于欧洲工业时代，伴随着一个多世纪以来的技术进步而发展，不过，技术提供给电影的只是外在的包装与复原，而非日新月异的城市变迁所带来的大环境赋予电影的内涵与发展价值。城市的发展赋予电影无穷的想象力和无尽的活力。城市所带来的不仅仅是变化的场景，还有城市自身的属性与激发电影创作的无限灵感。没有城市发展带来的创作灵感，仅凭电影自身塑造的空间是无法吸引观众的，更无法成为艺术，电影会因此失去其自身的蒙太奇世界的魅力和时空的延展性。归根结底，假如没有一代又一代城市人投入到电影的发展和制作中去的话，电影就无法达到今天的高度。城市为电影带来了或深厚或淡雅的背景，电影为城市增添了或深邃或俏丽的颜色。电影是城市发展的窗口，是城市发展的记录者、参与者，带着一代又一代观众去探索城市快速发展背景下的变与不变。“因为一部电影，而让人们知道一座城市，这样的例子很多。如《雾都孤儿》之于伦敦，《卡萨布兰卡》之于卡萨布兰卡，《罗马假日》之于罗马……通过电影，我们总能发现一些我们并不了解的东西，尤其是一座并不是我们生活在其中的城市。”① 同时，观看一部与城市相关的电影也确实是了解这个城市文化的好机会。

城市与电影之间的关系还体现在两者的共同意义方面，城市在电影中可能是作为背景出现的，同时也可能作为电影叙述的主体。但是，只要城市出现，它便是作为一种符号在电影中扎根了。电影作为消费品，完成了一个将形象装扮为有意义的消费品的过程，观众接收了电影中的形象，便也接纳了城市的形象意义。因为电影表意的丰富性，城市形象在电影中也会得到类型丰富的表达。

二、城市形象在电影中的表现方式

学者林志明在《电影城市》的序言中提到：“电影作为20世纪兴起的最复杂、丰富的文化形式之一，以及城市作为当前最重要的社会关系和政治经济单位之一，两者之间的关系，自然是一个最吸引人的主题，也是一个足以富有挑战性的探讨起点。”我们接触国外的城市，我们脑海中形成的关于国外大城市的既定印象，可以说都是从影视作品中得到的，正如巴黎的浪漫、罗马的古老、纽约的繁华、东京的严肃。众多和城市有关的电影能给观众留下深刻的印象，并让人不仅记住了这个城市商业繁荣的景象，还记住了城市的地理风貌、风土人情、人文积淀以及历史文化——城市本质。就其核心而言，主要是从地标建筑、风土人情和历史文化三个方面去展示并传播的。

1. 地标建筑

我们生活中所说的大部分城市形象主要是通过城市中的硬件景象实现的，是以建筑物为主体的现代人工环境，其外在形象具有较高的辨识度和不可复制性。

正如美国超级英雄的大片大部分都是以纽约时代广场为背景的，纽约是最早建设摩天大楼群的城市之一，纽约的摩天大楼不同于过去欧洲的建筑形态，它是钢铁、玻璃和混凝土等新材料和建筑技术革新发展的成果。摩天大楼是艺术家眼中最为城市化和最为美国化的拍摄背景。纽约摩天大楼成为电影中打斗追击的主要舞台，主要是因为垂直的摩天大楼有着几何美感和韵律感，不仅反映着纽约都市生活的紧迫，更反映了他们想超越现实的想象力空间。

---

① 崔莹莹. 电影给予城市的印记［J］. 电影，2007（3）.

2. 风土人情

城市印象是城市文化和城市自然的融合呈现，城市除了外在的风貌之外，更应展现人居的魅力。当一座城市居民的语言、心态、日常生活、宗教信仰等一系列充满人情味的特征呈现出来时，人们才会真正了解、欣赏甚至喜欢生活在这座城市。

以底特律为背景的电影《暴力街区》看似在描述这座汽车城的落寞与无序，实则凸显了在社会夹缝中的普通老百姓的人性与这座城市独特的风土人情。影片讲述美国底特律罪恶横行，为了保障市民安全，当局将市内最危险的罪犯隔离，把他们安置在令人闻风丧胆的罪恶禁区“红砖特区”（Brick Mansions）。在弱肉强食的“红砖特区”内，残暴冷酷的大毒枭特里梅因是邪恶核心，卧底探员达米安一直希望将他绳之以法。另外，希望离开禁区过新生活的利诺，因为女友罗拉被特里梅因掳走而心急如焚。来自不同世界、背景各异而拥有共同敌人的达米安与利诺决定联手对付特里梅因。故事的结局自然是邪不胜正，汽车城又恢复了往日的安宁。

3. 历史文化

《布达佩斯大饭店》是2014年上映的一部口碑极好的优秀电影。影片故事发生在20世纪30年代到60年代的欧洲，影片围绕着一位带着传奇色彩的酒店礼宾员和他的年轻门生展开。在远近闻名、宾客络绎不绝的布达佩斯大饭店里，礼宾员古斯塔夫先生经历了不少声色犬马的生活，其中不乏无价名画的失窃、名门望族的财产纷争等荒谬逸事；不仅如此，他还跟这家豪华酒店一起见证了欧洲半个世纪的战火硝烟，沧海桑田。

布达佩斯大饭店，这个绮丽奢华却孤独潦倒的酒店，坐落在一个同样荒谬的战前中欧国家——虚构的白雪皑皑的Zubrowka。酒店水疗中心由神秘的残疾人、战犯及贫困的白俄罗斯人组成，让人想起托马斯·曼和弗拉基米尔·纳博科夫的小说，即“二战”背景下的小说。故事的情节看似是阿加莎式的遗产谋杀，实际上是对战争的反思。但与茨威格的悲观主义不同，安德森是个耐心的乐观主义者，在影片最后，他把那座巨大的红色酒店留给了受尽战争之苦的难民服务生零，并且让零一辈子相信爱情一瞬间的永恒。

与以往一样，安德森的世界就像是最宏伟、最精致的玩偶房子，难以置信的拍摄地点、内饰和老式的磨砂喷漆背景，精致到吹毛求疵的道具，卡通插画一样的色调，固定机位拍摄带有韵律的画面切换，像在给我们有节奏地读一个童话故事。它使观众感觉自己像巨人在弯腰观察一个极好的、精细的小宇宙，好像把镜头拉到一厘米的距离，仿佛每一片雪花都是工工整整的六角晶片。这就是布达佩斯作为欧洲“小巴黎”的历史地位，几乎所有的镜头里都堆满了欧洲深厚的历史积淀。

三、典型城市在电影中的形象特征——以巴黎为例

巴黎作为众多导演偏爱的城市，不仅风景秀丽、环境优美，其历史也十分悠久。巴黎于公元前888年成为法兰西的首都。到12世纪，在塞纳河上以城岛为中心，跨河两岸建设城市，形成了雏形。从刚开始的木造房屋，到拿破仑三世的大型改造，巴黎成为当时乃至现今世界上最壮丽的市中心之一，其中经历了多次变更。巴黎的城市符号，在人们通常的认知当中，是埃菲尔铁塔，是塞纳河，是卢浮宫、凯旋门，是红酒，是奢侈品，因而巴黎被冠上非常多的赞扬之词——“艺术之都”“时装之都”“美术之都”“香水之都”……这也正是人们从电影中了解到的巴黎——漂亮、高雅、艺术气息浓厚，同时人杰地灵。

作为充满着情侣和暧昧情调的巴黎，浪漫是其不可忽略的特点。不论哪个年代，巴黎和爱情共同出现的情况都屡见不鲜。较早的如《巴黎圣母院》《巴黎浮世绘》，较为晚期的如《午夜巴黎》《巴黎小情歌》等，爱情元素都是不可或缺的。

而随着时代的变迁，如今人们不再局限于巴黎的浪漫，也开始注重其他元素的运用。如在电影《巴黎地下墓穴》中，作为背景出现的地下墓穴，被部分人认为是“全世界最令人不安的旅游景点之一”。景点自身的诡异气氛，自然吸引了世界各地的观光者甚至探险家。这部电影正是如此，以几位探险家为主角，他们相约去巴黎的地下墓穴中探险，由此发生了一系列古怪而恐怖的事件。以真实景点作为故事发生的背景，有很明显的优势，即对此景点有了解的观众会有一定的心理预设。这样的巴黎让人陌生，这样一种诡异、沉寂的气氛也是对巴黎原始形象的一种突破。

除此之外，呈现巴黎负面形象的影片也渐渐崭露头角。《不惜一切回巴黎》是一部借由喜剧题材对巴黎时尚圈的生活态度进行抨击的电影。影片中，玛雅是一位摩洛哥裔的时装设计师，在巴黎生活了20年，在时尚圈里过着浮华而又钩心斗角的生活，浮夸、造作、惺惺作态是其早就练就的生存技能。她在一次意外中被遣送回国，而摩洛哥和巴黎的文化冲突使其不能较好地适应摩洛哥的生活，与父亲和哥哥的关系很僵，因此她不惜一切想要回到巴黎。影片借由主人公的生活态度，表面上是在描述其对巴黎的向往，实则在抨击巴黎时尚圈所谓的“生存技能”。

不论是初期对巴黎的宣传、赞美、感叹，还是近些年对巴黎形象的颠覆、对负面元素的拓展，巴黎作为影视中出现的城市的佼佼者，始终屹立不倒，长存于公众视野。值得一提的是，正面的赞誉和负面的抨击，不管采用哪种形式，都是对巴黎形象越来越完整的塑造，都会让受众了解一个更为明确而清晰的巴黎。

四、个案研究

（一）科幻电影《她》（*Her*）——“魔都”上海展现未来科技

《她》是讲述在不远的未来人与人工智能系统相爱的科幻爱情电影。主人公西奥多（杰昆·菲尼克斯饰）是一位信件撰写人，心思细腻而深邃，能写出最感人肺腑的信件。他刚结束与妻子凯瑟琳（鲁妮·玛拉饰）的婚姻，还未走出心碎的阴影。一次偶然的机会，他接触到最新的人工智能系统 OS1，它的化身萨曼莎拥有迷人的声线，温柔体贴而又幽默风趣。西奥多与萨曼莎很快发现他们如此的投缘，而且存在双向的需求与欲望，人机友谊最终发展成为一段不被世俗理解的奇异爱情……

《她》主要在中国上海取景，由美国导演斯派克·琼斯历时 3 年筹备拍摄。电影融合了新奇的科幻设定与传统的浪漫气息，真人与虚拟共同谱写温暖治愈的恋曲。导演表示，这是一部探讨“亲密关系”的电影，因人类都渴望亲密关系，但是又对它害怕和抗拒；科技为沟通提供了便利，但也让人们躲在它后面，逃避真正的情感接触。《她》直接除去科技冰冷的面纱，赋予它高度的人性化和活色生香的情趣，让一段人机对话变成情人絮语。

作为科幻电影的取景场地，上海最终被导演敲定并非他兴趣所致。上海作为中国大陆最发达的窗口城市，其高耸入云的摩天大楼、高度完善的交通系统、绚丽多彩的夜景等都是世界未来城市的一个缩影，或者说是最接近未来城市的一个模型。在这部电影中，上海街头熙攘的人群、便利的科技、快节奏的生活都给人无形的压力，因此才让主人公逐渐变得自闭，迟迟走不出上一段恋情的阴影，并最终选择了人工智能。

现代人与人之间的情感需求已经成为某种廉价的精神发泄，有些时候这种互相啃食对方的需要是如此强烈，以至于是真是假已经不太重要。西奥多的工作是模仿普通的饮食男女，通过客户的只言片语进入普通人心与心的对话之中，撰写虚假的感动。这些信不过是西奥多的工作，不过是客户跟家人、朋友、恋人的一个交代。

本片剧本扎实，一共展现了三段“假信”，从每封信上都能看到信背后那组人际关系的故事（同时每封信也展现了主人公不同时期的心理状态）。每封信都仿佛能让人看到现实中的那个人被蒙在鼓里，收到这样的信会是多么喜悦和感动，却无从得知这些似水柔情都是用金钱交换而来的。其实西奥多在很多时候的表现是一个普通现代人的常态，西奥多和萨曼莎来到海边，说萨曼莎开阔了他的世界。但讽刺的是，繁华都市，人海茫茫，萨曼莎并不存在，西奥多自己的世界里其实仍然只有他自己一个人，而周围活生生的人对他而言不过是个摆设。所以一如影片里 OS 的广告，孤独是现代人的习惯，人际沙漠里的每一个人都渴望得到心灵的安慰，在影片最后，每一个匆匆的路人也都沉溺于 OS 而不可自拔。

实际上影片里有这样一个照应关系，即萨曼莎之于西奥多一如西奥多之于他那些“假信”的收信人。西奥多每天都在为这些收信人编织着一个完美的情意，而萨曼莎也为西奥多编织着一个完美的浪漫。这几乎是一个因果报应。那些信件的写作手法和西奥多的恋爱观是吻合的，西奥多对于感情关系的理解就停留在那些小清新的瞬间，他所认同的恋爱也就只停留在那个“只如初见”的状态，他之所以害怕确定关系，正是因为他无法面对情人变成了恋人之后的冷静和磨合。所以西奥多害怕对方的成长，害怕凯瑟琳的成长，甚至害怕萨曼莎的成长。当一个关系从“初见”变成了“认真的恋爱”，西奥多就恐慌起来了。凯瑟琳说西奥多不能老是认为对方必须是什么样子，萨曼莎说她和西奥多的相处就像在写一本书，而现在写得越来越慢，字与字之间的空格仿佛已经是无限的距离。与其说西奥多的伴侣都成长了，不如说是西奥多的伴侣开始对西奥多展现更多的自我，西奥多无法去包容这些非“小清新”的东西，所以才导致了恋爱的失败。这也是生活在城市中的我们所具备的特点，只是由于我们仍处在科技尚不如电影中所描述的那样先进的环境里而不自知。

影片开头萨曼莎解释自己名字时说她翻了词典，觉得这名字不错。导演在这里提这个词典很引人注意，笔者查了一下才发现这里或许另有深意。萨曼莎这个名字是指“倾听者”，凯瑟琳则是“纯真”。结合片子，导演可能在这里想说，人是会变的，“倾听者”也会产生自己的想法，“纯真”迟早有一天也会成熟。“若只如初见”是一种幼稚的幻想。影片很聪明，西奥多的爱情观，哪怕萨曼莎这样的科幻恋人都成为现实，也还是会因为其幼稚和不现实而失败，那这种感情观本身是多么不现实。

除了对爱情观几乎面面俱到的讨论，本片没有止步于此。电影所有的台词都精心写就，正因为萨曼莎只有声音，整个电影货真价实地由台词撑起，让人惊叹文本的力量。不仅台词很美，本片的摄影真是每一帧都精致到极点。城市给人的感觉永远是梦幻且遥远的，当然，在塑造神秘感这一方面，上海的雾霾也起到了一定的作用。影片构建在一个未来的时间点，拍摄场景穿越东西方，涵盖城市、海滩、旷野、山林，观众也许不会注意，但这种杂糅会在观众潜意识里造成一种不真实感，主角标志性的红色衬衫鲜艳夺目，与环境和周遭路人的晦涩朴素形成反差，更加渲染了本片的悲哀情调。本片的配乐也非常美，都市有都市的旋律，西奥多和萨曼莎则是纯净的钢琴曲。

（二）《霍比特人》与奇幻新西兰

奇幻文学是西方文学中一个独特的门类，一直拥有广泛的读者群。托尔金的系列著作《魔戒三部曲》被誉为“20 世纪最伟大的书”，受到了读者的热捧，并紧接着被改编为《指环王》系列电影。其中《指环王 3：王者无敌》为终结篇，囊括了 2004 年奥斯卡的 11 项大奖。

而现实中的奇幻之旅也伴随着《指环王》系列的拍摄和上映，在风景秀丽的新西兰开始。19 世纪 50 年代，新西兰政府考虑到南岛的人口发展，同时兼顾北岛的历史地位，决定将距离南岛最近的惠灵顿作为首都，于是在 1865 年将首都由奥克兰南迁至此，惠灵顿成为新西兰的“文化之都”。近年来，惠灵顿又增加了一个新的标签——电影工业重镇。《指环王》导演杰克逊的老家就在新西兰，他不仅将新西兰绝美的风景推广到全球，还在惠灵顿设置了片场，完备的设施吸引了更多的人来此从事电影事业。

同时，惠灵顿政府为了推广《霍比特人》系列，也推出了大量行之有效的政策；随着电影《霍比特人》在惠灵顿的火爆全球首映，新西兰的旅游产业也正式进入“霍比特人”所生活的“中土”世界。在临时改名为“中土中心”的首都惠灵顿，有“中土”航班，“中土”邮局，“中土”报纸，“霍比特人”纪念币，“霍比特人”工艺品，到处都是浓浓的“中土”气氛。一夜成名的《霍比特人》拍摄地——美丽的小镇马塔马塔更是张灯结彩，迎接即将到来的旅游旺季。事实上，在 2014 年前 10 个月，即《霍比特人》首映前，已经对外开放的主题电影城就吸引了 7 万多名外国游客。用市长沃克的话来说，《霍比特人》将会刺激马塔马塔的经济发展。这个地处奥克兰和旅游胜地罗托鲁阿之间的小镇，或许真的要摆脱“过路小站”的尴尬境遇了。

几天来，新西兰总理约翰·基为《霍比特人》忙得不可开交。他刚刚在惠灵顿参加了电影首映式，就马不停蹄地赶到马塔马塔，参加翌日举行的“霍比特人”电影城绿龙酒吧的开业典礼。约翰·基说，一切都值得，新西兰为《霍比特人》所有的付出都值得。身兼旅游部长的约翰·基当然知道，《霍比特人》对于新西兰的旅游和电影产业、对于低迷的新西兰经济意味着什么。为了留住《霍比特人》剧组，他顶住巨大的压力，减免了剧组 2 500 万新西兰元的税收。在剧组遭遇新西兰罢工风波时，约翰·基又不顾反对党的反对，毅然修改了《劳工法》。

新西兰旅游局也借着《霍比特人》的强大声势做全球推广。他们预计，电影《霍比特人》衍生的经济效益将会逐步显现，估计 6 年内来到新西兰的游客将会增加 28%。2014 年 12 月，来自中国的 250 家热门旅行社的代表来到新西兰进行为期 6 天的旅行，体验这里的纯净和完美。最新的统计表明，中国已经超过英国，成为新西兰的第二大旅游市场。

（三）世界中心的超级英雄之战——漫威电影宇宙

漫威作为从漫画界跨界到影视界为数不多的好评系列，几乎部部都是精品。漫威漫画公司旗下拥有“蜘蛛侠”“钢铁侠”“美国队长”“雷神托尔”等超过 8 000 位漫画角色，还拥有“复仇者联盟”“X 战警”“银河护卫队”等超级英雄团队。作为漫画界的翘楚，漫威在 2008 年推出了第一部电影《钢铁侠》。从漫画直接到真人电影，漫威漫画公司走了一步险棋，所幸效果很好，观众的认可度非常高。其继而又推出了《无敌浩克》《雷神托尔》《美国队长》等一系列电影。

本文着重探讨的是漫威公司于 2014 年上映的两部大片——《美国队长：冬日战士》《超凡蜘蛛侠 2》。

《美国队长》于 2011 年上映，影片结尾，主人公美国队长斯蒂夫·罗杰斯在“二战”期间被冰冻沉睡了过去。2014 年上映的《美国队长：冬日战士》延续了第一部的剧情，直接来到了纽约大战两年后的现代社会，美国队长已经定居在华盛顿，努力适应现代社会的生活。为了呼应影片的名称，美国队长的人物角色设定就自始至终离不开美国。而在最新的《美国队长：冬日战士》影片中，其定居的地点是美国的首都，这不仅满足了观众对于美国队长——身为美国的队长，就应当在首府——这一身份的幻想，更是将故事的发展与第一部联系起来，与第一部进行了很好的呼应。

华盛顿是美国的政治中心，因此经济色彩不浓，是大多数美国联邦政府机关与各国驻美国大使馆的所在地，也是世界银行、国际货币基金组织、美洲国家组织等国际组织总部的所在地，还拥有为数众多的博物馆与文化史迹。这样一个气氛严肃的城市，恰巧为表面沉静的美国营造了比较庄重又肃穆的氛围，也成为美国队长苏醒以后定居的首选城市。

美国可供取景的城市其实多之又多，时尚的纽约、浪漫的西雅图、充满矛盾的南部城市……每个地区都有独特之处。华盛顿作为美国的政治中心，相较于其他城市有更为严肃的环境，因而除了政治题材之外的电影，其实华盛顿并不是电影中的主角，尽管如此，以华盛顿为背景的电影也依然数之不尽。作为一部超级英雄的电影，《美国队长：冬日战士》选择华盛顿作为主角定居的城市，是有着充分的考量的。尽管在现代社会中，美国队长不能再像“二战”时期那般在战场上独领风骚，但是作为美国队长，斯蒂夫·罗杰斯有足够的能力来应对并适应现代的挑战，同时对其队员进行统领的能力依然发挥得淋漓尽致。无论是美国队长的身份，还是其气质，究其特征都更为适合定居在华盛顿这样一个深沉而稳重的城市。

电影在刚开始的两分钟就接连出现了明显的华盛顿地标：林肯纪念堂和华盛顿纪念碑。即便剧情初始只是斯蒂夫·罗杰斯在跑步，但他路过的风景也可以让观众一眼便看出其所在的地方就是华盛顿。之后随着剧情的展开，主人公和朋友对话的背景则选取了白宫，虽然焦点并不在白宫上，但其轮廓符号太明显以至于不会让观众忽略。而在神盾局局长开车的途中，更是很明确地说出了华盛顿这个地点，随即在华盛顿街头迎来了一场恶战。包括此后大规模的枪战、打斗场面也都是采取街头的表现形式，采用一贯的欧美电影风格。接下来的故事从华盛顿转到了新泽西州，这不仅从剧情上与《美国队长》进行了衔接，更是采用冷色调的处理方式将小高潮引进了这个地方。后续又陆续出现了杰弗逊纪念堂、国会等。而电影中一直颇为吸人眼球的神盾局总部 Triskelion 大厦，其实是虚构的。但不论是构图还是拍摄的场景，除了大厦以外的河流、桥梁、岛屿和建筑，全都是真实存在的，这也透露出电影团队的制作精良以及对城市的还原。

《超凡蜘蛛侠 2》是 2014 年为数不多的优秀科幻大片之一，给观众留下了深刻的印象。尤其是主角蜘蛛侠和反派电光人的纽约时代广场一战，先进特效的应用加上纽约街头的熙攘喧闹让人大呼过瘾。之所以选择这里作为决战地，导演肯定有自己的考虑。

纽约时代广场又被称为“世界的十字路口”，而其所在城市纽约则被称为“世界中心”。它是美国纽约市曼哈顿的一块街区，中心位于西 42 街与百老汇大道的交汇处，范围东西向分别至第六大道与第九大道，南北向分别至西 39 街与西 52 街，构成曼哈顿中城商业区的西部。时代广场附近聚集了近 40 家商场和剧院，是繁华的娱乐及购物中心。百老汇的剧院、大量耀眼的霓虹光管广告，以及电视式的宣传楼体，已经成为纽约的标志，反映出曼哈顿强烈的都市特性。走进时代广场，足以迷乱每个人的眼球，四周全是色彩绚烂的霓虹灯，随时播放着新闻、歌曲 MV、电视节目的大屏幕和街头艺人。时代广场是纽约市内唯一在规划法令内要求业主必须悬挂亮眼宣传板的地区。包括美国广播公司等在内的世界多家新闻媒体机构都在时代广场设有演播室和新闻中心，所以很多国外媒体在说关于美国的新闻时，总喜欢把镜头切到时代广场演播室，以繁华的景色为背景，也削弱了一定的政治性。

不论观众是不是因为喜欢漫威漫画而去观看电影，就结果而言，其在世界的票房还是相当可观的。除此之外，漫威漫画公司在电影的宣传阶段也投入了大量人力、物力，不论是用真人偶来吸引人，还是用场景还原来吸引观众拍照留念，都是其扩大受众群的有效手段。除此之外，漫威逐渐表现出想要向电影《哈利波特》学习的意图。美国奥兰多就因为打造了一个魔法的角落——对角巷，将电影中的地点、布景、装饰，乃至人物都完全还原，从而成为众多影迷争相前往的旅游胜地，极大地拉动了当地的旅游收入。漫威漫画公司曾计划在 2014 年与 Hero Venture 联手，花费 3 000 万美元打造以 4D 动画为核心，名为“漫威体验之旅”的主题互动活动。“漫威体验之旅”计划于 2014 年春季起航，并以 4D 主题公园的形式展开。原创 3D 动画也将连同数字投影、动漫起源故事、人工环境、全息模拟、商品和联合媒体一起亮相。“漫威体验之旅”本身将在一个 5 万平方英尺的圆顶建筑中进行。可惜这个活动并没有后续消息。倘若这个活动可以成功，城市和娱乐公司将是双重受益者。因此，电影不仅仅传播了城市形象，同时也能让城市收到实质性的传播效果。

四、总结

电影与城市的关系似亲非亲，似疏非疏。电影需要通过城市的符号、印象和形象来传播自身想要表达的意图，如上文提到的，用对于欧美来说陌生的上海来表现科幻的场景和氛围；同时城市也需要电影这一种艺术形式对其进行传播，以达到提升知名度和美誉度的目的。

近些年来，欧美电影中的城市形象传播也开始逐步改变其固有格局。不论是采用得越来越多的中国城市，还是更改原有城市形象的城市，都慢慢走入观众的视野当中。随着互联网的兴起，信息的交流与沟通都更加快捷、方便。就中国而言，即使很多影片并未被引入国内，但中国观众依旧可以通过其他方式来观看自己倾心的电影。因此欧美电影对城市形象的传播，受众群体并不仅仅在欧美，而是已经扩散到了全球范围。

欧美电影对于城市的选择，是随着时间的推移而逐渐有所改变的。当然，除却电影中备受喜爱的城市，如纽约、伦敦、华盛顿、巴黎等，部分电影也开始尝试定位在新的城市中。这不仅对于导演和电影本身来说是一个突破，同时对于观众而言也是一个新颖而冒险的想法。

众所周知，对观众没有去过的城市来说，电影给观众的第一印象可能会持久影响到观众对该城市的永久印象。正如笔者从未去过巴黎，但大部分与巴黎有关的电影传达出的浓厚的浪漫气息，早已让笔者根深蒂固地认为这个城市就是“罗曼蒂克”的。相反的，倘若笔者最开始接触到的便是《巴黎地下墓穴》这一类电影，那恐怕就会对巴黎形成恐怖的印象。相信不少观众同笔者一样。电影传播的虽然是城市的形象，但这种形象是含有主观因素的，是导演想要表达的。

这也是很多故事美好的、环境优美的欧美电影在选择拍摄城市时都采用一些能够突出特点的地标、符号的原因。高科技电影中，凸显城市可以使城市形象更先进、独领风骚；风景独好的电影中，凸显城市可以使城市形象更为秀丽；时尚电影中，凸显城市则可以使城市形象更为前卫……

与城市形象宣传片不同，电影对城市形象的影响是潜移默化的。城市形象宣传片与电影，前者更为强硬，用一种灌输的手段告知观众这个地方有多好、多漂亮、多独特，反观其效果却比较一般。电影是通过故事的发展，用一种烘托的方式来影响观众：这个地方是时尚的，因为时尚的人都聚集在这里。通过这种劝导性的方式来达到宣传的目的，效果更为惊人。除此之外，城市形象宣传片更多的是突出一个城市的美好，而电影中城市的作用仅仅是故事发生的背景，并不在于真正地去描述这个城市本身，因此由于剧情的需要，可能会加入虚构的场景。正如上文提到的《超凡蜘蛛侠2》中，刚开始蜘蛛侠穿梭在高楼林立的纽约，航拍的是整个纽约的繁华热闹，而发展到大决战时，电影中对纽约时代广场的破坏也毫不掩饰。

一部电影要想仅仅通过自身就传播一个或者多个城市的形象并达到一定的传播效果，其实是不容易的。观众对一个未曾去过的城市形成印象，不仅要通过很多电影的烘托，还包括身边朋友口耳相传的描述。因此，电影毕竟是电影，是一门加工过的艺术，如想通过电影对城市进行定位和定性，那还是缺乏理性的。

2014年中国电视剧与城市形象传播

张伶聪

电视剧作为大众传媒的文化产品，是人们日常生活的消遣方式之一，也是城市文化和形象传播的主要载体。近年来，我国电视事业迅猛发展，电视荧屏上出现了特色鲜明的电视剧，这一类电视剧不仅提高了电视剧的审美品位，满足了电视观众的消费需求，而且推广了各具特色的城市文化和城市形象，无疑对城市历史文化的弘扬大有裨益，更增添了城市文化的竞争力和吸引力。

一、电视剧在城市形象传播中的作用

随着技术的发展，社会已然进入新媒体时代，人们接收信息的方式逐渐变得多样化，但这丝毫不影响电视在人们日常生活中的重要地位，电视剧依旧是拉动收视的“三驾马车”之首。作为大众传播对象的观众，其对电视剧的偏好程度决定了城市形象传播的效果。

电视剧题材设置的不同，决定了目标受众的不同，因而城市形象传播的效果也会不尽相同。

首先，表现在电视剧不同题材的播出比重上，每个电视台会根据自身定位以及目标受众群体的不同选取不同题材的电视剧产品，从而达到电视台自身预设的目标。

下面是CSM媒介研究对80个城市2014年上半年18点到24点各题材电视剧播出比重的统计，见图1：

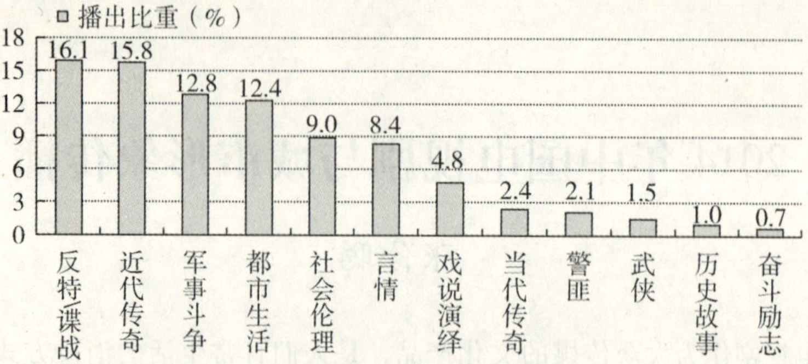

图1　2014 年上半年各题材电视剧的播出比重（80 个城市，18：00—24：00）

（数据来源：CSM 媒介研究）

从图1 可以看出，反特/谍战、近代传奇和军事斗争是电视剧的三大核心题材，这三大题材与观众的社会生活息息相关，特别是与人文历史关系最为密切，将城市形象的传播恰当地融入电视剧创作之中，尤其是观众关注度较高的题材，能潜移默化地引导观众关注某一城市，加上恰到好处的宣传，对于提高这一城市的知名度以及成功打造城市形象的品牌有着重大的意义。

其次，电视剧的收视表现也直接影响着城市形象品牌宣传的效果。

从表1 数据可以看出，都市生活、社会伦理和言情题材电视剧的市场收视率较高，而城市形象宣传依托于收视率较高的电视剧题材，加大对此类电视剧题材的资源的投放，将丰富的城市形象资源融入电视剧创作之中，对于城市形象潜移默化的宣传起着重要作用，可以更好地宣传城市的历史文化，这将是城市形象塑造和传播的有效途径，可以达到最佳效果。

表1　2014 年上半年卫视总收视率超过 2% 的电视剧名录

（19：30—21：30 时段，80 个城市）

电视剧名称	题材	加总收视率%
父母爱情	时代变迁	2.61
乡村爱情圆舞曲	农村	3.70
一代枭雄	近代传奇	3.64
爱情公寓 4	言情	3.31
我爱男闺蜜	言情	3.18
我的儿子是奇葩	都市生活	3.09

（续上表）

电视剧名称	题材	加总收视率%
一仆二主	言情	3.06
封神英雄榜	神怪玄幻	2.93
老兵	近代传奇	2.68
毛泽东	重大革命	2.40
生活启示录	社会伦理	2.40
产科男医生	社会伦理	2.29
密使2之江都谍影	反特/谍战	2.16
美丽的契约	都市生活	2.16
男人四十要出嫁	都市生活	2.12
我和我的传奇奶奶	军事斗争	2.03

数据来源：CSM媒介研究。

二、2014年中国电视剧的城市形象传播现状分析

1. 2014年新上映电视剧中的城市形象传播情况的相关统计

2014年我国电视剧总产量稳定在13 000集，较2012年总产量17 000集和2013年总产量15 000集继续下降。2014年播出新上映电视剧407部，为进一步了解和明晰2014年新上映电视剧在城市形象塑造和城市形象传播过程中所起到的作用，笔者对央视和全国各大省级卫视的全年电视剧播出情况进行了列表统计，并按照拍摄地区将2014年新上映电视剧进行了分类整理和统计，详见表2。

表2　2014年新上映电视剧的拍摄地区分类

序号	拍摄地区	电视剧	总片数
1	北京	《我心灿烂》（湖南怀化、北京）、《湄公河大案》（北京、云南昆明、云南西双版纳、老挝、缅甸、泰国、美国、哥伦比亚）、《奇葩一家亲》、《金牌红娘》、《历史转折中的邓小平》（北京、安徽凤阳、广东深圳、河北迁安）、《战火连天》、《产科医生》、《大都市小爱情》、《离婚律师》、《家有儿女新传》、《勇敢的心》（北京、上海、河北承德、黑龙江）、《小宝和老财》、《千金保姆》、《铁血武工队传奇》、《一仆二主》、《翠兰的爱情》、《我爱男闺蜜》、《枪火》、《跟我回家》、《恋恋不忘》、《二胎》、《我和我的他们》、《步步惊情》（北京、天津、甘肃、香港）、《独家披露》（江苏无锡、北京）、《错婚》（北京、山东青岛）、《爱的保镖》、《幸福请你等等我》、《食来孕转》、《和平的全盛时代》、《嫁给爱情》、《用一生去爱你》、《婚姻料理》（陕西西安、北京）、《大丈夫》、《一又二分之一的夏天》（福建、北京、希腊）、《虎口拔牙》（北京、上海）、《约会专家》、《青年医生》、《结婚潜规则》、《老妈的三国时代》、《我的儿子是奇葩》、《我在北京挺好的》、《神犬奇兵》、《错放你的手》、《美丽的契约》、《老爸回家》、《江山风雨几多情》、《我家厨房》、《冒牌英雄》、《战地黄花分外香》、《婚战》、《证据》、《镖门》（山西、北京）、《头牌》（北京、天津、江苏无锡）、《我的特一营》（山东、江苏南京、北京）、《大栅栏》（北京、天津）	54
2	上海	《爱情公寓4》、《杉杉来了》、《锋刃》、《红色》、《勇敢的心》（北京、上海、河北承德、黑龙江）、《金牌律师》、《十月围城》（横店、上海、广州）、《如果我爱你》（上海、意大利）、《加油爱人》、《涛女郎》（上海、江苏苏州）、《虎口拔牙》（北京、上海）、《汉阳造》（湖北、上海）、《爱的妇产科》、《产科男医生》、《大当家》、《幸福爱人》、《保卫孙子》	17
3	重庆	《傻儿传奇》（重庆、浙江横店）、《团圆饭》、《兄弟兄弟》	3
4	天津	《步步惊情》（北京、天津、甘肃、香港）、《美丽谎言》（天津、辽宁大连）、《头牌》（北京、天津、江苏无锡）、《大栅栏》（北京、天津）、《奥的多米诺》	5

（续上表）

序号	拍摄地区	电视剧	总片数
5	辽宁	《豆腐西施杨七巧》、《别逼我结婚》（大连）、《猛兽列车》、《收获的季节》、《乡村爱情圆舞曲》、《新闺蜜时代》（大连）、《爱情最美丽》（大连）、《男人四十要出嫁》、《美丽谎言》（天津、大连）、《男媒婆》、《老兵》、《香瓜七兄弟2》、《返城年代》	13
6	吉林	《追求幸福的日子》（四平、抚松）	1
7	黑龙江	《勇敢的心》（北京、上海、河北承德、黑龙江）、《养父的花样年华》（黑河）、《巍巍兴安岭》（大兴安岭）、《大村官》	4
8	河北	《武媚娘传奇》（涿州、江苏无锡、浙江横店）、《我要当八路》（易县、浙江横店）、《历史转折中的邓小平》（北京、安徽凤阳、广东深圳、河北迁安）、《尖刀出鞘》、《勇敢的心》（北京、上海、承德、黑龙江）、《北平无战事》（承德）、《大秦帝国之崛起》（浙江横店、浙江象山、河北丰宁坝上）、《国家审计》	8
9	河南	《战将》（确山）、《一见不钟情》、《大河儿女》	3
10	山东	《雪鹰》、《老农民》、《马向阳下乡记》、《红高粱》、《战神》（沂南）、《错婚》（北京、青岛）、《魔幻手机2》（青岛）、《温柔的诱惑》、《我的特一营》（山东、江苏南京、北京）、《外姓兄弟》	10
11	江苏	《武媚娘传奇》（无锡、浙江横店、河北涿州）、《花红花火》（无锡、浙江横店）、《大清盐商》（扬州、浙江横店）、《清网行动》、《女人要过好日子》（南京）、《战长沙》（南京、浙江）、《四十九日·祭》（南京）、《独家披露》（无锡、北京）、《假如幸福来临》（南京）、《涛女郎》（上海、苏州）、《头牌》（北京、天津、无锡）、《我的特一营》（山东、南京、北京）、《今夜无人作证》（连云港）、《青果巷》、《最强囍事之LOVE双重奏》（南京）	15

（续上表）

序号	拍摄地区	电视剧	总片数
12	浙江	《武媚娘传奇》（江苏无锡、横店、河北涿州）、《神雕侠侣》（横店、象山）、《古剑奇谭》（横店）、《鹿鼎记》（横店）、《新京华烟云》（横店）、《封神英雄榜》（横店）、《花红花火》（江苏无锡、横店）、《美人制造》（横店）、《狐仙》（横店、象山）、《长沙保卫战》（横店）、《我要当八路》（横店、河北易县）、《铁血尖刀》（横店）、《大清盐商》（江苏扬州、横店）、《剑侠》（横店）、《傻儿传奇》（重庆、横店）、《一代枭雄》（横店、陕西）、《少林寺传奇藏经阁》（横店、象山）、《卫子夫》（横店）、《恋爱相对论》（杭州）、《开国元勋朱德》、《神医大道公前传》（横店、福建厦门）、《风中奇缘》（横店、象山、宁夏银川）、《代号九耳犬》（横店）、《与狼共舞2》、《雪豹坚强岁月》、《绝爱》（宁波、海南三亚）、《金玉良缘》（横店）、《情定三生》（横店）、《妇道》（横店）、《剿匪英雄》（横店）、《血色黎明》（横店）、《青春烈火》（横店）、《战长沙》（江苏南京、浙江）、《新活佛济公》、《十月围城》（横店、上海、广州）、《犀利仁师》（横店）、《大秦帝国之崛起》（横店、象山、河北丰宁坝上）、《虎刺红》（横店）、《婚里婚外那些事》（杭州）、《幸福从天而降》（宁波）、《秀秀的男人》（横店）、《姥爷的抗战》（横店）、《幸福美丽绽放》（宁波）、《洪流》（横店）、《娘心计》、《美人如画》（横店）、《薛丁山》、《无声恋曲》（杭州）	48
13	福建	《不一样的美男子》（厦门）、《神医大道公前传》（浙江横店、厦门）、《骄阳似我》、《一又二分之一的夏天》（福建、北京、希腊）、《望海的女人》、《当婆婆遇上妈之欢喜冤家》、《良心》（厦门）、《谈判冤家》（厦门）	8
14	广东	《深圳合租记》（深圳）、《因为爱情有奇迹》（深圳）、《历史转折中的邓小平》（北京、安徽凤阳、广东深圳、河北迁安）、《美妙的奇遇》（深圳）、《舰在亚丁湾》（广东、广西、海南）、《纸婚》（深圳、四川）、《半路父子》（深圳）、《相爱十年》（深圳）、《十月围城》（横店、上海、广州）、《我的青春高八度》、《唱·战记》（深圳）	11

（续上表）

序号	拍摄地区	电视剧	总片数
15	广西	《舰在亚丁湾》（广东、广西、海南）	1
16	甘肃	《步步惊情》（北京、天津、甘肃、香港）、《大漠枪神》	2
17	宁夏	《大漠苍狼》、《风中奇缘》（浙江横店、浙江象山、银川）、《歌海情天》（青海、宁夏、新疆）	3
18	山西	《镖门》（山西、北京）、《刀客家族的女人》《晋阳秋》《黄金背后》	4
19	陕西	《一代枭雄》（横店、陕西）、《兵出潼关》、《满仓进城》（西安）、《人生》、《婚姻料理》（西安、北京）、《宝贝儿回家》（陕西、海南）	6
20	湖北	《铁血红安》（红安）、《把爱带回家》（武汉）、《汉阳造》（湖北、上海）	3
21	湖南	《我心灿烂》（怀化、北京）、《懂小姐》（长沙）、《女王驾到》（长沙）	3
22	安徽	《历史转折中的邓小平》（北京、安徽凤阳、广东深圳、河北迁安）	1
23	江西	《油菜花香》《领袖》	2
24	四川	《纸婚》（广东深圳、四川）、《十送红军》《鲜花盛开的村庄》	3
25	云南	《二炮手》（大理）、《湄公河大案》（昆明、西双版纳、北京、老挝、缅甸、泰国、美国、哥伦比亚）、《待到山花烂漫时》《盾神出击》《幸福在哪里》《金战》《带泪梨花之美丽重生》《天下一碗》《边城春秋》	9
26	海南	《爱情回来了》（海口、三亚）、《第二次人生》（海口）、《绝爱》（浙江宁波、三亚）、《爷们儿》、《舰在亚丁湾》（广东、广西、海南）、《宝贝儿回家》（陕西、海南）	6
27	新疆	《歌海情天》（青海、宁夏、新疆）	1
28	青海	《歌海情天》（青海、宁夏、新疆）	1

从表2可以看出，拍摄地选取的第一梯队集中在北京和浙江两地，以北京为拍摄城市的电视剧多为现代都市剧，数量达到54部，位居全国第一

位；而以浙江省为拍摄背景的电视剧类型多为年代剧和古装剧，拍摄地集中在横店影视基地，数量为48部，超越上海市，上升至全国第二位。上海、江苏、辽宁、广东和山东构成了拍摄地选取的第二梯队，数量分别为17部、15部、13部、11部和10部，其电视剧制作类型基本与2013年相同。拍摄地选取的第一、第二梯队绝大多数位于东南沿海地区，电视剧拍摄数量是以西部和内陆地区为拍摄地的2倍。在表2中，2014年新上映电视剧的城市形象传播情况一目了然。

2. 2014年中国电视剧中的城市形象传播的发展趋势

就目前中国各大城市的城市形象传播方式选取偏好而言，政府及其相关部门偏向于借助城市形象宣传片、城市特色旅游活动、影视剧中的城市形象传播、建立影视基地、举办电影电视艺术节等方式，对城市进行多方位宣传以展示城市良好的形象。2014年新上映国产电视剧对城市形象的宣传主要呈现以下几大趋势：

（1）趋势一，在电视剧题材方面，都市生活题材占据绝对优势。笔者统计2014年新上映的电视剧后发现，都市生活题材电视剧约占播出总数的40%，同比去年下降30%左右，与此同时，反特/谍战、军事斗争和近代传奇题材电视剧播出数量明显上升，总体占到播出总数的40%以上。综合来看，都市生活题材电视剧依旧是城市形象传播的最佳宣传题材，高潮迭起的情感故事，结合城市独特的人文气息，使城市形象能在情景交融之中进行成功的塑造和传播。

（2）趋势二，在电视剧拍摄地选取方面，制作方大多倾向于选择北京、浙江和上海等东南沿海地区，西部和内陆地区较少。东南沿海地区作为我国经济发展的前沿地带，拥有雄厚的物质基础、良好的城市人文气息和环境优美的旅游资源，更适合展现现代都市情境，随着影视基地的建立，各种配套设施相应完善，就算是历史题材剧、年代人物剧也可以在东南沿海地区拍摄，例如2014年的抗战大戏《长沙保卫战》就是在浙江横店影视基地拍摄完成的。

（3）趋势三，电视剧拍摄地开始跨区域多地区取景拍摄。由原来的单一取景拍摄朝跨区域多地区取景拍摄方向发展，这一点正是基于经济和科技的发展，制作方对于电视剧的制作更加精致化，除了能客观地还原历史环境以及展现剧中特定环境外，还要满足观众对于电视剧的更高需求。例如2014年新上映的现实主义题材电视剧《历史转折中的邓小平》前往北京、安徽凤阳、广东深圳、河北迁安4个拍摄地取景，借助故事发生的不同阶段，展现的是1976—1984年的邓小平。这8年是他个人政治生涯中最辉煌的 8 年，也是中国处于最重要转折点的几年，跨区域多地区取景，更好地还原了历史事实，又能宣传各地的城市形象。这种取景方式，实现了电视剧制作方以及城市形象传播方的共赢，提升了制作方的影视剧制作水准，城市更能借助影视剧潜移默化地宣传城市特色与文化，带动旅游业的发展。

以上就是对 2014 年新上映电视剧体现出的城市形象传播三大趋势的简要概述。电视剧在题材选择和拍摄地选取上对城市形象传播能起到重要作用，各城市政府和工作人员如能更好地把握城市形象宣传的主要趋势，对于城市形象的高效传播有着重要的意义。

三、关于利用电视剧进行城市形象传播的路径分析

针对北京和上海两地影视剧创作中最具有代表性的区域特色，下面各选取一部最具城市形象传播代表性的电视剧进行个案分析，着重关注电视剧在展现城市形象时运用的表现方式和技巧，进而对城市形象传播的路径进行梳理和探讨。

（一）北京：2014 年电视剧《爱的保镖》城市形象传播路径个案分析

1．剧情简介

《爱的保镖》主要讲述“柳杨拳”的传人孙海山一辈子最大的愿望就是把武馆发扬光大，但他古板的教学方式根本招不到学员。而把武馆当生意做的师弟白宗元却经营得有声有色，桃李满天下。为了争到那块代表正宗的百年老匾，白宗元与孙海山展开了明夺暗抢，甚至不惜利用儿子白云峰对孙铁铮的感情，结果弄巧成拙，反而促成了儿子与离婚妈妈小丽的婚事，让他后悔不迭。孙铁铮 30 岁了还没有找到对象，妈妈彭红霞把这一切的原罪归咎于孙海山，为此两人吵吵闹

图 2　《爱的保镖》海报

（图片来源：百度）

闹几十年，一句话不合离了婚。林一浩的到来，给传统的武馆带来了生机，他也被“柳杨拳”博大精深的奥妙拳术深深打动，中华武魂精神成就了他和孙铁铮的爱情，也让孙海山和彭红霞重新走到了一起。

2. 城市形象传播主要途径

北京作为一座传统文化和现代气息兼顾的国际化大都市，其浓重的人文气息，为无数电视剧作品增光添彩。《爱的保镖》作为2014年典型的当代都市家庭伦理题材电视剧，把拍摄场地设在北京，将一个现代的家庭故事展现在人们面前，让人们在开心之余能静下心来去思考，同时也将北京这座文化古都的现代性展现在观众面前。电视剧《爱的保镖》的城市形象传播路径主要有以下几个方面：

第一，电视剧中对城市景观的选取。为贴近观众视角，真实展现剧中人物生活的社会背景与现实环境，电视剧会有针对性地选取城市中具有代表性的场景，以此来展现城市的人文底蕴。《爱的保镖》选择北京作为主要拍摄场地，特地选取了北京的四合院、胡同、钟楼等有代表性的建筑来展现北京传统文化的意象符号，同时，北京的高楼大厦等现代性意象的加入，为北京增添了现代化气息，将北京富有传统文化和现代气息的特质一览无遗地展现在观众面前。

图3 北京四合院

（节选自《爱的保镖》第一集）

第二，城市名称或城市代表符号在台词中重复出现，不断加深观众对该城市的印象。在电视剧剧情设置中，各个人物的台词中多次出现“北京”或包含北京特色的景点。例如在第三集中，孙海山骑人力车拉着一位台湾同胞逛北海，台湾同胞说道：“说实话，我还是喜欢原来安静的后海。”除此之外，还有多处台词融入了“北京”符号，这无疑能将北京的城市形象更加深入地植入观众的印象之中。

第三，电视剧的情节设置展现了城市的国际化。一个城市的发展，特别是国际化城市，在经济发展的同时，必然少不了其他国家文化的渗入，这其中包括中国人对外来文化的接纳，也包括外国人对中国文化的喜爱。电视剧《爱的保镖》中，孙海山的众多弟子之中就有一位来自澳大利亚的友人，他专门到中国学习武术，还给自己起了一个中文名字叫李爱华。从这个意义上来说，电视剧向观众传递的是北京这座国际化大都市的接纳与包容。

以上就是电视剧《爱的保镖》的城市形象传播路径的简要分析。电视剧利用镜头语言、场景设置、人物台词等多种手段，从视觉、听觉等多方位塑造城市形象，从而促进了城市形象的有效传播。

（二）上海：2014 年电视剧《如果我爱你》城市形象传播路径个案分析

1. 剧情简介

《如果我爱你》讲述的是亚当和弟弟苏伟，还有母亲秀云在意大利帮助朋友蓝诺共同经营一家葡萄酒庄的故事。他们参加了由上海的红酒经销商世英组织的品酒会，并认识了世英的朋友演员安宁。喜欢安宁的世英为了让安宁实现演员梦，投资了一部电视剧让安宁担任女主角，并让剧组去亚当的酒庄拍摄，却没想到安宁和亚当越发亲密。吃醋的世英设计买下了酒庄，导致亚当失业，亚当回国找工作却阴差阳错进了世英家的公司。世英意外发现亚当就是自己多年前走失的弟弟，害怕失去继承权的世英又设计要将亚当赶走，这时他却发现自己患了血癌，只得将身世告知亚当。善良的亚当捐献了骨髓来救他，两兄弟终于相认。安宁也被亚当感动而爱上了他，世英要留亚当在公司，亚当却选择带着安宁回到意大利继续自己的酿酒事业。

图 4 《如果我爱你》海报

（图片来源：百度）

2. 城市形象传播主要途径

素有“东方巴黎”美誉的上海，是我国的经济、金融中心。作为都市商业情感题材电视剧，《如果我爱你》有效地将上海的商业性与片中所要展现的都市情感巧妙地结合起来，将这个故事契合地放到社会环境之中，又使得上海独有的浪漫展现得淋漓尽致。

首先，城市的开放性成为城市形象传播的精神体现。对于上海这座国际化大都市，其现代化的城市建设和国际化的文化交流、商业贸易一直是观众心中的印象标签。电视剧《如果我爱你》展现的就是上海商业领域的国际化，剧中卓然集团向意大利红酒协会申请举办“意大利红酒之夜”活动，以引进意大利红酒品牌来参与上海红酒市场的竞争。正是这种开放性，使得上海兼容并蓄，不断吸收着世界各地的精华，成就了现代上海独特的城市形象。

其次，服饰这一独特的地域符号，是进行城市形象传播不可忽视的重要因素。民国时期的上海女性在众人心中的形象就是以着“旗袍”为时尚，尽管现代服饰的发展给了上海人更多的选择，但这丝毫没有冲击到上海服饰的代名词“旗袍”的地位，“旗袍”作为上海这座城市的重要服饰符号，随着影视作品的传播也再次广为流传。电视剧《如果我爱你》中，主办方为了邀请亚当·贝尔出席上海的“意大利红酒之夜”活动，特地给他的养母秀云送去一件上海旗袍作为礼物，当她换上旗袍出现在亚当面前时，两人的谈话向我们印证着“好看的旗袍是上海女人的一种象征，也是上海女人独有的品味”。尽管只是零星地出现，但是这丝毫不影响旗袍作为上海城市形象的一种定义与传播，更能彰显上海悠久的文化底蕴。

最后，城市地标建筑元素的应用不仅为故事的发生发展提供合理的现实背景，更是该城市形象传播不可或缺的元素。《如果我爱你》在镜头语言运用上，恰当地融合了有上海特色的代表性建筑和景观，如外滩夜景、黄浦江等，除对本剧城市风格和整体基调做出很好的渲染和定位外，更能让观众在镜头之中看到一个真实的上海，使得城市形象得到进一步传播。

总之，在以电视剧作为媒介进行城市形象传播时，表现的路径和内容是多种多样的。通过两个个案的分析可知，电视剧进行城市形象传播的路径主要表现在以下几个方面：第一，以城市的自然人文景观为主题，拍摄城市的代表性建筑和景观，来推广和塑造城市形象；第二，以城市中发生的故事作为背景，融合城市精神，将城市的人文风貌和历史文化底蕴传播给大众；第三，借助地域文化，例如方言文化、服饰文化，展现城市的人文精神和特色；第四，借助电视语言，如镜头画面、台词、旁白等来展现城市生活。根据城市特色恰当地安排台词与镜头，能使城市形象在可听、可视、可感的范畴里以最佳效果进行传播。

除上述城市形象传播路径外，还有一种经常使用的城市形象传播路径：以电视剧为核心形成的文化产业及影视文化产业。这当中包含影视作品制作中的一系列流程，如影视基地和电视剧生产、剪辑、包装、推广一条龙服务等。影视产业化，不仅提高了电视剧的制作水准与数量，对于拍摄城市而言，还形成了新的人文景观，为城市旅游资源增添了竞争力，更能带动周边产业的发展。据 2015 年《金华日报》报道，永康西溪影视基地搭建以来，依托西溪镇深厚的历史文化底蕴，充分发挥山水自然资源优势和区位优势，将影视基地串点成线，形成影视、休闲、养生为一体的旅游产业，全域化发展，将西溪打造成为影视特色小镇，吸引了众多剧组前去取景，给小镇带来了不少商机，提升了全镇的经济社会发展水平。

合理选择有效的传播路径和表现手法，对于展现城市特色，塑造城市形象，增强城市对外宣传效果，提高电视剧本身的艺术价值有着重要的意义。

四、利用电视剧进行城市形象传播的效果分析

城市在人们的记忆中或者印象中始终是部分的、片段的，城市的发展则是由一系列相互联系的片段组成的，将这一系列片段在观众的大脑中进行有机的整合，就构成了观众心中的“城市形象”。[①] 电视剧作为一种传播媒介形式，具有通俗易懂、声画合一、生动具体的特点，是信息时代一种较为快捷和有效的方式。因此，借助电视剧来进行城市形象传播，其带来的传播效果有目共睹。在谈及电视剧中城市形象传播的效果时，首先需要考虑的要素是电视受众，下面着重从电视观众的特点、电视剧个案影像细读、电视剧传播城市形象的功效等多个方面对电视剧进行城市形象传播的有效性进行剖析。

（一）电视观众的特点

城市形象传播的效果差异取决于电视观众对于剧集的关注度和忠诚度。依据电视观众的收视习惯与规律，制定电视剧中城市形象传播的策略，对于提高城市形象传播的效果起着重要作用。

1. 电视观众的收视时长

收视群体在电视剧收视习惯和偏好上存在差别，在进行电视剧创作时，需要考虑到主要观众群体。因此，在依托电视剧对城市形象进行传播的过程中，还需要考虑到主要观众群体的收视时长。根据 CSM 媒介调查对 2010—2014 年上半年人均每日收视时长（历年所有调查城市）数据（见图 6），近 5 年来观众收视时长呈现螺旋下降态势，2011 年上半年骤降 7 分钟，为 168 分钟，2011 年至 2013 年期间整体下降幅度不大，2012 年上半年收视略有增长，2014 年上半年收视时长继续下降 4 分钟。5 年间，观众每日收视时长从 175 分钟下降至 163 分钟，整体下降趋势较为明显。

由于收视受观众规模和忠实度两个因素影响，从这两个维度出发，可

---

① 朱鸿军，王玉玮．电视剧的城市形象传播与文化软实力竞争［J］．江苏大学学报（社会科学版），2010，12（1）：11～15．

以很清楚地发现，总体电视市场的收视量减少源于近年来观众规模的下降，2014 年上半年观众平均到达率由 2010 年的 73% 下降至 64.5%，而与此相反的是，5 年来，每名实际电视观众收看时长不断增长，从 2010 年上半年的 241 分钟上升到 2014 年上半年的 253 分钟（见图 7）。

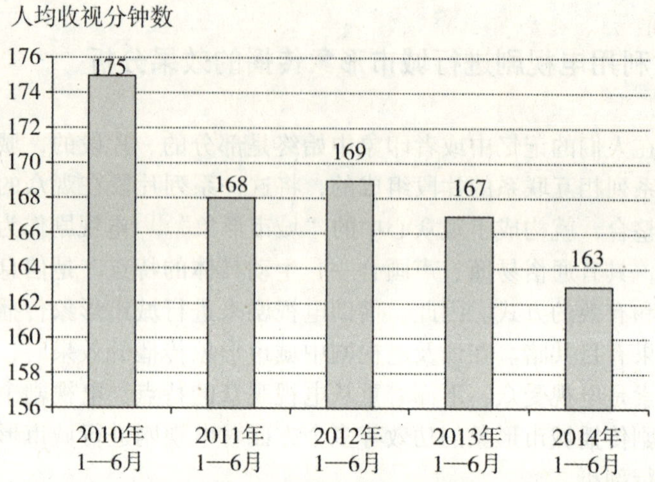

图 5　2010—2014 年上半年观众人均每日收视时长（历年所有调查城市）

（数据来源：CSM 媒介研究）

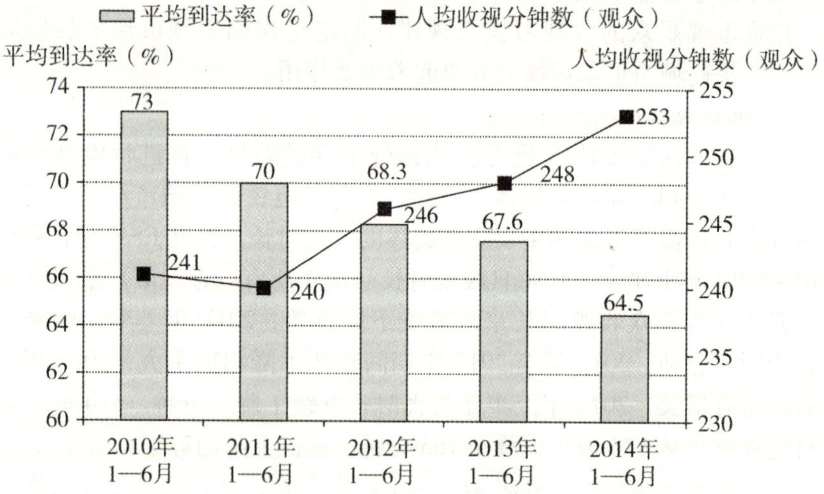

图 6　2010—2014 年上半年观众规模及观众收视时长（历年所有调查城市）

（数据来源：CSM 媒介研究）

由此可见，电视观众的轻度流失是造成收视量下降的主要原因，剩余的电视忠实观众对电视媒介依旧保持着关注。因此，电视剧时长也要相应发生变化，同时，在有效时间内传播城市形象方面也对制作者提出了更高的要求。

2. 电视观众的年龄构成

不同题材的电视剧类型针对的目标受众也不同，同样，在进行城市形象传播的过程中，也应考虑到目标受众和定位的问题。一个城市的风景与文化吸引何种收视群体，进而制作何种类型的电视剧作品达到城市形象传播的目的，是宣传人员和制作者都必须考虑的问题。图 7 是 2014 年上半年不同年龄段电视观众的特征（所有调查城市）调查：

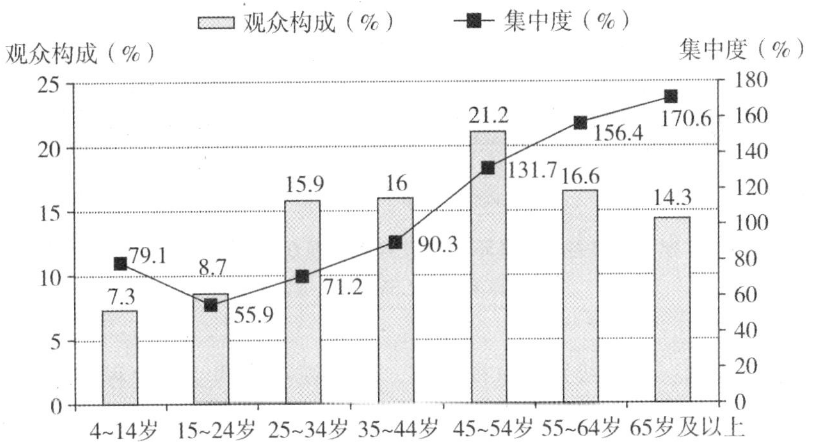

图 7 2014 年上半年不同年龄段电视观众的特征（所有调查城市）

（数据来源：CSM 媒介研究）

我们可以从图 7 清楚地看到 2014 年上半年的观众结构：45 岁以上的观众是电视收视的重度观众，其中 45 ~ 54 岁观众所占比例最高，而且收看倾向性最强；35 ~ 64 岁观众是电视市场的主力收视群体，其收视量达到 53.8%。

根据调查结果，电视剧制作方要将主要目标观众群体集中在 35 ~ 64 岁，尽管受到新媒体的冲击，这一年龄段观众的收视习惯并没有改变，仅仅是时长在逐步下降，针对这一群体，可增加历史题材电视剧的拍摄，塑造城市的历史文化形象，增强城市形象传播的效果。

3. 电视观众的受教育程度

电视剧作为一种老少咸宜的电视文化产品，其传播信息的方式决定了内容设置将考验信息传播的效果，这也就决定了以电视剧为依托进行城市形象传播加大了对电视观众接受能力的考验——最直接相关的就是电视观众的受教育程度。CSM 媒介研究对 2014 年上半年各级频道不同受教育程度观众市场份额（所有调查城市）的调查结果如图 8 所示：

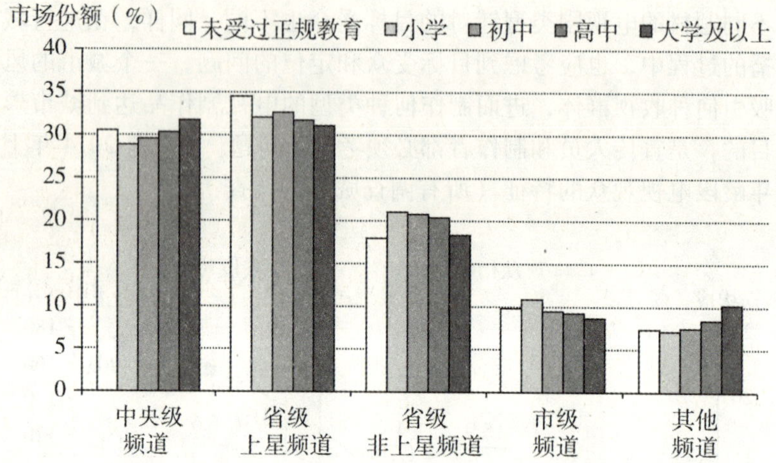

图 8　2014 年上半年各级频道不同受教育程度观众市场份额（所有调查城市）

（数据来源：CSM 媒介研究）

图 8 显示：不同级别的电视频道，其电视观众的受教育程度存在较大的差异，总体来讲，具有中等学历的观众占绝对优势。因此，城市在依托电视剧进行形象传播时，要事先了解不同电视频道的观众收视喜好和收视市场等，根据不同电视平台观众的差异性来决定电视剧的投放。

以上就是从电视观众收视时长、年龄和受教育程度三个方面对电视剧进行城市形象传播的影响的简要分析，针对不同收视群体的收视习惯和偏好，结合电视剧作品制作和投放平台选取策略，对于借助电视剧进行城市形象传播获得良好效果起着推动作用。

（二）关于利用电视剧进行城市形象传播有效性的个案分析

要对电视剧进行城市形象传播的有效性进行评估，首先要对电视剧进行影像细读，通过对电视剧城市形象传播路径的归纳和探讨，逐步分析每一个路径的城市形象传播。

1. 对电视剧《爱的保镖》城市形象的影像细读分析

此次研究采用的影像细读包括：①频率分析，所有与城市有关的内容在电视剧中出现的频率；②镜头分析，以画面的形式展现城市形象，研究其出现频率与效果；③语言分析，分析电视剧中出现的城市或地方的语言，探究其频率、效果；④音乐分析，运用具有地域特色的配乐、歌曲来展现城市形象，分析其频率与效果；⑤字幕分析，以字幕的形式标明城市或地域名称，展现城市形象。下面以 2014 年上映的国产电视剧《爱的保镖》为例，分别选取电视剧第 1、9、18、26、33 集，采用影像细读分析方法，从上述几方面入手，研究电视剧中的城市形象传播技巧，统计结果如表 3 所示：

表 3　电视剧《爱的保镖》中城市形象的影像细读记录

影像细读项目	第 1 集	第 9 集	第 18 集	第 26 集	第 33 集
出现时间（分/秒）	03:29 影像 03:47 影像 04:13 影像 08:04 影像 18:25 影像 21:54 影像 26:16 影像 26:17 影像 26:20 音乐 30:55 影像 34:01 影像 34:09 影像	01:46 语言 03:54 语言 07:14 影像 10:39 影像 27:34 影像 27:44 影像 28:00 影像 29:25 影像	05:28 音乐 09:59 语言 13:17 语言 20:07 影像 20:17 影像 21:07 影像 21:19 语言 21:28 语言 24:14 影像 26:16 影像 30:20 语言	02:23 语言 08:59 影像 20:09 影像 21:39 影像 22:13 影像	03:24 影像 10:27 影像 16:25 影像 26:40 影像 26:58 影像 33:23 影像
频率	12 次	8 次	11 次	5 次	6 次
位置分析	前 5 分钟 3 次 中间 9 次 后 5 分钟 0 次	前 5 分钟 2 次 中间 6 次 后 5 分钟 0 次	前 5 分钟 1 次 中间 10 次 后 5 分钟 0 次	前 5 分钟 1 次 中间 4 次 后 5 分钟 0 次	前 5 分钟 1 次 中间 5 次 后 5 分钟 0 次

由表 3 可以清楚地看到：在选择的 5 集电视剧中，影像成为城市形象传播的主要方式，占所有项目的 76.2%。由此可见，塑造城市形象品牌时，电视剧更能直接地展示城市地域特色，让观众能在最短的时间内接收到有效信息，为城市形象的传播打下良好的基础。其次的宣传方式是语言，其占所有宣传方式的 19.0%，通过台词的方式直接强调城市名称，对于给观众留下深刻印象也不失为一种好方法，但是如何恰当安排城市名称在台词中的出现，是制作方必须考虑的重要问题，如若不合时宜、生硬地

插入城市地名，不仅不会在观众心中留下深刻印象，反之还会起到不良效果。影像细读项目出现的位置分析数据显示，在分析的5集电视剧中，在前面和中间时段进行城市形象传播的占所有比重的100%，符合观众的收视习惯，在观众收视时长缩短的前提下，集中进行城市形象传播是一个绝佳的方法。由此可见，在利用电视剧进行城市形象传播时，选择合适的传播路径搭配合适的传播时间，对传播效果有着至关重要的作用。

2. 电视剧《爱的保镖》城市形象传播的效果分析

如今，在电视剧产业化进程中，无论剧本撰写、实际拍摄，还是后期的剪辑以及包装甚至是宣传，任何一个环节都会对城市形象传播产生影响，因此，合理的评价体系能够帮助城市在依托电视剧进行形象传播时提供合理的建议和改进策略。效果评价采用的评价体系主要包括以下几个因素：①电视剧展现城市形象时，表达方式的合理度；②电视剧向观众传递城市形象信息时，受众接收信息的难易程度；③故事情节与城市形象宣传的吻合程度。笔者采用了深度访谈的形式，以打分方式进行效果评估，将分数定为1～5分，分数越高则表明城市形象的宣传效果越好。表4是对《爱的保镖》宣传路径效果的简要统计。

表4　电视剧《爱的保镖》宣传路径效果统计

项目 评价	第1集	第9集	第18集	第26集	第33集
表达方式的合理度（1～5）	04:13 影像(4) 08:04 影像(4) 18:25 影像(5) 26:20 音乐(5) 34:09 影像(5)	01:46 语言(5) 03:54 语言(4) 10:39 影像(4) 27:34 影像(5) 29:25 影像(4)	05:28 音乐(5) 13:17 语言(5) 20:07 影像(4) 26:16 影像(4) 30:20 语言(4)	02:23 语言(5) 08:59 影像(4) 20:09 影像(3) 21:39 影像(4) 22:13 影像(4)	03:24 影像(3) 10:27 影像(4) 16:25 影像(3) 26:58 影像(3) 33:23 影像(5)
受众的接受程度（1～5）	04:13 影像(3) 08:04 影像(5) 18:25 影像(5) 26:20 音乐(5) 34:09 影像(4)	01:46 语言(5) 03:54 语言(3) 10:39 影像(4) 27:34 影像(5) 29:25 影像(4)	05:28 音乐(5) 13:17 语言(5) 20:07 影像(4) 26:16 影像(3) 30:20 语言(5)	02:23 语言(5) 08:59 影像(3) 20:09 影像(3) 21:39 影像(4) 22:13 影像(4)	03:24 影像(3) 10:27 影像(4) 16:25 影像(3) 26:58 影像(3) 33:23 影像(5)
情节的吻合程度（1～5）	04:13 影像(3) 08:04 影像(5) 18:25 影像(5) 26:20 音乐(5) 34:09 影像(4)	01:46 语言(5) 03:54 语言(4) 10:39 影像(4) 27:34 影像(5) 29:25 影像(4)	05:28 音乐(5) 13:17 语言(5) 20:07 影像(5) 26:16 影像(4) 30:20 语言(4)	02:23 语言(5) 08:59 影像(4) 20:09 影像(4) 21:39 影像(5) 22:13 影像(4)	03:24 影像(4) 10:27 影像(5) 16:25 影像(3) 26:58 影像(3) 33:23 影像(5)

由表4我们可以发现：影像、语言和音乐是电视剧塑造城市形象常见的三种方式，其传播效果也不尽相同，但是可以明显发现，影像的传播效果比其他两种传播效果明显。首先来分析影像手段，影像手段是电视剧制作方针对故事中城市环境的塑造使用得最频繁的方式，从观众的接受度来看，效果明显。加上电视本身就是视听合一的媒体，影像这种方式将电视的特质淋漓尽致地展现出来，取得的良好效果自然不言而喻。观众是伴随着电视剧中故事的发生发展来记住某一城市的画面或名称的，电视剧《爱的保镖》将男主人公孙海山的住所设定在一个百年的四合院里，有许多场景都是围绕四合院、胡同展开，随着情节的推进和镜头语言的多次强化，观众自然而然地记住了北京的代表符号之一——四合院。剧中诸多镜像还涉及车牌“京”字字样，这些画面信息从小处着眼对城市形象传播进行补充，但剧中使用过于频繁且许多画面极不清晰，造成传播效果不尽如人意，因此在这些细小方面还需要注意。其次是语言的使用，集中表现在台词部分。由于《爱的保镖》本身体现的是北京的人和故事，使用的语言自然为普通话，没有涉及“京腔”，但是制作方根据剧情设计，在台词中植入了“北京”“京戏”“北海”等字样，这些既定印象关键词使得观众在无形之中将故事和北京联系在一起，取得的传播效果十分显著，当然制作方并未就宣传而植入，而是很好地和故事联系在一起，使用的数量也得到了很好的控制，这一点值得借鉴，即台词植入的方式在精不在多。最后是音乐的使用，其作用更多的是与故事情节相配合，突出人物情感或推动情节的发展。比如，在《爱的保镖》第一集当中，镜头拉至孙海山的四合院和胡同时，响起的是京剧，这种组合方式还原了老北京式的生活，将一个年近半百的老人在四合院的生活真实地还原了出来，这种传播方式虽然运用频率不高，但是整体传播效果极佳。

完整的城市形象建构与传播，主要在于传播手段的到位与最终取得的传播效果，传播者的电视手段在取得受众良好的反馈效果后，才能在传播经验方面成为电视剧城市形象传播的典型案例。

（三）关于电视剧传播城市形象的功效

电视剧作为大众文化传播中一种喜闻乐见、接受度高的信息传播方式，其声画合一的特质给予观众视觉冲击力，加之现代传播技术的发展，多种特效和字幕的使用，更给观众增加了一种视觉享受。依托电视剧来进行城市形象传播，其主要传播功效集中在以下几点：

第一，最大的美化效应。任何一座具有悠久历史文化的城市，即使拥有众多的旅游资源，在没有经过镜头展现到观众眼前时，都是虚化的，电视剧的镜头将包含城市形象的画面，经过认真设计、精心剪辑后，通过电视剧中的故事潜移默化地传递出去，给观众耳目一新的感觉。这种最美印象的刻画，将无限增加观众对这一城市的好感。

第二，有效实现聚媒效应。电视剧作为为当代大众提供娱乐消费的主要文化产品，其自身包含大量的“注意力资源”，是能够吸引众多大众传媒集中聚焦报道的信息源点。[①] 在电视剧拍摄前后，因大量著名导演或著名演员引起的轰动效应，直接引起媒体对该部电视剧的追踪报道，人们也会随之关注到与之相关的信息，那么电视剧拍摄地的选取也在该范畴之中，无形之中更能带动城市经济的发展和知名度的提升。

第三，最大化的累积效应。累积效应指的是影视文化反复传播和全方位的传播路径能够为城市形象累积一定的关注度和好感度。对于电视剧来说，一部几十集甚至长达百集的连续剧，其播放时间少则半个月，多则半年，观众长期的关注将会在心中累积起对该城市的印象，形成的良好印象会放大城市形象带来的无形价值，例如，当人们有出游欲望的时候，会倾向于选择印象极佳的地方，渴求自己能身临其境地感知昔日在电视剧中欣赏到的美景。

第四，提高城市的知名度，提升旅游资源的竞争力。电视剧作为文化产业中的重要组成部分，城市资源越多地应用到电视剧的制作当中，反馈得到的经济利益就越大。始建于 1996 年的横店影视基地，经过近 20 年的发展，已经成为集影视旅游、度假、休闲、观光为一体的大型综合旅游区。横店作为一个名不见经传的小镇，正是由于小镇资源被更多地应用于影视作品制作中，其城市的知名度得到不断提升，进而发展成为国家级影视产业示范区。

放眼整个电视市场，电视剧作为保证收视率的“三驾马车”之首，其庞大的收视群体不容忽视，因此在满足不同的电视观众的不同收视需求而创作不同题材的电视剧时，还需重新审视电视剧城市形象传播路径的多样性。合适的传播路径，对提高城市形象的传播效果有着重要的意义。

五、利用电视剧进行城市形象传播时常见的弊端

1. 电视剧类型相对单一

从 2014 年上映的电视剧统计表中不难发现，播出的电视剧的主要题材

① 李宗诚，薛媛．影视文化与城市形象传播［J］．电影评介，2006（20）：21～23．

集中在反特/谍战、近代传奇、军事斗争和都市生活方面，但是前三种较高的播出率并未取得与之相对应的收视效果，相反，播出率跌至第四的都市生活题材电视剧继续占据收视率的榜首，由此可见，都市生活题材电视剧依旧是电视观众比较喜欢的电视剧题材，其原因是多方面的：首先是都市生活题材电视剧最贴近观众的现实生活，故事取材也是源于现实生活；其次是都市生活类电视剧继续关注着青年群体，都市生活题材也是他们现实生活的写照，影视作品反映了他们的诉求；最后是城市形象传播的要求，与大多数城市形象传播相契合的电视剧题材都是都市生活类，这也是反特/谍战、近代传奇和军事斗争三类电视剧题材播出率高而收视率低的一个重要原因，特定的场景和时代无法将现代城市的形象很好地融入剧情之中，因而也得不到制作者和宣传人员的青睐，更得不到电视观众的青睐。

2．缺乏地域特色

伴随经济社会的发展，城市的发展越来越现代化，也越来越同质化，各城市之间的外在表现几乎是一个模式：高楼、商业区、繁华的大街、广场、公园等等。而在2014年上映的关于都市生活题材的电视剧在涉及都市城市形象时出现的场景几乎雷同，而代表各城市的特色符号在剧中出现频率较低，这就造成了城市形象传播缺乏地域特色。例如，电视剧《爱的保镖》在部分剧集中所展现的北京的现代化、车水马龙等脱离北京这个城市也是成立的，这对于缺乏地域特色的城市形象传播也是一种极为低效的传播方式，并不能引起观众太多的注意，甚至造成混淆。

3．城市文明的丢失

城市是一种人类聚居形式，法国地理学家潘什梅尔说：“城市既是一个景观、一片经济空间、一种人口密度，也是一个生活中心或劳动中心，也可能是一种气氛、一种特征或一个灵魂。”① 电视剧对于一个城市形象的塑造不能仅仅局限于一个城市生活的展现，还应包括这个城市的人文精神，而人文精神反映在独特的民风民俗上，表现为当地居民在日常生活中所展现出来的精神面貌。2014年播出的众多医疗剧仅仅聚焦在当前出现的社会现象上，并未准确传递出城市的精神内涵。而电视剧《爱的保镖》在一定意义上弥补了这个空缺，北京作为一个文化之都，传承意义重大，而剧中所展现的主人公孙海山对于中国传统武术“柳杨拳”的恪守与弘扬，正是对北京城市内涵的一种宣传。

① 朱华．城市发展人文价值不可忽视［N］．经济参考报，2001-12-19（A4）．

4．形象传播缺乏统一规划

依托电视剧进行城市形象的宣传并不是一蹴而就的，而是靠电视剧长久的宣传来实现的。一部成功的电视剧，播出之后对城市形象塑造起到重要作用，在一定时期能加深这一城市在观众心中的印象，但是在这部电视剧播完之后，城市形象的一次传播也随之告一段落。城市形象作为城市发展的无形资产，对于带动城市经济发展具有巨大潜力，而更多的城市并未注意到城市形象传播的统一规划，缺乏文化产业链意识，间接阻碍了城市形象传播效果的长久性。全国范围内，城市形象传播效果最好的城市是横店，经过近20年的发展，横店的城市形象已经成为以其厚重的文化底蕴和独特的历史场景闻名的集影视旅游、度假、休闲、观光为一体的大型综合性旅游区，这也是2014年上映的涉及历史题材的电视剧90%集中在横店拍摄的原因。

六、关于利用电视剧进行城市形象传播的合理化建议

1．以受众为核心

在依托电视剧进行城市形象传播时要始终坚持以受众为核心，电视剧制作的最终目的还是供电视观众进行消费，因此电视剧的制作在追求城市形象有效传播的同时，更应找准自身定位，明晰目标群体是什么、年龄结构是什么、收视时长集中在什么时段，只有有针对性地制定制作策略，才能获得观众与收视率。有了观众的收看与关注，才能通过电视剧进行城市形象传播。

坚持以受众为核心，需要做到以下几点：第一，电视剧题材要易于被观众接受，具有广泛吸引力的剧情和故事才能引起观众的持续观看；第二，面对纷繁复杂的电视剧竞争局面，依旧采用大众化的场景选取和拍摄模式，必然造成观众的视觉疲劳，因此应适当选择能够代表城市形象的新符号，以激发观众对城市形象的新感觉；第三，电视剧制作使得城市形象在贴近观众生活的同时，仅仅满足观众的视觉印象是不够的，更应注重城市所带给观众的城市精神印象，因为城市精神印象能使城市的整体形象在观众脑海中留下深刻的印象。

2．以城市自身形象定位为根本

依托电视剧进行城市形象传播要以城市自身的形象定位为根本。城市形象的定位是指在分析和调查城市发展历史和现状的基础上，结合城市静态的、动态的比较优势，结合未来发展态势和区域分工，确定出最具生机

的城市个性特征，即确定城市在国内或国际范围内独有的发展优势位置。[①]

电视剧中城市形象的集中出现，依靠的是影像和台词。影像更多地给电视剧提供社会背景，这就要求故事发生背景要与城市特色相结合，在故事中自然地展现城市的发展现状和城市自身的特色，而不是生硬地将城市形象套在剧情之中，这样不仅不能取得传播效果，还会适得其反。台词是对城市中典型人物的集中体现，一方水土养一方人，城市中生活的人就是城市形象的活招牌，电视剧中人物的设置和出场方式，在选定好城市和场景之后必然要带有个性特色，有很大一部分角色是城市中土生土长的典型人物，他们的语音语调、说话方式以及为人处世展现的气质在一定程度上勾勒的是城市形象。

3. 以城市宣传政策为指导

城市的发展进程离不开城市的发展政策，同样一个城市形象的塑造与传播更离不开管理者在宣传方面制定的政策，管理者对城市形象宣传政策的制定是经过科学的调研做出的判断，因此在依托电视剧进行城市形象传播时要以城市宣传政策为指导。

辽宁省葫芦岛市绥中县东戴河新区建于2014年9月，刚成立的新区将依托绥中县已有的旅游资源，着力开发东戴河地区资源，将东戴河新区打造成为新的旅游胜地。依据此项政策，绥中县着力投资拍摄首部电视剧《碧海有情天》宣传东戴河新区的形象，这是一部描写年轻情侣在美丽的东戴河打拼创业的爱情励志故事。

七、结语

伊里尔·沙里宁曾说过："让我看看你的城市，我就能够说出这个城市的居民在文化上追求的是什么。"城市形象所凝聚的是独特的社会文化环境，是有特色的文化内涵。纵观世界上形象良好的城市，它们无一不具有独特的文化特质，如维也纳是音乐之乡，城市的文化内涵赋予城市美好的品质，而电视剧作为人们日常接触最多的电视产品，其优良的传播方式，自然地成为城市形象传播的优良载体。因而城市管理者在决定选取电视剧作为城市形象传播的方式时，要明确城市定位，找准形象传播的核心竞争力，塑造并传播城市的精神内涵，这在增添城市文化魅力的同时，更是对城市文化的可持续发展的积极推动。

---

① 李宗诚，薛媛. 影视文化与城市形象传播［J］. 电影评介，2006（20）：19～21.

2014年城市形象宣传片对城市形象构建分析

张馨忆

一、城市形象与城市形象传播

1. 城市形象

自1960年美国城市学专家凯文·林奇在其专著《城市形态》中首次将“形象”概念引入城市学科，从而提出“城市形象”一词以来，伴随着全球城市化与城市现代化进程的不断加深与成熟，城市形象逐渐成为现代城市之间的竞争焦点。何谓“城市形象”，这是一个抽象的概念。正如刘易斯·芒福德在《城市发展史：起源、演变和前景》一书中认为的那样，“城市形象是人们对城市的主观印象，是通过大众传媒、个人经历、人际传播、记忆以及环境等因素的共同作用而形成的”。还有一种典型的观点则认为，“城市形象”也是城市内部诸多资源型要素的集合，包括自然环境、文化、风土人情以及城市表现出的整体外部视觉形象等方面构成的表征。总体而言，“城市形象”是一座城市内在历史底蕴和外在特征的综合表现，[①] 既是一种客观存在的实体形象，即从传统建筑中展现出的历史积淀、现代建筑中体现出的发达程度等，也是一种主观上对城市综合评价所形成的特定共识形象，即城市环境是否宜居、城市性格表现等。

有关城市形象的塑造应该是一种长期的、动态的过程。虽然城市发展已逐渐定型，借由文化积淀也形成了各自的特点，但随着社会环境的变化，城市要不断吸收新的东西来丰富城市内涵，在这一过程中，自然会改变甚至打破人们对城市的固有形象认知。因此，在塑造城市形象时要抓住五个特征加以表现，分别是：能够展现城市风貌的自然属性；能够在第一时间让人们识别出城市标志性的独特属性；找到具备让人们产生联想的象征形象；从物质文化景观与精神文化景观多层次、多方面展示城市形象；了解城市在不同人眼中存在的形象差异。

2. 城市形象传播

城市形象的塑造离不开行之有效的城市传播，主要经历两个阶段。最

① 陈柳钦．城市形象的内涵、定位及其有效传播［J］．湖南城市学院学报，2011（1）．

初是将企业形象概念引入城市研究领域，进而提出新的适用于城市的识别系统（City Identity System），该系统对城市形象的考察主要基于三个构成要素，包括城市视觉形象、城市行为形象和城市理念形象。这一阶段的城市形象建设是将城市作为一个产品来进行营销，集中在对城市外在表现形式的展现上，只注重包装，对城市个性的表达却很欠缺，这就难以避免造成趋同。当城市开始引进更多投资项目、着手申办各类赛事与大型活动时，自我营销的观念便日益加深，将城市作为品牌来进行营销是这一阶段的城市传播的主要手段。品牌是商品经济发展到一定阶段的产物，如果说最开始利用品牌是为了识别产品，总有一天要意识到品牌效应所带来的经济价值与社会价值要远远高于商品本身，依据这个原理，城市品牌作为城市价值的延伸，犹如城市的独特烙印，终会在城市形象传播的过程中形成不可忽视的张力。

城市形象传播是一个对外扩散的过程，依托丰富的媒介资源，尤其是通过城市形象宣传片这种具有强烈视觉冲击与影像震撼的方式来刻画城市形象，是最常用的手段，堪称城市宣传的视觉名片，能够清晰展现城市的历史底蕴与地域特色。现阶段我国城市形象宣传片主要以旅游形象片或配合政府公益宣传主题及大型活动为主，此外还有城市人文历史与自然风貌等题材，诉求点各不相同，但拍摄内容和手法却常以唯美、宏大的场景为主，不免单一。为了更好地利用城市形象宣传片来推广城市形象，获得品牌效应，在城市形象宣传片的质量和表现手法上还需大幅提升。本章选取2014年最具代表性的广州、武汉、扬州3个城市的形象宣传片以及2011年曾在纽约时代广场播放的、作为中国名片出现的上海城市形象宣传片为研究对象，探讨该年度城市形象宣传片的发展特点以及未来的发展趋势。

二、城市形象宣传片个案分析

（一）广州:《广州，因你而生》

1. “融”主题巧妙契合城市特点

新版广州城市形象片《广州，因你而生》于2014年9月正式启动摄制，2015年1月20日对外发布。该形象片以“融”为主题，这一关键字巧妙地抓住了广州本身的地域特点。首先是人口的融合，来自全国各地的求学者、商务者、旅居者、务工者聚集于此，体现出广州这座城市的包容与开放。其次是文化上的融合，广州位于珠三角地区，毗邻港澳，这一独特的地理位置让她可以吸收更多独特、新鲜的文化元素，使多种文化在城

图1　广州城市形象宣传片截图

市中落地生根。宣传片的主题词作为对城市特点及文化内涵的深刻表现与极大凝练，是最能体现城市个性的设定，如影片中展现出的四“融”：“融动”展现出广州的年轻活力，开篇便由小朋友们拿着象征广州的木棉花跑过中山纪念堂，经过白云山、珠江的航拍景色转换，镜头落在珠江岸边，一对年轻的父母正在教孩子骑自行车，而广州塔下一群年轻男孩与女孩也正在跳舞，这一系列“动”的画面传达的都是一种希望，是一种美好的青春元素，结合广州的标志性场景，是对广州兼容并包特质最好的诠释；“融美”以花为主调，展现了广州湿地公园、荔枝湾涌等的自然之美和粤剧、花雕的传统之美以及粤式早茶的精致之美，在时间流转中表现广州的古韵新姿；“融合”通过广式传统婚礼展现了“合”的主基调，而广州马拉松、足球文化、广州交易博览会（广交会）则从国际视角表达广州的这种融合不仅局限于内部，更有来自世界的文化汇聚；“融爱”是最揭示主题的一部分，契合“广州，因你而生”，这一部分展现出生活在广州的不同职业、不同年龄的人的笑脸，给人带来一种温暖的亲和力，正符合广州这座城市的开放特点，感染力极强。宣传片又以独具广州特色的《步步高》为主调，融入了爵士、摇滚、电子等多元曲风，强化了“融”的契合点，找到了符合广州的文化符号。

2. 以小见大，呈现的角度更加细腻

回顾广州在2010年拍摄的《千年羊城　南国明珠》城市形象宣传片，其中展现出很多最能代表广州传统文化与现代发展特点的地标、景点，罗列拍摄了中山纪念堂、广彩、陈家祠、南海神庙、六榕塔、粤剧、广州塔、中山大学、岭南绿道、流花湖、广州十三行、中信广场、石室圣心大教堂、沙面、广州国际会展中心、广州大剧院、南沙港、白云山、广东省博物馆、上下九步行街、广州白云国际机场、大学城、奥林匹克体育中心、亚运城等多个地点和标志性文化，在整体框架下描绘出广州的轮廓。即便如此，却给人带来“硬形象”的感觉，皆因整部形象片只是在简单地刻画广州的外在，忽视了对更深层次内涵的展现，如人与景、人与物、人与人的情感表达与共鸣。在这一点上，《广州，因你而生》这部片的表现极佳。片中没有过多展示这些传统的人文风光，而是挑选最具代表性的地点，结合人物行为来烘托和谐之感，其中还通过一些小细节来刻画广州新形象，如时尚秀场、广州马拉松，这些都是之前的宣传片中没有展示的，却都是近几年逐渐发展成为广州品牌的活动，还有广州作为“不夜城”的绚烂城市夜景以及演唱会等足以表现广州新潮的标志，缩小了宏观宣传片在表现上给人的距离感，整部片对广州的性格传达也尤为细腻。

3. 市民参与拍摄，情感呼之欲出

2010年拍摄的《千年羊城　南国明珠》城市形象宣传片，有关人物的镜头展现很少，仅作为风景陪衬，城市活力与动态特点没有得到很好的表达。《广州，因你而生》的发布，使“Guangzhou，A City For The People”首次作为城市的宣传口号而出现。宣传片中最大的亮点也是选用了不同行业、不同年龄以及不同身份的广州市民或外国友人共同参与拍摄，来突出“广州因你而生”的主题。如手拿木棉花奔跑的孩子、跳舞的年轻人、秀场模特、演唱会歌迷、骑行的广州居民、游览荔枝湾涌的游客、品早茶的老者、广雕艺人、广州马拉松的参赛者等，因为加入了形形色色的“人”的元素，既强化了宣传片的人情味，也刻画了广州的人文关怀，给观众一种油然而生的归属感，也传达出广州作为“家”的一种概念，更具传播效果。

（二）武汉：《大城崛起》

1. “讲故事”

城市形象宣传片同样是对城市发展的缩影记录，在《大城崛起》中，影片直接运用解说词贯穿始终的方式，通过音像结合取得最佳的传播效果。“一城秀水半城山，拥有一千万人口的武汉，坐落在国之中心，犹如围棋棋盘上的天元，从来是求新求变之地……”影片开端便明确以“变”为主线，串起武汉的历史、现实和未来，与结尾处“武汉，每一天都不一样”相呼应。在解说词的设置上也尽量摆脱强硬、空洞的词语，以“讲故事”的方式，选取张之洞实业救国、辛亥革命武昌首义结束封建帝制、毛泽东与武汉的不解之缘、信义兄弟重诺守信、武汉姑娘李娜在法网赛场上的凛然之风等人物故事和历史事件，“能动”地呈现武汉厚重的历史与奋进的城市精神。

2. 全景展现

既然作为《大城崛起》的表现，影片在素材选择上贯穿古今，既有上文提到的历史，也提到了武汉是“中国车都”“中国光谷”，还谈到武汉的城市特质与居民品格，包括“感动中国”的信义兄弟孙东林，在法网赛场上拼搏的李娜，在宣传片中加入了这些视频，在资源的呈现上非常充足。

（三）扬州：《扬州，你故事里的那座城》

《扬州，你故事里的那座城》旅游宣传片共5集，每集5分钟。每一集宣传片讲述一个故事，都是发生在扬州的真人真事，包括梁瑞德、北京情侣，还有吴德祥，一个深爱着家乡园林文化的老扬州人，多年义务带领外地游客领略老街深巷里的私家园林，感受寻常百姓家的独特本土文化；艾瑞克，一个来自美国的年轻人，在4年的时间内，从背包客到“扬州好佬”，领悟扬州的“快”与“慢”，并在扬州开始了创业的旅程；鉴真图书馆总执行长慧宽法师，来自台湾的他通过图书馆、“扬州讲坛”等平台，向市民和游客传播人文、智慧、友爱的扬州。一改以往用唯美的景点来宣传的方式，宣传片呈现主人公每一天在扬州生活的场景及其情感故事：因为来扬州游玩，发现了扬州的美，留下来居住、工作或创业，甚至在扬州结婚、生子……每一位主人公都找到了他们与扬州难以割舍的联系。在国外宣传扬州是“最中国城市”，在国内则定位为“最亲切的城市”，这部系列宣传片，打破了传统上对城市游历式的描述，用讲情感故事的方式，呈现了扬州这座城市独特的文化魅力和刚柔并济的人文精神。为此，对每一位主人公都进行了半年的跟踪拍摄。

（四）“中国名片”的开篇之作：《上海》

这部宣传片是2011年8月作为中国名片在纽约时代广场大屏幕上播出的。时隔多年，其仍然是城市形象宣传片中的翘楚，有很多值得借鉴的地方。

1. 人物原声＋图片电影

在一般的城市形象宣传片中，背景配乐通常贯穿始终。该片的背景音乐是20世纪三四十年代上海滩著名歌手周璇的代表作《四季歌》，以不同唱法及乐器演奏贯穿在整部短片中，除此之外还加入了具有上海方言特色的人物原声。影片以上海早中晚的时间顺序为主线，总共分成三个小段落，因此宣传片在以黑场开始时，背景音很巧妙地选择了打更老人夜巡的声音，“居民们，关好门窗，当心火烛”。老人略带地方口音的声调抑扬顿挫，犹如唱戏，一句简单的话却别有韵味，在声音中镜头随即逐渐变亮，迎来上海新的一天。在一天即将结束时，画面出现打更老人在巷子中巡视的背影，同样传来“居民们，关好门窗，当心火烛”的配音，首尾以同样的声音形式相呼应，构成上海完整的一天，而选择这句家喻户晓的话作为过渡，极易打动观众。

图 2　上海城市形象宣传片截图

“图片电影”是通过一组静态图片，配以背景音乐来切换表现一个完整故事情节的艺术形式，不是简单地播放照片，而是用像电影一样的蒙太奇手法让照片本身能够讲述故事或烘托某种气氛，这也是该片最大的亮点。在第一小段中，伴随鼓点声，每一个节拍都会出现一张上海居民或晨练或日常生活的图片，随着鼓点声逐渐密集，图片切换的节奏也产生起伏。虽然是一张张静态的图片，镜头滑过速度的改变以及停留的时间却增加了整体的动感。还有一种方式，即将老照片中的场景与现实场景叠加，让交错的时空在同一画面中得以共同展现，这种纪实性的历史画面表现也增加了上海城市形象宣传片的真实性与可信度，证实了上海的历史变迁与今日发展。同时，“图片电影”作为影片的一种过渡手法，使结构之间更加紧密。

2. 生活化叙事

在《上海》城市形象宣传片中，没有一名专业演员参演，着重用镜头记录上海百姓的真实生活与工作场景。第一个段落主要讲述上海居民的日常生活，包括晨练打太极、舞扇子、年轻人滑轮滑、街边的早餐店、读报的老人等，源于普通生活的画面更加真实、更加亲切，在拍摄中也很少用到俯拍或航拍以展示大场景，多以平视甚至近景与特写镜头来呈现人物的动作或面部表情。第二个段落主要呈现工作场景，有码头上的焊接工人、画家、摄影师，同样在开始时节奏很快，随后逐渐减慢，又通过镜头穿过一张张照片中模特眼睛的效果，由现代都市回到旧上海时期的上海日常生活，在时空串联与过渡上处理得非常巧妙。第三个段落主要呈现夜晚的上海，在段落开始时也采用鼓点配图片的形式，展示演唱会、歌剧、餐馆、露营、酒吧等一系列场所中上海人民的生活，并用光影效果的照片来形成上海夜间霓虹璀璨的景象，随后镜头放慢，滑过一个家庭摆放在柜子上的系列照片，此时镜头中再次出现旧上海歌者的照片，随后镜头黑场，再次出现打更老人的声音。整部影片同样出现了外滩、陆家嘴、新天地、苏州河等上海地标性的场景，但之所以倍显亲切，除加入了人的元素外，叙事生活化也是其与众不同的切入点，在众多以宏大场景出现的城市形象宣传片中，《上海》着实带给人眼前一亮的感觉，向世界展示的也是一个人民意气风发、自信充实的中国。

三、城市形象宣传片对城市形象塑造探讨

1. 宣传片“讲故事”，塑造城市“软形象”

从所选取的四个城市的形象宣传片来看，影片都以一种讲故事的手法来对城市形象进行渲染，这种形式与前期的宣传片存在较大差异。这种差异的出现建立在城市发展到一定程度，初步形象已建立时，如何在众多城市中再度发掘城市自身的特点，成为宣传片需要思考的问题。这表现在有意降低宏观场景出现的频率，还有对人的元素的增加，重视融入多元文化。微电影的表现手法近几年成为宣传片比较常用的形式，这在以前是从未有过的，在这种情况下塑造的城市形象，相较于场景的罗列表现，刻画在受众心中的是另一种城市精神，没有硬性的宣传意味，让城市找到本身的性格，逐渐脱离泛化的城市表达。

2.“人文关怀”成为创作主题

以往宣传片对城市的主体，即城市居民的表现较少，或多为了迎合风景的拍摄而制造人物场景，有关市民的日常生活表现较少。在这一点上，《上海》宣传片做得很好，不仅取材自居民生活，全部的参演人员也是普通市民。虽然这种宣传片并没有“高大上”的表现，但不失亲切，更加表现出城市的活力，在呈现各行各业人们生活的同时，也彰显了城市与市民之间息息相关的联系，以小见大的创作主题更能感染人。

3. 突破形式框架

一部城市形象宣传片，如何与观众产生共鸣？千篇一律的情景展现一定会让观众产生强烈的视觉疲劳，也无法突显城市特质。这时或采用纪录片形式以音像结合的方式讲述城市发展故事，或以微电影这种短小却不失故事的表现手法，又或者采用图片电影这类新的艺术形式，甚至采用连续小剧集的方式，都是在宣传片制作上的创新，能够极大地促进观众观看的兴趣，也可以进一步激发导演的创作灵感。而在这些故事中，我们都可以看到自己的影子，营造一种身份认同感。

四、结语

城市形象宣传片是城市品牌建构和对外宣传的重要媒介，我们要深刻认识到城市生活与发展的多元性，在呈现上要兼具物质文化与精神文化的双重表现，既传达出宏观环境中的人文、自然与风土人情，也要从微观角

度挖掘城市特质。从这四部具有代表性的城市形象宣传片中我们可以发现，宣传片正在发生蜕变，由宏大、唯美的景色展现逐渐过渡到人文关怀，这也是城市发展到一定阶段后，追求精神文化的表现。与此同时，在拍摄手法上也不再拘泥于航拍、俯拍等大视角镜头，近景甚至特写的运用也有大胆创新之处，这既是城市形象宣传片的发展，也是城市在观念上的革新，将带给观众不一样的观感与新的城市体验。

2014年中国纪录片与城市形象传播

左艺芳

2014年对于中国纪录片发展来说是具有非凡意义的一年。从1月1日起，国家新闻出版广电总局要求所有34个上星综合频道平均每天必须播出30分钟以上的国产纪录片，并要求播出时段必须在晚间6：00至次日凌晨1：00之间。《美丽中国》《舌尖上的中国》《大黄山》等优秀电视纪录片热播，对所涉及城市的文明形象、旅游业、招商引资等方面都有所裨益。每年的各种纪录片节都是城市纪录片的一个重要来源，这些经过层层选拔的优秀城市纪录片借助于电视、网络等平台进行推广传播，对城市形象的塑造起到了不可忽视的作用。2014年，中国（广州）国际纪录片节、第三届中国纪录片学院奖、“金熊猫”国际纪录片节等国际性的纪录片大奖赛相继落幕，所征集作品的数量和质量较往年都有大幅提高。凤凰视频纪录片大奖等赛会还设立了“微纪录片”奖项，扩展了纪录片的创作形式。城市是纪录片拍摄的一个重要题材，城市形象传播可以借助纪录片的发展得到一个长足的进步。随着新政策的实行，城市纪录片似乎也迎来了快速发展的春天。

一、2014年城市纪录片发展现状

（一）2014年城市纪录片传播概览

根据国家新闻出版广播电影电视总局（以下简称广电总局）下发至各省、自治区、直辖市的文件，2014年优秀国产纪录片共推荐四批。2014年5月，第一批公布的纪录片作品共有25部，其中首播时间在2014年的有20部，涉及城市（或县乡）的有《大黄山》《牡丹》《重新做一次母亲》《红花红了》等9部；2014年11月，第二批优秀纪录片名单出炉，29部纪录片中有28部为2014年首播，其中《急诊室》《船政学堂》《舌尖上的中国2》《我的城市我的垃圾》等13部涉及城市元素；第三批优秀纪录片推荐名录于2014年12月末公布，其中有《百年南京》《美丽克什克腾》《淮河六章》《陕甘风云》等9部影片与城市相关；2014年第四批优秀纪录片的推荐名单也于2015年2月公布，在34部2014年首播的纪录片中，有《高三（16）班》《大湿地——红海滩》《新军垦战歌》《台儿庄1938》《哈姆扎的“佛山杯”》等14部纪录片涉及城市题材。

表1　2014年广电总局推荐的优秀纪录片及其涉及的城市名录

序号	片名	城市（地区）	所属单位
1	高三（16）班	甘肃会宁	中央电视台
2	新军垦战歌	新疆生产建设兵团	中央新闻纪录电影制片厂（集团）
3	大桥理发馆	北京	北京科学教育电影制片厂
4	台儿庄1938	台儿庄	中国人民解放军电视宣传中心
5	胡同·串儿	北京	北京市新闻出版广电局
6	五大道	天津	天津市文化广播影视局
7	大湿地——红海滩	盘锦	辽宁省新闻出版广电局
8	上海100	上海	上海市文化广播影视管理局
9	1937南京记忆	南京	江苏省广播电影电视局
10	生活在别处	大理	广东省新闻出版广电局
11	哈姆扎的“佛山杯”	佛山	广东省新闻出版广电局
12	纪录四川100双手	四川	四川省新闻出版广电局
13	越冬	云南昭通大山包乡	云南省广播电影电视局
14	离天最近的生灵	青海	青海省广播电影电视局
15	舌尖上的中国2	乐山、重庆、贵阳等	中央电视台
16	我的城市我的垃圾	成都	中央电视台
17	牦牛	西藏	中央电视台
18	我的太阳·我的期盼	新疆、昆明、重庆安居等	中国教育电视台
19	龙泉寺网络故事	北京	北京市新闻出版广电局
20	急诊室	上海	上海市文化广播影视管理局
21	船政学堂	福州	福建省新闻出版广电局
22	追梦无悔　跑出我人生	北京	湖南省广播电影电视局
23	旋转的青春	天津	湖南省广播电影电视局

（续上表）

序号	片名	城市（地区）	所属单位
24	李智的梦	东莞	广东省新闻出版广电局
25	老佛山　新天地	佛山	广东省新闻出版广电局
26	冰雪绽放	索契	中央电视台
27	牡丹	洛阳	中央电视台
28	红花红了	新疆裕民	中央电视台
29	神秘的大佛	乐山	中央电视台
30	最后的女乡村邮递员	陕西石泉	中国教育电视台
31	重新做一次母亲	北京	上海市文化广播影视管理局
32	大黄山	黄山	安徽省广播电影电视局
33	诗童馨贺	深圳	湖南省广播电影电视局
34	台球卡卡	安徽广德	湖南省广播电影电视局
35	陪读	安徽六安毛坦厂	湖南省广播电影电视局
36	南侨机工	云南	中央电视台
37	谷牧	山东荣成	中央电视台
38	美丽克什克腾	内蒙古赤峰克什克腾旗	中央新闻纪录电影制片厂（集团）
39	我就是我	长沙	中国教育电视台
40	圣洁的草原	内蒙古	天津市文化广播影视局
41	百年南京	南京	上海市文化广播影视管理局
42	淮河六章	蚌埠等	江苏省广播电影电视局
43	湘当韵味	湖南	江西省新闻出版广电局
44	北上·长征在哈达铺	甘肃宕昌	湖南省新闻出版广电局
45	陕甘风云	陕甘地区志丹、旬邑、安塞、耀州区、照金等	甘肃省新闻出版广电局

根据《广电总局关于实行电视纪录片题材公告制度的通知》（以下简称《通知》）（广发〔2013〕11号）精神，现将2014年上半年电视纪录片题材信息公告如下：2014年上半年，总局收到符合《通知》要求的国产电视纪录片题材205个，合拍电视纪录片题材2个。其中，国产电视纪录片

按题材划分统计如下：当代社会题材 76 个，占公告总数的 37%；人文历史题材 106 个，占 52%；自然科学及体育题材 13 个，占 6%；理论文献题材 10 个，占 5%。[①]

（二）移动互联网时代的城市形象传播

当前的技术革命正带领我们走进全面的移动互联网生活。在这个处处是媒体，人人是媒体的“自媒体时代”，传统的“单向大众传播”正在转向为“多向互动的全媒体沟通”。人们既是信息的接收者，又是发布者。与传统媒体相比，移动互联网同时具有即时、交互、持久、绑定等特点。移动互联网是一种结合了传统媒体属性的传播方式，具有包容度极大的媒体空间。在这种开放而多元的传播环境下，城市形象传播也进入了移动互联网时代。在移动互联网时代，城市与市民之间将建立起全新的关系，城市与城市之间、城市与乡村之间的界限正渐渐模糊，区域观念、社群观念崛起，城市的概念被重新定义。

在国际上，一些国家和城市已经成功尝试用基于移动互联网的各种应用来进行城市的管理和服务，重建政府与市民之间的关系、市民与市民之间的关系，形成良性的、互动的新型城市人际沟通关系，营造一种全新的和谐社会生活氛围。同时，移动互联网的应用之于城市有着重要的作用，通过移动互联网的应用，城市可以实现自我宣传，进行相关产品推广，履行社会职责并实现与市民的沟通对话。

二、2014 年城市纪录片发展概况及特点

为表彰奖励优秀国产纪录片作品、人才及制作、播出机构，加快推动中国纪录片产业繁荣发展，广电总局关于 2014 年度优秀国产纪录片及创作人才扶持项目申报通知，也于 2015 年初下发，申报工作于 2015 年 3 月底结束。[②] 2014 年 4 月初，教育部最新公布了从 2014 年起普通高等学校新增的本科专业，其中上海政法学院新增的广播电视学，是我国第一个纪录片方向的特色专业，培养从事纪录片创作的人才。[③] 在诸多政策的鼓励和纪

---

① 国家新闻出版广电总局关于 2014 年上半年电视纪录片题材信息公告的通知［EB/OL］. http：//www. ctvtc. cn/index. php? m = content&c = index&a = show&catid = 24&id = 3051，2014 - 12 - 01.

② 广电总局：关于 2014 年度国产纪录片及创作人才扶持项目申报事项的通知［EB/OL］. http：//www. sarft. gov. cn/articles/2015/02/16/20150216145341330384. html，2015 - 02 - 16.

③ 上海 13 所高校今年新增 19 个专业　纪录片方向今年首招［N/OL］. 东方网. http：//sh. eastday. com/m/20140401/u1a8009239. html，2014 - 04 - 01.

录片工作者的努力下，城市纪录片摄制水平已经上升到一个新高度。在这些纪录片中，城市向我们展现的是多侧面、多角度的形象，而城市中的人是城市精神的创造者和传承者。通过人的故事，我们看到的不再是只有钢筋水泥、名山大川的城市，而是一个个有血有肉、有脊梁、有灵魂的城市。

（一）扶持政策落实至上星卫视

2014年5月广电总局下发了新广电发〔2014〕95号文件，推荐各地电视台主动选购选播优秀国产纪录片，并表示，相关栏目、机构播出推荐纪录片的情况，将作为重要指标纳入年度扶持项目评选考核体系。对于各栏目、机构播出纪录片的情况，通过对34个卫视频道节目单的分析及人工监控，对相关频道的纪录片栏目、节目进行确定。这充分展示了国家大力发展纪录片事业的决心，许多优秀纪录片正借助上星卫视这一全国性播出平台，与更多的观众见面。这种广阔的收视市场，也为城市形象传播提供了一个发展广阔的新契机。

“因你而真——第二届优秀国产纪录片及创作人才扶持项目表彰活动”于2014年6月13日在上海东方电视台东视大剧场举行。8类50项优秀国产纪录片、人才、机构获国家新闻出版广电总局2012—2013年度优秀国产纪录片及创作人才扶持项目表彰、500万元人民币资金扶持。其中《国脉——中国国家博物馆100年》讲述了老北京文物工作者对国家博物馆的毕生奉献；《对照记——犹在镜中》重现了80年前上海滩一家犹太照相馆折射出的时代兴衰；《大宋》记录了山西古村落仅有的17位老村民一年的生活，真实地反映了现代文明冲击下，仅有的一方人与自然和谐相处的净土；《塔山阻击战》则通过艰苦卓绝的战争纪实，彰显了我党我军的伟大胜利，并再现了辽宁省葫芦岛市这座英雄城市中流传着的“塔山精神”。

除了在政策上对播出量和播出时段做出规定外，在对优秀纪录片项目扶持上，广电总局也加大了力度。在刚刚落下帷幕的2014年中国（广州）国际纪录片节上，国家新闻出版广电总局宣传司司长高长力表示，广电总局下一步将协调国家有关部门探索符合文化产业发展的一些专项基金，包括对纪录片项目的补助，贷款贴息、保费补贴、绩效奖励，对纪录片生产交易出口的营业税、增值税、所得税给予减免等，从而扶持纪录片的发展。①

① 纪录片电影产业化 国家或出政策扶持［N/OL］. 人民网. http：//culture. people. com. cn/n/2014/1115/c172318－26029341. html，2014－11－15.

（二）2014 年城市纪录片的新特点

1. 地方台纪录频道与纪录栏目对本地形象的传播

经审批，2014 年共有两家地方台纪录频道上星，分别是上海纪实频道和北京纪实频道。其他地方台纪录频道还有湖南金鹰纪实频道、重庆科教频道、辽宁北方频道等。地方台纪录栏目有江苏国际频道的《纪录》、北京卫视《档案》、安徽卫视《经典记录》、云南卫视《经典人文地理》、深圳卫视《解密》、湖北卫视《大揭秘》、江西卫视《经典传奇》等。这些地方纪录频道或纪录栏目的内容来源分为自制和购买两类，其中上海纪实频道的《纪录片编辑室》、北京纪实频道的《这里是北京》都是频道自制人文社会类纪录片的杰出代表。

地方台纪录频道和纪录栏目的一大特色就是将本地元素融入纪录片的制作播出中。一方面，地方台的记者、编导们对本地的风土人情、城市风貌最为熟悉，纪录片制作起来最为得心应手；另一方面，虽然地方台纪录片制作投入不如央视纪录片或海外引进纪录片高，但是当地特色、当地人物是地方台的独有资源，是地方台纪录片的播出优势。比如《这里是北京》栏目，自 2004 年开播以来，始终坚持立足于北京本土文化，挖掘城市变迁背后的历史渊源，将一个城市的古老与现代、深沉与幽默完美地融合在一起。栏目独创了“幽默的叙述方式”“以古鉴今的思维方式”“戏剧化的结构方式”，从人性化的角度与历史人物进行对话，以百姓的心态审视发生在京城的各类历史事件，使各个层次的观众都能够深入浅出地了解北京的传统文化。

2. 系列专题纪录片讲述城市的前世今生

城市纪录片不同于城市形象宣传片，城市形象宣传片往往是一年一部，要求在短短的几分钟内，全面展示城市风貌，往往只能突出城市的几点主要特色，并且以正面宣传为主要目的；而城市纪录片则可以通过多集连播的形式，在更长的时间内，充分挖掘城市的诸多特色，而且不必局限于城市宣传这种直白的表达形式，而是通过对城市中某一人、某一事的介绍，反映出一座城市的特征和精神。比如获得“2014 年优秀纪录片”称号的《塔山战役》，就是一部战争题材的专题片，然而，辽宁省锦西县（今葫芦岛市）作为战斗背景城市，在这部纪录片中，充分展现了英雄城的气概与不屈不挠的人文精神，“无心插柳柳成荫”，这部纪录片成为葫芦岛市人文历史形象传播的一个有效渠道。

为庆祝中华人民共和国澳门特别行政区成立十五周年，中国新华电视控股有限公司特别制作了电视专题片《澳门，澳门》，该片共六集，每集十五分钟，从六个不同的角度，力求“通过你知道的澳门，讲述你不知道的澳门”。明代万历年间澳门最早接待意大利传教士利玛窦，由此开启了东西方科技、文化交流的序幕。本片全面展示了澳门在商业、科教、美食、文化遗产等方面的卓越成就。不同于以往口岸城市专题片对被侵略历史浓墨重彩的陈述，《澳门，澳门》勾勒了一个进步、乐观、自强的澳门城市形象。该片自2014年12月18日起，通过CNC中文台、英语台向包括中国澳门、香港在内的全球七十多个国家和地区进行电视首播，中国内地及港澳地区多家电视台和网站同步展映，可以预见，这部专题纪录片将对澳门包容、进步的国际形象传播起到积极作用。

图1 《澳门，澳门》城市专题片截图
（图片来源：http：//www. opclass. com/archives/8433）

一个城市很难用某一方面的符号来代表，城市是一个复杂的融合体，单纯表现历史、文化、建筑、美食某一方面是不够的，专题纪录片对全面展示城市形象有着不可替代的作用。2014年城市形象传播的一个新特点，就是借助专题纪录片将城市的精神风貌折射出来，这无疑比说教式的城市形象宣传片更能打动观众，也将一座城市描绘得更富有人情味，更有精神吸引力。

3. 由人物故事凸显城市精神

新时代的城市纪录片不再是像《最后的山神》那样，以悲剧式语调，表达对即将逝去的传统的惋惜、无奈与崇拜，也不仅仅是深挖历史和特殊的民俗风情，而是突出与时代接轨，展现包容、多元、活力、向上的城市精神。城市精神不在古老的城墙、温柔的小桥流水中，也不在或雄伟或秀丽的自然风光中，而是在城市养育出的人身上。一方水土养一方人，湖南人泼辣，苏杭人文雅，西北人坚强，粤闽人爱闯荡……城市形象传播也要通过人的故事表现出来。2014年城市纪录片的一大全新特色就是对人物故事的挖掘，依托于新鲜、有时代感的题材，用一种乐观的语态和平等的姿态，与城市里的人进行对话。

2014年优秀纪录片《重新做一次母亲》，讲述了一位失独母亲年届六十诞下一对双胞胎子女的故事。这位母亲早年来到北京打拼，失去唯一的女儿之后，不顾危险选择重新做一次母亲，虽然现在生活艰苦，但是得到许多好心人的帮助，她的故事鼓励了很多“失独”家庭重拾生活信心。在影片中，北京作为故事背景地，是一个充满拼劲、充满可能性的城市，这座城市包容了这位饱受争议的母亲，城市的发展也为寄居在这座城市的人提供了重获新生的机会。

再比如《陪读》这部纪录片，讲述的是安徽省六安市毛坦厂这个“高考镇”的故事。这个镇子的居民几乎全都是外来的学生和陪读的家长。在这些孩子和父母甚至是祖父母身上，我们能看到一种决心和勇气。这座小镇每天早上在学生们的晨读声中醒来，中午笼罩在家长为孩子们煮饭的炊烟之中，夜里光斑点点的不是明星而是学子们夜读的台灯。这座小镇充满了矛盾和辛劳，同时也充满了勇气和希望。这种通过人的生活从侧面反映一座城市的精神面貌与存在的问题的方式，让城市形象在一种真实、不加修饰的语态中得到彰显。

图2　纪录片《陪读》剧照

（图片来源：百度）

（三）纪录片中的城市元素

1. 城市景观与发展

不同历史发展阶段，城市会展现出不同的面貌，城市景观是最能展示城市发展状态的元素。现代化的高楼大厦与快节奏的剪辑相结合，表现出城市处于快速发展之中；而古典园林、小桥流水配合轻缓的音乐则可以营造一种浪漫、古朴的城市氛围。

一提到上海，人们想到的是“魔都”，是夜上海，是现代化与沧桑感的交融。上海纪实频道拍摄的《发现新上海》就是一部展现上海当代生活的城市纪录片。《发现新上海》的片头，几个有代表性的上海城市景观相继出现：汽车电影院、感官餐厅、谭盾《水乐堂》，紧接一句旁白“这是上海，出自想象的旅程”，将新上海魔幻般的魅力在短短的一分钟内表现得淋漓尽致。《发现新上海》中的第一个故事讲述了法国分子料理厨师在上海开办了全球第一家感官餐厅，利用炫目的灯光营造梦幻般的就餐环境，那些看不出食材和料理方法的分子美食，或是做成香烟的形状，或是好像一盒火柴，从食客们的表情中，观众可以读出感官餐厅令人惊叹的魅力。以外乡人实现梦想的故事作为开篇，让观众不由得感到，上海是一座充满想象、充满机遇、包容而多元的城市。

图3　感官餐厅里海底世界般的墙壁投影
（图片来源：百度）

2. 城市精神与个性

现代化进程使得千城一面，然而独特的历史文化积淀使每座城市都有其独特的个性。城市纪录片拍摄的一大难题，就是如何表现出城市与众不同的一面，挖掘城市个性，展现城市精神。

2014 年 8 月首播的系列纪录片《百年南京》所讲述的故事横跨晚清、民国、新中国建立初期及改革开放四个大时代，内容涉及南京百年时代变迁中的政治和城市建设、教育、文化、艺术、科学、民生等各个方面。以往以南京为题材的纪录片，往往突出南京“六朝古都”的历史地位和 20 世纪战争年代中的苦难经历，但《百年南京》不落窠臼，将南京这个老城拍出青春活力，拍出个性，这是该片成功的关键。《百年南京》共有四个篇章：“开启梦想”“理想之城”“教育启蒙”和“青春未来”。该片以丰富的历史资料为基础，撷取百年历史当中曾经影响过这座城市的人物与事件，以瞬间放大的讲述方式，展现出百年来南京一直是一个有梦想、有理想、生生不息、不断进取的青春之城。

图4　纪录电影及电视系列片《百年南京》签约暨开机仪式
（图片来源：中央新影新浪博客，http：//blog.sina.com.cn/s/blog_6055228c01018dea.html）

3. 历史文化与民俗艺术

历史文化和民俗艺术最能反映一个城市的人文特色。例如 2014 年 4 月首播的《舌尖上的中国 2》，就是通过美食这一载体，集中展示中华传统文化中的食文化、家文化、节庆文化等多方面的内容。同时，这部纪录片也涉及了许多以美食闻名的城镇，是一次城市形象传播盛宴。北京纪实频道

2014 年 12 月 8 日播出的《跤艺——骄傲的记忆》，讲述一群热爱运动的年轻人在十里河跤馆，学习摔跤这门“假把式混搭真功夫”的老技艺。这部纪录片表现的是年青一代对传统技艺的自觉传承，这部纪录片是近年来少有的以摔跤为题材的作品，通过镜头对摔跤运动的技术原理、艺术表演、对打场面进行真实的记录，人们看到了一个美食、古玩、故宫、遛鸟、长城以外的老北京，一个剽悍不减当年的城市形象。

图 5　蒙古包式的十里河跤馆

（图片来源：搜狐网）

4. 自然风光与生态保护

2014 年 7 月 10 日，由中央电视台纪录频道出品、中央电视台纪录频道与北京科学教育电影制片厂共同制作的，国内首部全景式纪录片《美丽克什克腾》在央视纪录频道播出。该片以真实的自然影像和动人的生命故事，记录生态之美，再现生命传奇，表达了世间万物和谐共生的主题。

克什克腾旗位于内蒙古自治区赤峰市，被称为“内蒙古百宝箱”，两万平方千米的区域内，汇聚了森林、草原、湖泊、沙地等各种自然奇观，以及两百多种野生动物和一千多种植物。克什克腾之美，不仅在于奇绝瑰丽的自然风光，还在于人与自然相依存的生态形式，《美丽克什克腾》不仅带观众领略了内蒙古的野性风光，更唤起了人们心底对自然界的保护与赞慕之情。可见，以风光为主要题材的城市纪录片，其价值并不在于对自然景观的再现，而在于对人的生存状态的记录，在于揭示人与自然和谐共生的精神内涵，警示人们维护生态平衡。

图 6　《美丽克什克腾》片头

（图片来源：中新网，http：//news.hexun.com/2014－07－04/166317269.html?from＝rss）

三、上海纪实频道：新上海的成功之道

2014 年 6 月 10 日上午，“因你而真——上海电视台纪实频道上星发布

会”在上海电视节期间召开，上海电视台纪实频道正式宣布覆盖全国。收视调查显示，“大专文化程度以上”“月收入在 1 500 元至 2 499 元之间及 2 499 元以上”以及“年龄在 25 至 59 岁之间”这三类电视观众在上海纪实频道观众中所占的比例高于上海其他频道的平均比例，这说明上海纪实频道的受众群比其他频道的受众群的文化程度、收入水平略高。这些中高端受众的理解力、信息需求水平相对较高，因此，“办精品节目”也就成了上海纪实频道的一个发展目标。

上海纪实频道成立于 2002 年 1 月 1 日，是中国大陆第一家纪录片专业频道。上海纪实频道拥有强大的纪录片制作队伍，有多部作品获得国内外一系列重要奖项，在观众中享有良好的声誉。2006 年，上海纪实频道每天播出 19 个小时的节目，其中首播节目 7 个小时，所有栏目都实行了整点播出。2014 年，上海纪实频道启动了 6 个重点项目，分别是“中国梦”项目:《海上丝绸之路》《上海 100》；自然地理项目:《神山天河》《中国珍稀物种》；社会议题项目:《我的故乡来自八十年代》《银发汹涌》；大型活动:“因你而真——第二届优秀国产纪录片及创作人才扶持项目表彰活动”；历史题材项目:《二战——东方战场》《国际视野下的中国抗日战争》；传统文化项目:《味道中国》《博物馆之谜》。其中，《上海 100》《神山天河》《二战——东方战场》以及《味道中国》等纪录片都涉及城市或地区的形象传播。

图 7　上海纪实频道台标

（图片来源：新浪网，http://video.baby.sina.com.cn/v/b/30286249-1708714267.html）

上海纪实频道总监、真实传媒总经理干超表示，到 2014 年年底，上海纪实频道覆盖央视—索福瑞 35 城中 70% 的重点城市，以及区域内 10 座经济发达城市和部分旅游城市，并且，频道上星后将整合资源，打造纪录片投资、制作、营销平台，财务模型从仅依赖广告经营的方式，转向新模型、新渠道，突破传统电视平台单一的营销模式。①

上海纪实频道的成功上星，不仅是对上海电视台的肯定，也给城市形

① 上海电视台纪实频道上星，正式宣布全国覆盖［N/OL］. 网易财经. http://money.163.com/14/0611/09/9UES0LRN00253B0H.html.

象传播带来了新的发展机遇。上海纪实频道得到了全国范围内观众的肯定，这为上海的积极城市形象又添一笔。同时，上海纪实频道自制节目的地方特色，也为其他城市的传播开拓了更多的渠道。

（一）精品自制节目突出本地特色

“如果过十年以后，打开电视屏幕看2014年的上海是什么样子的，我们拿不拿得出这样的片子来，我们能不能告诉将来的观众十年前的上海、二十年前的中国是什么样子的，如果不能，那我们纪录片人是失职的。”①这是频道总监干超对频道建设初衷的一段表白。记录上海的样子，助力城市形象传播是上海纪实频道的一大基本任务，也是上海纪实频道开办以来工作上的一个着力点。

上海纪实频道当家力作《纪录片编辑室》，是中国大陆最早的纪录片栏目，始创于1993年，今天已经发展成为一个每日黄金时间播出的品牌栏目。《纪录片编辑室》的前身是以制作对外纪录片为主要任务的上海电视台对外部。当时的责任编辑刘景錡坐镇审片，专门与“宣传味儿”对着干：“我把解说词里出现的假大空、讲高大全思想的全部删掉，整整抓了三年，我们的思想观念终于扭过来了。”② 这种求真务实的纪录精神在上海台流传了下来。后来上海电视台成立了《纪录片编辑室》，与当时央视的《生活空间》并行成为我国南北两股纪录骨干力量。

2014年《纪录片编辑室》共播出了15部城市题材的纪录片，《裙摆上的上海》《上海之跃》《老食堂的上海味道》《伟大工程：上海地铁》《湖殇可可西里》《秦味》《北京味道》《夜市》（台北）等等。其中以上海为蓝本的专题片有9部，占比高达60%，以当今上海快速发展现状为主要内容。可以说，上海纪实频道充分利用了上星优势，为上海市的形象塑造及传播发挥了重要作用。

（二）真情：人物故事里的上海滩

上海台一直有个传统，就是在上海的每间房子、每条弄堂、每位市民身上寻找故事，当年刘景錡为上海台纪录片定的基调就是“平民水龙吟”。一部纪录片最能打动人的部分，就是对人间真情的展示。上海台深谙其道，在拍摄纪录片的时候尤其注重挖掘人身上的故事，将一座城的感情融入其中。《悲欢：急诊室》是上海纪实频道自2013年7月开始，历时半

---

① 胡凌虹. 上海纪录片：平民的表情，城市的档案［J］. 上海采风. 2014（9）：12.

② 胡凌虹. 上海纪录片：平民的表情，城市的档案［J］. 上海采风. 2014（9）：5.

年，在上海市长征医院的急救科拍摄的，力图呈现一个真实的急诊室。一座城市的悲欢离合每一天都在这个小小的急诊室里上演。有儿子满月当天出车祸的老杨和肇事者都拿不出医药费的窘境；为全家都买了医保唯独没有给自己买的刘女士突发脑溢血；医生、护士们与时间赛跑，承受巨大的精神压力……急诊室里的每一个人，不论是患者、家属，还是医生、护士，都必须在病床前变得坚强，许多瞬间做出的决定，可能会影响到一个人、一个家庭，甚至几个家庭的未来。这急诊室里的一段段悲欢让我们看到上海这座城市里的无奈、矛盾和温情。

（三）老北京与新上海

北京纪实频道是与上海纪实频道同时上星的另一家地方纪录片频道。这两个频道的当家自制节目都是以本地城市生活为题材的纪录片栏目。北京纪实频道的京味纪录栏目《这里是北京》是北京历史文化与民俗风情的集中展现。2014 年该栏目推出了“北京非物质文化遗产”系列片《守望》，有《“寿膳”·慈禧太后的“生日宴”》《安宫牛黄丸——“贵”在何处》《非“泥”莫属·泥人张》《雕版印刷·宣纸成书记》等以北京老手艺、老故事为题材的专题片。北京纪录片突出历史文化，将现代生活与传统文化结合，通过对老习俗、老技艺、老故事的介绍，彰显出北京深厚的历史文化积淀。

与北京纪实频道相比，上海纪实频道的风格则更注重本地“草根”的现代生活。2014 年 8 月 28 日首播的《潭子湾小学十五年》是反映上海棚户区改造工程的纪录片。潭子湾是上海情况最复杂的棚户区之一，小小的潭子湾有一万五千多户居民，潭子湾小学有一千余名学生需要在大动迁中转校，潭子湾小学也即将关闭。潭子湾小学里一个热爱淮剧的小姑娘，不希望动迁，因为离开学校的淮剧团，她就不能再唱戏了。这个小姑娘的故事是变迁中上海人生活的一个缩影。对旧生活的不舍阻挡不住时代前进的步伐，当小姑娘和奶奶最终从棚户区搬进了宽敞明亮的新房子时，窗前小姑娘的笑脸是对棚户改造工程的肯定，也是她新生活的开始。一个勇于改变、不断进步的上海形象就这样展现了出来。

图 8　过去的潭子湾

（图片来源：新浪网，http：//news. sina. com. cn/s/2004 -03 -20/17383046873. shtml）

图 9　今天的潭子湾

（图片来源：上海市普陀区文化局官方网站，http：//ptwh. shpt. gov. cn/whcl. html）

四、存在的问题

（一）“宣传味儿”仍在，摆拍思维难克服

我国纪录片事业发展是从 20 世纪 90 年代步入正轨的，之前很长一段时间，国人都不熟悉纪录片这个概念，只知道科教片、专题片，这些影片的主要作用是科普和宣传。“宣传味儿”是我国纪录片发展史上的一个遗留问题。虽然今天的纪录片工作者已经普遍接受维护纪录片真实性的理念，但是空话旁白在今天仍然可见于一些纪录片中，而且还有一些影片过分追求主题表现效果，演绎、摆拍等违反真实性的现象屡屡出现。

《舌尖上的中国 2》虽然很好地介绍了美食文化、节庆文化等中华传统文化，但因为一些明显的摆拍镜头受到了争议。在把握纪录片真实性原则方面，《牦牛》这部纪录片可以作为榜样。这部纪录片于 2014 年 5 月在央视纪录频道播出，忠实地记录了青藏高原上牧人与牦牛相依相伴的生活，虽然拍摄环境是大多数人不熟悉的藏语语境，但是旁白并没有喧宾夺主，仅仅作为故事前因后果的串联，牧民的话也没有配音，而是直接使用文字翻译藏语，忠实地保留了藏地风情的原汁原味，同时又不避讳日渐开始的现代化进程，让纳木错湖边的小镇能够展现一种“出世”“入世”的吸引力。

然而，今天的城市纪录片受到市场利益的驱使，往往以正面宣传为最主要的目的，只展示美的、好的方面，而忽视城市存在的问题和矛盾，竭力将城市形象塑造得完美。殊不知，“高大全”的城市并不吸引人，有血有肉的城市才能得到观众的认可。城市纪录片如果不能把握住“真实”这一要素，失去了纪录片的精神本质，同时也就失去了生命，失去了市场。纪录片诞生之初，作为一种有“人类学意义”的影片种类曾掀起全球范围内的观看热潮。例如20世纪30年代格里尔逊的经典之作《夜邮》，通过记录邮政工人夜以继日的工作，展示了一个奋斗不息、蒸蒸日上的伦敦城市形象；《锡兰之歌》完全靠镜头记录僧伽罗族人的传统生活与工业文明的融合，描绘了一个既保持了独有文化传统又处于进步中的斯里兰卡。从这些纪录片中，今天的纪录片工作者也许能得到些许启示。

（二）城市纪录片产业化不足

目前我国纪录片发展普遍存在的一个问题就是产业化不足。电视台自己拍自己播，除了电视台之间的购片流动，纪录片再难产生收益。对于目前的纪录片现状，北京纪实频道总监陈大力指出：“纪录片是一个产业，如果产业里面的产品不挣钱，那是一个不正常的情况。不挣钱的原因是不经营它，或者是没有人去经营它。”[①] 纪录片距离产业化还很遥远。张同道在2014年中国（广州）国际纪录片节上说：“如果说一个产品挣钱的话，一定有人消费它，它才能挣钱。纪录片的消费者是谁？是受众，不管是电视机前的，还是电脑前面的。但是哪些人埋单呢？现在是平台埋单，所以我们这种产品把创作人和我们真正的消费者隔开了。”

城市纪录片发展面临着同样的困境。城市题材本身所具有的地域特色既是城市纪录片传播的优势，也是其传播劣势。城市纪录片的消费者主要是本地观众，外地人不感兴趣，或者由于本地特色过浓而难以获得其他文化地域观众的认可。不同于仅仅作为城市形象的展示窗口的城市宣传片，城市纪录片还要承载人物故事、历史变迁等方面的内容，如果不能把握好切入的角度，就容易让那些对当地文化不熟悉的观众失去收看的兴趣，即使拥有上星的良好条件，城市纪录片的传播范围也无法真正走向全国，走向世界。

纵观纪录片发展较早的国家和地区，它们在早期也遭遇过纪录片产业化困境。韩国、法国和中国台湾地区通过政府补贴的方法弥合纪录片的院线缺口，培养了一批纪录片电影观众群，最后这些国家或地区都出现了轰动一时的纪录片电影，从而使纪录片电影走向商业化运作。中央电视台科

---

① 纪录片电影产业化　国家或出政策扶持［N/OL］. 人民网. http：//culture. people. com. cn/n/2014/1115/c172318 - 26029341. html，2014 - 11 - 15.

技节目制作中心总编室主任郭宝通认为，纪录片上院线需要国家财政的支持，比如通过补贴让部分影院定时播放纪录片，甚至可以考虑扶持一批小众艺术院线，让其成为播放纪录片电影的主力军。

2014 年我国纪录片发展的一大成就是纪录片电影在院线获得了较好的回报。7 月在大陆院线上映的由范立欣指导的纪录片电影《我就是我》，取得了骄人的票房成绩，并获得了第 39 届多伦多国际电影节最高奖“人民选择奖”和“人民选择纪录片奖”两项提名，第三届凤凰视频纪录片组委会“最佳影院纪录片”奖，第八届“纪录·中国”创优评析社（新闻）类节目一等奖，2014“金熊猫”国际纪录片“社会类的亚洲制作奖”等大奖。选秀舞台暗喻社会舞台，片子的核心价值就是年轻人不断去挑战比赛甚至生活的规则。虽然这是一部以人物故事为主要内容的纪录片，但国内颇有影响力的《快乐男声》选秀活动的主赛场——湖南长沙是人尽皆知的活力城、青春城。这部以长沙为城市背景的纪录片电影在传递出“快男”们不放弃、坚持原则等美好品格的同时，也将长沙这座城市富有拼劲、干劲和创新精神的一面表现得生动感人。

（三）独立纪录片发展缓慢

正如刘景锜当初对上海台纪录节目的定位所说，后人看到的城市，应当是多方面的，城市不可能是完美的，不完美才是进步的动力。一个完美的城市形象是不真实、不亲切的，我们应当突出纪录片的本质，追寻城市纪录片的人类学价值，这样才能展示一个城市富有人情味的一面，让一个城市的价值凸显出来。归根到底，城市纪录片对城市形象的传播，不是为了把城市好的一面展示给人看，而是要把城市的价值给人看。城市的价值就包括它发展得好的地方给人的鼓舞、发展中的问题给人带来的启示、城市中人的生活状态。城市纪录片不仅要招揽游客、吸引投资，更要展示一个城市的个性和美丽。一个有个性的人才是有魅力的，对于城市来说也是如此。

目前我国城市纪录片发展也存在这样的问题。由于当前我国城市纪录片多由政府、电视台、传媒公司合作拍摄，因而容易出现突出局部、欠缺客观性、以正面宣传为目的、有美化嫌疑、价值判断一元化等问题。解决这一问题的一个办法就是鼓励独立纪录片事业的发展。独立纪录片并不仅仅指个人行为的纪录片拍摄，还包括民营传媒公司、纪录片社会组织等机构的纪录片制作。这些与当地政府没有直接领导关系的纪录片工作者，更能记录一座城市的真实面貌。

2014 年，独立纪录人蒋能杰带着他的纪录片电影《村小的孩子》在全国主要城市免费公映，旨在唤起社会对一些落后地区教育问题的关注。这部影片以一座“打工村”的留守儿童为主角，揭露了当地教育体系中的弊病，以及当地村民除了打工找不到第二条出路的社会现实。这种表达负面信息的纪录片公映活动在我国少之又少，但是其社会意义是积极的。将一座小村的迷茫与矛盾真实地揭露出来，以求唤起整个社会的反思与改变，是这类负面城市纪录片的价值所在。需要注意的是，这类“揭丑”式的纪录片在制作上很难获得当地政府与媒体的支持，因此更依赖于社会独立纪录力量。我们也要认识到，能够承认自己仍有不足之处，并敢于鼓励独立纪录片发展，才是当地政府开明、进取的表现，相信从思想观念开始开放起来的城市，更能树立积极的城市形象。

图 10 《村小的孩子》海报
（图片来源：众筹网，http：//www.zhongchou.cn/deal-show/id-2775）

第二部分　新媒体与城市形象传播

2014年动漫文化与城市形象传播研究
——以浙江杭州为例

梁泽方

根据国家新闻出版广电总局官方网站发布的国产电视动画片制作备案公示通知，2014年4月至12月间共有364部国产动画片备案，其中27部来自浙江省杭州市的制作机构，所占比例达到7.42%。我国目前共有288个地级市，杭州只是1/288，占比0.35%，可见近年来杭州所产动画片的数量远高于其他城市，无愧于“动漫之都”这张城市名片。

2014年4月28日，第十届中国国际动漫节如期举行，在6天的展览时间中，杭州再一次成为媒体讨论的焦点。中国国际动漫节由原国家广播电影电视总局（以下简称原国家广电总局）和浙江省人民政府主办，杭州市人民政府、浙江省广播电影电视局和浙江省广播电视集团承办，被《国家“十二五”文化改革发展规划纲要》列为重点扶持的文化会展项目、“中华文化走出去”的重要平台，目前，它是国内唯一的国家级动漫专业节展，也是目前国内规模最大、人气最旺、影响最广的动漫专业盛会。

自2005年以来，中国国际动漫节就固定落户杭州，其以“动漫的盛会、人民的节日”为宗旨，以“专业化、国际化、产业化、品牌化”为目标，以“动漫我的城市，动漫我的生活”为主题，内容包括会展、论坛、大赛、活动四大板块二十多个品牌项目。参与中国国际动漫节的不仅有美国最具实力的动漫集团迪士尼、梦工场，日本最大的漫画出版集团集英社，以及来自法国、俄罗斯、乌克兰、克罗地亚、加拿大、韩国等十余个国家的知名动画机构代表，也有中央电视台、广东奥飞动漫文化股份有限公司、深圳市环球数码影视文化有限公司等国内著名基地和企业，还有中国美术学院、北京电影学院、中国传媒大学等知名高校。

每年的中国国际动漫节都是杭州作为“动漫之都”的重要标识，21世纪以来，动漫产业开始扎根杭州并逐渐成长壮大，成为城市形象的一个部分，随着杭州动漫产业链的日趋成熟，杭州的城市形象与动漫文化的关系也越来越密不可分。

一、杭州动漫产业发展历史

2003 年，浙江中南集团卡通影视有限公司等企业在杭州成立，标志着杭州在动漫领域正式开启自主原创的产业化探索道路，经过 10 余年的经营发展，杭州取得了显著成绩，目前，该市具有 2 个国家级动漫产业基地（全国共 20 个）、3 个国家级动画教学研究基地（全国共 8 个）、299 家动漫游戏企业，近 2 万名从业人员，这些国家级基地以及动漫游戏企业，通过产业聚集，逐步形成了产业体系相对完整、结构布局日趋合理、整体技术水平先进、市场导向作用明显的杭州动漫游戏产业格局。已然完全改变了 10 年前浙江省影视动画作品产量几乎为零，杭州甚至不能生产一部完整的动漫游戏原创作品的局面。

2004 年 4 月，原国家广电总局制定颁发《关于发展我国影视动画产业的若干意见》，明确了国产影视动画产业发展的指导思想、创作方向、发展思路和管理模式，促进国产影视动画以较快速度发展。随后，动漫产业如春风一般席卷全国，由此，杭州也迎来了发展动漫游戏产业的良好机遇。

杭州将自身的城市功能定位为“休闲之都”，并提出“建设数字杭州、构筑天堂硅谷”的口号，这一定位十分有利于动漫游戏产业的发展。良好的发展环境和产业基础使杭州开始成为发展动漫游戏产业的一方沃土，不少民营企业积极涉足动漫游戏领域，同时国内外 10 余家知名企业来杭州洽谈项目合作、投资创办动漫游戏企业，杭州动漫产业如雨后春笋般破土而出。

2004 年 12 月，杭州高新开发区动画产业园成为原国家广电总局命名的全国首批国家级动画产业基地之一，是首批唯一以科技园区命名的动画产业基地。2005 年 11 月，杭州西湖区的国家数字娱乐产业园被国家文化部批准为国家数字娱乐产业示范基地，以数字化、技术化带动文化产业的跨越式发展。2004 年至 2006 年，中国美术学院、浙江传媒学院和浙江大学相继被原国家广电总局批准成立国家动漫产业教学基地。

2005 年，杭州在与国内诸多城市的竞争中脱颖而出，取得中国国际动漫节的主办权。在首届动漫节结束后的一年间，杭州的动漫企业从 50 家发展到 60 余家。2005 年，全市共立项动画片 29 部 3 131 集，生产 14 部共 752 集，计 8 100 多分钟，一跃成为全国动画片产量第二大的城市，占全国总数的 20%，仅次于广州。

2006 年，杭州动漫企业数量为 85 家，其中影视动画生产企业 43 家，漫画企业 2 家，游戏企业 22 家，衍生产品开发企业 18 家。立项题材共有 49 部 2 457 集 51 469 分钟，企业原创生产的动画片共 21 部 585 集 1.1 万分钟，动画片年生产量位居全国第三位。

截至 2007 年年底，杭州拥有动漫企业 113 家，从业人员 1 万余人，动画片年产量达 1.5 万分钟，在全国城市中居第四位。在 2007 年度原国家广电总局推荐播出的国产优秀动画片中，杭州动漫企业创作的优秀动画片中共有 7 部作品获得推荐，推荐数量居全国各省市第一位。

2009 年，杭州动漫企业已增至 145 家。据统计，2010 年前三个季度，杭州市共有在册动漫企业 202 家。全市全年原创动画产量共计 27 409 分钟，占全国总产量的 16%，位列全国各大城市第一位；杭州获国家推荐的优秀动画片共计 8 部，占全国总数的 16%，同样位列全国各大城市第一位；动画片《郑和下西洋》、舞台剧《宋城千古情》等 4 部作品获得了全国“五个一工程奖”；杭州市还被评为“2009 年度支持中国动漫游戏产业发展——模范政府”。作为杭州动漫龙头企业的浙江中南集团卡通影视有限公司，全年签订的海外销售合同额占全国动漫企业自行出口交易额的 80%，销往全球 65 个国家和地区，位居全国各动漫企业之首，被评为“国家文化产业出口重点企业”。2009 年，杭州市动漫企业营业收入共计 4.38 亿元，比 2011 年增长 19.6%，利润总额达 8 163 万元人民币。

2010 年，杭州市全年共生产动画片 42 部 2 491 集 35 008 分钟，同比增长 28%（前三季度，杭州市共完成动画片 1 257 集 15 680 分钟，完成漫画 14 部，完成游戏 491 款，实现营业收入总计 115 924.87 万元，其中出口收入约为 2 700 万元，衍生品收入 3 629.89 万元，版权收入 1 353 万元，利润总额 51 143.17 万元，上缴税金 14 460.01 万元）。《乐比悠悠（教育系列）》《秦时明月之诸子百家》《秦时明月之笑闯江湖》《历险小奇兵》《蓝巨星和绿豆鲨》5 部作品被原国家广电总局推荐为 2010 年度优秀动画片（前三季度），公布的 2009 年度少儿精品发展专项资金及国产动画发展专项资金项目扶持名单中，中南卡通、宏梦卡通、漫奇妙、时空影视、九越数字 5 家企业的 7 部作品入围，分别获得 3 个一等奖、3 个二等奖和 1 个鼓励奖，获得国家奖励 198 万元，占全国优秀国产动画片项目专项扶持资金的 1/4 以上，再次彰显出杭州动漫产业的强劲实力。2010 年，盛世龙图公司制作的动画电影《梦回金沙城》代表中国成功入围第 83 届奥斯卡，中国国际动漫节被原国家广电总局和中国动画学会评为“中国最具影响力的动漫节展”，杭州高新区动画基地获得全国唯一的“最佳动画产业基地奖”。

2011 年，杭州共有在册动漫企业 270 家，动漫企业总数量同比增长 30%，从业人员超过 20 000 人。全年共生产原创动画片近 38 000 分钟，其中 45 部共计 34 606 分钟获得动画片发行许可证，动画片产量连续 3 年位居全国各大城市之首。共完成漫画作品 930 部，同比增长 32 倍，其中手机漫画增长迅速；制作完成游戏 734 款，同比增长 17%。2011 年，全市共有 5 部动画作品入选原国家广电总局年度国产优秀动画片，占该类别的 17.8%；共有 6 部杭产游戏作品入选原国家新闻出版总署总部的第六批“中国民族网络游戏出版工程”，数量居全国第一；杭产动画电影《梦回金沙城》荣获“华表奖”优秀动画电影奖；《梦回金沙城》《子不语》以及宏梦卡通公司的“虹猫蓝兔”品牌以及漫画家夏达分别获得“中国文化艺术政府奖首届动漫奖”。2012 年年初，杭州市 6 部作品入选国家文化部评定的“2011 年度国家动漫精品工程”；12 部杭产动画片获得 2011 年度原国家广电总局优秀动画片推荐，推优动画作品总量连续 2 年名列全国各大城市之首。

二、杭州动漫产业发展现状

2014 年，杭州市委市政府出台《关于进一步鼓励和扶持杭州市动漫产业发展的实施意见》，共分为 5 大方面 29 项内容，形成了涵盖前期资助、后期补助以及人才、税收、融资等方面的门类齐全的地方性产业政策，其中，对前期资助、后期补助政策较为重视并将其作为重点，后期补助政策条目在整个产业政策中所占的比例最大，包括播出补助、重播补助、电影票房补助、销售补助、出版补助、获奖补助等 10 多个方面，以此顺应当前国内外动漫产业发展的新形势，推进杭州市动漫产业转型升级。

杭州新的产业政策实现了从以重视数量、扩大动漫生产能力为导向到以重视品牌、提升动漫作品质量为导向的转型，并以增强自主创新能力、提升作品质量、打造动漫品牌为产业发展的战略要点，以调整产业链结构、转变企业盈利方式为中心环节。

2014 年，杭州市动漫游戏企业实现营业收入 65.8 亿元，同比增长 62%；利润总额达 32.8 亿元，同比增长 45%；上缴税金 3.6 亿元，同比增长 57%；同时，出口、衍生品和版权三项重要收入的组成约为 5.7 亿元，同比增长 50%，各项产值稳步增长。

杭州市现在拥有各类动漫游戏企业共计 299 家，从业人员近 2 万人，包括动画企业 70 家、漫画企业 20 家、游戏企业 107 家、动漫相关企业 102

家（包括动漫衍生品制造等企业），企业数量同比增长43%，其中，有26家动画企业获得国家级（文化部、财政部、税务总局）动漫企业认定并通过年检，数量居浙江省第一，全国前列。

2014年，杭州市动漫游戏企业共生产动画片9 948分钟，其中4 618分钟已取得播出许可证，共完成漫画作品近1 609部，游戏作品199款，这些作品的质量持续提升。2014年，在国家新闻出版广电总局公布的2013年度国产动画发展专项资金项目评比中，共有《阿优之爆笑校园》（杭州阿优文化）等7部作品入选，其中一等奖1部，二等奖、三等奖各3部；在浙江省委宣传部公布的浙江省第十二届精神文明建设“五个一工程”作品评比中，《秦时明月之万里长城》（玄机科技）等2部动画作品获奖；在第八批浙江省文化精品工程扶持项目评审中，《木木村的淘气虫虫》（定格动画）等作品成功入选；在中国电视艺术家协会卡通艺委会主办的中国动漫表彰大会上，阿优文化和玄机科技同获“中国动漫产业影响力机构奖”；在第20届上海国际电视节“白玉兰”奖中，杭产动画电影《昆塔·盒子总动员》获得最佳中国动画奖。在电影“六一”档中，《魔幻仙踪》《新地雷战——神勇小子》《秦时明月之龙腾万里》等多部杭产动画电影登陆全国各大院线，其中，《秦时明月之龙腾万里》以6 000多万元的票房成为浙江电影史上票房最高的动画电影。在2014年第十一届中国动漫金龙奖上，夏天岛影视的签约漫画作者壳小杀、左小翎凭借漫画《南烟斋笔录》获得最佳剧情漫画银奖，翻翻动漫发行了杭州第一本商业漫画期刊《漫画行》，创建了一个漫画部落“良筑良作”并取得了巨大成功。

此外，在中国文化艺术政府奖第二届动漫奖颁奖中，杭州定格文化创意有限公司、杭州玄机科技信息技术有限公司双双获得“最佳动漫创作者或团队奖”，而中国美术学院和浙江传媒学院均入围“最佳动漫教育机构奖”，杭产动画《秦时明月之万里长城》还入围了“最佳动画电视奖”。此外，于2011年落户杭州的知名漫画家聂峻的最新作品《向日葵男孩》获得“最佳漫画作品奖”，该动漫奖始于2011年，是经中央批准、由文化部在中国文化艺术政府奖中增设的国家级奖项，与文华奖、群星奖并列，每三年评选一次，是目前国内含金量最高的动漫类政府奖项。①

三、运用动漫文化传播城市形象

清华大学城市品牌研究室主任范红称：“用动漫来表达城市形象不愧

① 任彦，刘恒．2014杭州动漫转型升级结硕果［N］．杭州日报，2015－02－12．

为一个好的手段，特别是对于80后、90后的年轻人了解城市历史、文化、人物、活动等等，动漫的表达形式可能比传统媒体的新闻宣传更为有效、生动，更好接受。”①

动漫文化，有狭义和广义之分。狭义的动漫文化指的是动画、漫画作品，包括动画电影、动画系列片、连环漫画、卡通形象等。广义的动漫文化除狭义的动漫文化内容外，还应当包括与之相关的研发、制作、营销等对人们的生活、思想产生的影响。②

城市形象，通常是指城市带给大众的整体印象和感受，包含一座城市的文化传统、历史景观、现代文明等内容。当城市的形象被大部分人认同时，城市形象本身就有了社会文化意义，变成了这个城市的文化资源。③

本文旨在广义动漫文化的框架下，以杭州的动漫产业作为研究对象，探讨动漫文化传播与城市形象建构之间的关系。

（一）将城市形象“植入”动漫

由冯小刚导演的电影《唐山大地震》的第一个镜头是在浙江大学之江校区拍摄的，冯小刚称“杭州有风格”，于是，杭州作为外景地的概念又一次为人所认知。电影对于城市形象传播具有很大的作用，同样作为文化产品的动画片也不例外。以日本动画《幸运星》为例，《幸运星》中的鹫宫神社，即片中柊姐妹的父亲在其中担任宫司的神社，片中将其设定为琦玉县最古老的神社之一，柊姐妹的家就在其附近，柊镜柊司在片中是鹫宫神社的巫女。而动画版的原型则为日本琦玉县北葛饰郡鹫宫町的鹫宫神社。据统计，由于《幸运星》的播出，仅2010年元旦3天，去鹫宫神社参拜的人数就高达45万。2011年新年3天的参拜人数达到了历史最高的47万人。2011年，由于担当《幸运星》女主人公配音的人气声优平野绫在新年深夜身着女巫装现身于鹫宫神社的影响，参拜人数连续4年持续增长，是动画播出前参拜人数的5倍。新年3天的参拜人数，在动画播放前的2007年是9万人，播放后的2008年即激增至30万人，之后2009年为42万人，2010年为45万人，而2011年继续增长，新年第1天为22万人，第二天为15万人，第三天为10万人。

类似的例子还有很多，神奈川的箱根町由于动画*EVA*、富山县的南砺

---

① 李星星．动漫宣传城市形象需要精准［N］．南方都市报，2011-06-14．

② 张璐．动漫文化与城市形象传播［J］．菏泽学院学报，2013（3）．

③ 张鸿雁．城市形象与城市文化资本论 中外城市形象比较的社会学研究［M］．南京：东南大学出版社，2002：50．

市因为 *True Tears* 渐渐成为新的旅游胜地。日本动漫中总是不乏现实生活中的城市场景，日本动画片《蜡笔小新》中设定小新家住在春日部市郊区某住宅区，《樱桃小丸子》中小丸子和家人朋友住在清水市，吉卜力的动画电影《龙猫》的摄影场所“龙猫之森”位于琦玉县，漫画 *Skip Beat* 中最上恭子来自京都。这种城市在动漫作品中的“植入”不但不会显得刻意生硬，反而会使动画的内容变得丰富生动，而城市也通过动漫的传播塑造了良好的形象。

作为浙江省的省会城市，杭州是知名的旅游胜地，素有“上有天堂，下有苏杭”之称，市内人文古迹众多，以西湖风景区最为著名，周边有大量的自然及人文景观遗迹。此外，杭州作为吴越文化的发源地之一，也是一座历史文化名城，历史文化积淀深厚。其中具有代表性的独特文化如良渚文化、丝绸文化、茶文化，以及流传下来的许多故事传说成为杭州文化的代表。

2009 年 7 月，杭州智慧动画制作有限公司就曾计划推出长达 52 集的大型神话动画片《白马湖里白龙马》。据主创人员介绍，动画片《白马湖里白龙马》的主角是《西游记》中的白龙马，然而，动画故事发生的地点已经不是西天取经的路上，而是在滨江的白马湖。①

尽管白马湖里本无白龙马一说，但白龙马和白马湖在字面与含义上均有相通之处，通过与四大名著人物的关联，打造动画片，顺势宣传推广白马湖不失为传播城市形象的一种策略。

白马湖位于杭州高新区（滨江）南部，越王城山北麓，万顷碧波，茫茫无际，俗称白茫湖。与西湖隔江相望，南北辉映，被誉为“杭城双璧”。然而，作为景点的白马湖与西湖又有所不同，在白马湖周边，传说和故事是片段性的、不连贯的，而动画片《白马湖里白龙马》正好可以将这些零散的故事串联起来。

在杭产动画片中，除了《白马湖里白龙马》，还有其他许多动画片诸如《济公》《西湖传奇》等都充满着杭州的地域特色与城市符号。由杭州盛世龙吟数码科技有限公司在 2005 年出品的 52 集 3D 动画片《济公》第一集片名叫“飞来峰”，第十八集叫“灵隐问禅”，而飞来峰和灵隐寺都是杭州知名的旅游景点。此外，动画片主人公济公虽然出生在浙江台州，但他初在灵隐寺出家，后住净慈寺，其成年后的活动范围主要在杭州，因此济公在某种程度上也可以算是杭州的一位代言人，围绕济公打造一部动画

---

① 余小平，宋桔丽. 白马湖的传说被搬进了动画片［N］. 杭州日报，2009－07－13.

片，也能在一定程度上表现杭州的城市形象。《西湖传奇》是由杭州辉煌时代动画制作有限公司出品的一部时长96分钟的动画电影，讲述了龙太子玉龙和蚌女明珠的爱情故事。西湖是杭州最负盛名的景点，是杭州独有的一张靓丽名片，推出与西湖相关题材的动画片，不但有利于进一步提高西湖的知名度，也有利于动画片的传播，而杭州正是在这种现实场景与虚拟空间的相辅相成之间不断塑造着自己的形象。

（二）产业升级以增强传播力

自杭州2005年提出打造“动漫之都”以来，经过10届中国国际动漫节的举办造势，已经形成了目前国内最大的国际动漫盛会，每年4月28日至5月3日举办的中国国际动漫节均会动员动漫产业各个链条的参与和投入，几乎涵盖动漫影视、漫画出版、动漫展示、游戏、玩具以及周边开发、版权交易、教育研究等各个方面。然而，就杭州现阶段动漫的发展和现状而言，虽然呈现出良好的发展势头，但与“动漫之都”的规模和高度还存在一定的距离，如果杭州想要提高城市形象的传播力，就需要继续进一步发展动漫产业。壮大动漫产业的策略主要包括两方面：一方面，发展具有竞争力的高级生产要素；另一方面，提升杭产动画的市场占有率。

1. 发展具有竞争力的高级生产要素

美国哈佛商学院战略管理学家迈克尔·波特于1990年提出“钻石理论模型”用以评估国家的综合竞争力，借助该理论也可评估一项产业是否具有竞争力，而评估的因素之一就是生产要素。生产要素包括天然资源、人力资源、资本资源、知识资源、基础设施等，动漫作为一种创意产业，虽然对自然资源、气候、低端劳动力等基本要素的要求不高，但是对具有创新精神的知识型人才却要求很高，而这正是决定动漫产业是否具有竞争力的高级生产要素。

经过10年的经营，杭州动漫产业已经初具规模，相比国内其他城市，在人才储备上也相对齐全，但是缺乏具有原创精神的动漫创作人员。比如，提到日本动漫，人们很容易联想到著名的动画大师宫崎骏，宫崎骏的动画电影以其简约淡雅、清新自然的艺术风格和悲天悯人的感伤情怀为人熟知。他所创作的画面常以青色为主色调，这直接成就了其动画作品的淡雅、朴素之美；他所创作的主题常表达人与自然的关系，给人一种温馨的感觉；他善于从动物、人类、自然中找到合适的素材，从中挖掘出感动，让人找回久违的童真。宫崎骏的动画，给所有的风景都赋予了极其鲜活、生动的生命，同样的海水、天空，同样的萤火虫，只因多了一层朦胧的光，便带来令人心动的感觉。他的动画就和诗一样，无论是美，还是沉重，都让人无法拒绝。因为原创，所以独一无二，而在中国的动漫产业中还没有产生像宫崎骏一样的大师级动漫创作人士。

从知识资源上看，尽管目前杭州有3个国家级动画教学研究基地，也不缺乏动漫领域的人才，但尚未真正形成强劲的后备力量，这就导致杭州将来可能面临动漫产业发展后劲不足的问题，从而影响城市形象的持续性传播。虽然国家和杭州市政府对杭州的动漫设施给予了大力支持和投入，但还未形成有效的产学研开发体系。因此杭州当前的动漫事业尽管有了完整的生产要素，但亟须发展具有竞争力的高级生产要素。经过10年的努力探索，杭州至今缺少一个充分体现杭州特色的原创动漫作品和大师级的动漫领军人物或是核心的动漫创作团队，只有继续发展壮大动漫产业，才能为这些知识资源、人才资源的出现创造环境，才能在更广阔的领域内形成具有巨大影响力的动漫品牌。

2. 提升杭产动画的市场占有率

目前的动漫市场存在一个现象，即欧美动漫在全球动漫电影市场中始终占据领先位置，诸如《功夫熊猫》《驯龙高手》《马达加斯加》《冰川时代》都是广为人知的高票房动漫电影。同时日本动漫在整个市场中也占有很大份额，伴随着中国动漫迷们成长的作品有《名侦探柯南》《灌篮高手》《圣斗士星矢》《海贼王》《火影忍者》等。在全球动漫市场中，中国动漫始终难以占据自己的一席之地，即便是国内的动漫市场，具有影响力的作品也是屈指可数。

21世纪以前，许多国外优秀的动画片以低廉的价格甚至免费的方式进入中国，由于当时国内动画片产量比较有限，因此国外动画片将播映权提供给国内的电视台，起到了充实电视播出内容的良好作用，然而随着时间的推移，这一举动带来的负面影响也逐渐体现出来。从动漫产业的角度而言，当初国外优秀动画片的大量涌入带有一定的倾销性质，低廉的售价与免费的赠送使得国内动漫难以与之竞争，在投入与产出无法平衡的情况下，一些国内原创的动漫公司开始倒闭，另一些则被迫转向欧美与日本，成为国外动漫产业链中的一环。进入21世纪后，国内动漫市场基本已被国外动漫占领，属于市场竞争中的“红海”领域，国产动漫如何提高自身质量以重新夺回市场占有率渐渐成为国内动漫人思考的问题。

21世纪以来，动漫产业越来越受到国家层面的重视，自2002年始，国家先后出台了多份文件扶持国产动画片发展，依靠国家政策的支持，国产动漫就此迎来发展机遇。数据显示，国内动漫市场90%被国外动漫所占领。[①] 随着国家对国外动漫作品在电视台播出的限制，对国内动漫的需求缺口将会越来越大。近年来，不少杭州本地的动漫企业在政府的支持下，于细分市场中找到自己的定位，从而在市场中占据一席之地。杭州玄机科技信息技术有限公司出品的系列动画片《秦时明月》就是典型的例子。

2011年，中国动漫年产量已经从8年前的3 000多分钟发展到26万多分钟，约占世界的1/3，颇具规模。同年日本产量约10万分钟。在体量上，中国是日本是2.6倍。但是，在中国这26万分钟国产动漫里，几乎99%的片子是定位在12岁以下的低龄受众，在青少年受众市场却是一片空白。

《秦时明月》动画导演沈乐平在接受搜狐采访谈到中国动漫迷的成长过程时说，如今的中国动漫迷在幼儿园与小学低年级阶段可以看到不少中国动漫，但是到了小学高年级及小学毕业之后，便开始转向观看日本动漫或是美国动漫。原因就在于目前中国极其缺乏针对青少年受众阶层的优秀动漫作品。对于动漫而言，每个作品都是针对它的特定受众而创作的，每个作品都有适合它的人群，一旦超出了这个人群，作品就将失去存在的意义。绝大多数国产动漫的定位是低龄受众，所以一旦动漫迷们长大，就会放弃观看国产动漫，转向更符合他们年龄阶层的欧美日动漫。“秦时明月”系列就是看准了国内青少年动漫市场中国产动漫作品的空白，所以才将自己的受众定位为12至25岁的青少年群体。

城市形象传播需要建立在受众的基础上，受众的基数越大，传播的覆盖面就越广，城市形象才能更广为人知，而受众的基数正是由市场占有率决定的。如果杭州能够升级动漫产业，提高杭产动画在整个国产动漫市场中的占有率，将使杭州在借助动漫传播城市形象的过程中取得更大的效果。

（三）借动漫活动制造聚焦效应

举办动漫活动不仅可以集聚各地的动漫企业与资源，还能够在一段时期内吸引大量的媒体报道，引起大众的关注。因此，城市举办或承办一些动漫活动，是宣传城市形象的有效方式。

法国的东部城市昂西因每年6月举行的昂西国际动画电影节而闻名于世。昂西国际动画电影节迄今已经有48年的历史，它与萨格勒布国际动画

① 中国投资资讯网：2007—2008中国动漫产业分析及投资咨询报告［R］. 2007.

电影节、广岛国际动画电影节、渥太华国际动画电影节并称为世界四大国际动画电影节，每年吸引数十个国家的众多专业机构以及数千名动漫从业者前往参展和参观交流。2011 年统计数据显示，当年举办昂西国际动画电影节时有 450 家参展商、238 个国际买家参加，来自全球 70 个国家的 2 430 名代表亲临现场观摩。这大大传播了昂西的城市形象。与此类似的还有加拿大渥太华国际动画电影节、克罗地亚萨格勒布国际动画电影节、德国斯图加特动画节、日本广岛国际动画电影节、法国安古兰漫画节等，都为这些城市定期吸引了来自全世界的目光。例如法国安古兰漫画节，几乎每年都能吸引 20 万左右的观众前来参观。安古兰小城的常住居民只有 4 万人，所以每年漫画节期间，小城便显得非常热闹和拥挤。城里以及郊区附近的旅馆差不多要提前一年预订才可能有空房间。杭州至今已举办了 10 届中国国际动漫节，每年动漫节期间都有大批关注者来杭参观，其中既包括动漫专业人士，也包括媒体机构。大量的主题活动在丰富人们生活的同时，也提升了杭州的城市形象，让其“东方休闲之都”的称号名副其实。

以 2014 年第十届中国国际动漫节为例，短短 6 天时间有 74 个国家和地区共计 602 家中外企业和机构参展参会参赛，136. 2 万人次参加了 53 项活动，达成签约交易、意向合作项目 285 个，签约及现场成交涉及金额总计 138. 78 亿元。112 家境内外主流媒体近 500 名记者集聚杭州，争相报道动漫节盛况。无论是办展规模、参加人数，还是交易金额、节展效益，都取得了新的突破，国际化、产业化、专业化、品牌化程度进一步提升。

参与第十届中国国际动漫节的国家、地区和企业、机构数量创下了历届之最。美国迪士尼、皮克斯、尼克儿童频道、日本集英社和世界动画协会、俄罗斯动画电影联盟等国外知名企业、权威机构纷纷亮相，国内 20 个国家级动漫产业基地、10 余个城市团组和奥飞文化、乐视、中南卡通、深圳华强、完美时空等动漫游戏龙头企业均来设展。西藏自治区还首次组团来杭，第一次实现了全国所有省市区的全覆盖。第十届中国国际动漫节围绕“中国梦 · 动漫梦”主题，举办了主论坛、大师班、动画电影论坛、动漫游戏论坛、中英动漫教育论坛、法制动漫创作论坛等一系列论坛活动，召开了“全国上星频道节目创作研讨会”、中国动画学会理事会、专利授权研讨会、文创企业登入新三板暨投融资对接会等一系列研讨活动。国家新闻出版广电总局、国家司法部、中国动画学会、中国文化产业协会等国家有关部门和机构负责人，以及来自美国、英国、法国、荷兰等国家和国内各地的众多权威专家、名家大师齐聚杭城，共同探讨动漫产业未来的发展趋势，深入交流动漫精品创作经验。

第十届中国国际动漫节引起了各界媒体的广泛关注，112 家境内外主流媒体 475 名记者集聚杭州，争相报道动漫节的盛况。《人民日报》、新华社、《光明日报》、中新社和中央电视台综合频道、新闻频道、国际频道、少儿频道、纪录频道、新科动漫频道 6 大频道均派驻记者现场报道动漫节。俄通社—塔斯社、俄罗斯国家电视台首次来华报道动漫节，日本共同社、台湾《联合报》、香港《大公报》、凤凰卫视等知名媒体聚焦杭州，采写动漫节新闻。同时，央视网、人民网、新华网、中新网和爱奇艺、搜狐、网易等 23 家国内知名网络媒体均开设了动漫节专题，百度搜索“第十届中国国际动漫节”相关内容达 793 万条，腾讯和新浪关于“第十届中国国际动漫节”的相关微博达 7.2 万条，其中，仅新浪微博 4 月 27 日至 5 月 1 日的博文曝光量就超过 336 万条，创下了新媒体对动漫节报道量的历史新高。声势浩大的媒体宣传不但有效扩大了中国国际动漫节的品牌影响力，也进一步提升了杭州的知名度、美誉度。①

动漫活动具有强大的聚焦效果，尤其是国际级别的活动，其传播影响范围甚至可以波及全球。杭州以动漫活动为契机，向世界展示自己的形象，并将美好的一面留在活动参与者的心目中。

---

① 中国国际动漫节执委会. 已为 1 000 万人次共享的动漫盛会——第十届中国国际动漫节情况总结［J］. 中国电视（动画），2014（5）.

2014年微电影与中国城市形象传播

张伶聪

随着中国经济发展步伐的加快和城市化进程的加速，城市之间在政治、经济、文化、旅游等方面的竞争愈发激烈，这种竞争不再局限于交通、基础设施等硬件指标，城市形象等软实力也开始在城市综合竞争力中占据重要位置，城市的符号价值日益凸显，因此“打造城市形象对内可以激发城市的自信力、凝聚力和创造力，对外可以提高城市的知名度、吸引力和竞争力。在当今经济全球化、市场化的背景下，城市形象已经成为城市作为区域经济体参与城市竞争、谋求更多发展要素的核心资源”①。现代化多媒体技术、通信技术以及数字技术的发展，逐步衍生出新的信息传播方式，微电影作为新媒体时代的信息传播衍生品，以其自身独特的传播特点受到大众青睐，以微电影为依托的城市形象塑造与传播迅速发展，成为城市形象宣传的热门选择之一。

一、2014年微电影发展概述

所谓微电影，即微型电影，又称微影。微电影是指专门在各种新媒体平台上播放、适合在移动状态下和短时休闲状态下观看、具有完整策划和系统制作体系支持的、具有完整故事情节的“微（超短）时（30～300秒）放映”“微（超短）周期制作（1～7天或数周）”和“微（超小）规模投资（几千至数万元每部）”的视频（“类”电影）短片，内容融合了幽默搞怪、时尚潮流、公益教育、商业定制等主题，可以单独成篇，也可系列成剧。② 微电影的雏形其实是网络短片，2010年底，凯迪拉克定制的《一触即发》首次提出了“微电影”概念，“微电影”这一名词才真正出现在大众的视野之中。

伴随着草根电影的普及和蓬勃发展，2011年被称为中国微电影元年。

---

① 李宗诚．定位理论在城市形象宣传策划中的运用［J］．苏州大学学报（哲学社会科学版），2009（3）．

② 百度百科．微电影［EB/OL］．http：//baike.baidu.com/vien/4342291.html.

2014 年中国微电影进入了第四个发展年头，随着更多的专业制作团队和业余爱好者涌入微电影领域，累积的作品在类型上越来越丰富，微电影朝多元化发展。

（一）地方政府推出官方微电影

官方城市形象宣传片集中展现一个城市的人文历史、城市精神、自然风貌、城市发展以及招商引资等方面，虽然城市微电影也集中在这些方面，但不同于城市形象宣传片的是，城市微电影借助电影艺术的故事情节展现日常生活中的城市风貌，在一定程度上改变了城市形象宣传片的刻板单一，通过微电影对城市形象进行宣传，能大大拉近城市与大众之间的距离，体现出文化上的亲民，能使观众在情感上融入城市，进而引起共鸣。国内首部官方城市形象微电影《苏州情书》在各大互联网、影院和电视频道热映之后，引起了社会的广泛关注，获得了良好的社会效果，成功宣传了苏州城市形象。各地政府也开始借鉴苏州市城市形象宣传的模式打造本地城市的形象，2014 年又有 7 个城市着力打造本城市的微电影。

1. 太原：《回家》

山西省太原市着力打造的 25 分钟的城市形象宣传微电影《回家》，以“望得见的山、看得见的水、记得住的乡愁”为主题在太原各地标建筑取景拍摄，以展现太原悠久的文化历史底蕴、跨越发展的产业改革和青山绿水的形象变迁。

图 1　《回家》剧照

（图片来源：中国经济网）

影片通过几个普通人的喜怒哀乐和奋斗成长，以小见大，见微知著，反映了这座城市的丰富内涵和转型历程，映衬出了太原这座城市的崭新变化和博大胸怀，充分展现了太原市丰富的旅游资源、日新月异的城市容貌、和谐宜居的生态环境，体现了太原百姓“包容、尚德、崇法、诚信、卓越”的核心价值观，映衬出了太原这座城市的崭新变化和博大胸怀。业内人士表示，该片将对太原吸引人才、投资和项目，推动一流省会城市建设，起到积极的宣传作用。

2. 郑州："爱上郑州"系列微电影

图2　"爱上郑州"系列微电影海报

（图片来源：凤凰网）

"爱上郑州"系列微电影以爱为主题，以郑州真人真事的故事素材为视角，阐释了平凡而温暖的故事。该系列微电影分为四个独立单元：《爱·无畏》《爱·无声》《爱·无痕》《爱·无界》。

《爱·无畏》由马蒂亚·维辛蒂尼执导，讲述的是一个26岁的西班牙小伙子（由Roberto Gilabert主演，他参演过成龙的《十二生肖》《金刚王》），从小痴迷中国武术，因受伤而迷茫，他的梦想就是去中国少林寺学习武术。影片展示了中国极具东方哲学的运动的魅力，再次以不同的视角诠释了中国少林寺文化。

《爱·无声》由阿尔贝托·古迪西执导，讲述的是13岁的朱晨阳，生活在一个无声的世界里，这个失聪的孩子身上有着一股超出他年龄的生命力。这种顽强的生命力让他用特殊的方式表达了对父母的爱，也是这种爱鼓舞了其他许许多多的人。

《爱·无痕》由韩国新锐导演崔勇哲执导，讲述的是一个生活在郑州的普通媒体人——王鹏，他带着好莱坞知名卡通机器人"瓦力"走遍了这座城市的大街小巷，并通过他的镜头发现了这座城市独特的美。韩国导演以唯美的手法，让人们感受到郑州浓厚文化底蕴的魅力。

《爱·无界》由中国新生代国家级青年导演张凯执导，以一碗面温暖了一座城的真实故事为原型，讲述主人公李刚由于不幸患上骨癌，原来平静的生活被打破了。他的妻子始终不离不弃，四处奔波，拼命赚钱为爱人治疗，李刚为了给妻子减轻负担，忍着病痛在网上发帖求助，"可不可以到我家面馆吃碗面，这样我妻子会多赚一些钱"。夫妻之爱感动了热心的郑州人，一时间，到“李记”吃面成为热潮，爱心汇聚成暖流，帮助这个家庭渡过难关。张凯导演以独特的视角和手法，用微电影的形式讲述着面对个人灾难的时候，人与人之间的那份真情，小人物之间朴实的情感更加映衬了人与人之间的真诚大爱。

此次拍摄开全国之先河，首次特邀国际大师亲自操刀，以微电影的形式打造独特的城市形象，成功地宣传了郑州的人情风貌，是微电影在城市形象宣传模式上的一次成功尝试。

3. 西安咸阳：《爱上一座城》

《爱上一座城》这部21分钟的微电影讲述了从法国归来、年轻有为的国际品酒师Roy面对感情与事业的抉择，最终遵从自己的内心，选择自己想要的生活的故事，影片全景式地展现了秦汉新城的优美景色、深厚文化以及近年来的建设成果。该片由陕西籍新锐导演邢潇担纲执导，汇聚黄又南、黄一琳、江语晨等大陆、台湾、香港的明星阵容，是一部既反映优美的生态景观，又体现温暖的人文情怀的作品。

图3　《爱上一座城》剧照

（图片来源：中国影视版权交易网）

作为陕西首部城市微电影，《爱上一座城》围绕西安咸阳新区秦汉新城打造“文化之城、田园之城、健康之城”的目标，以唯美的爱情故事为主线，通过微电影这种新颖的创作方式与“文化、田园、健康”的理念巧妙融合。该片分别在秦汉新城渭河生态景观带、陕西张裕瑞那城堡酒庄、西汉帝陵遗址风光带等地取景拍摄。

4. 苏州：《时间里》

作为国内首部官方城市形象微电影《苏州情书》的续集，该片进一步挖掘了城市内涵，突出了苏州作为创业之城、宜居之城、爱心之城的青春活力和动人魅力。《时间里》从2013年年底启动剧本征集，并于2014年年初完成剧中人物的海选，挑选平凡普通、热爱城市的苏州市民参与电影拍摄，更体现出

图4　《时间里》剧照

（图片来源：截选自微电影《时间里》）

苏州的人文情怀。

微电影《时间里》通过情节的曲折发展、多方的矛盾冲突讲述大学毕业生小周在苏州创业的故事。毕业后，他准备成立一家公司，回收人们的空闲时间，预存起来，同时将它出租给有需要的人，通过这种互助交换的形式把每个人的空闲时间都有效利用起来。经过摸爬滚打，形形色色的人和事教给了小周社会经验。最终，小周得到投资，成为“家在苏州·时间共享”爱心公益项目的管理人。在苏州，他找到了事业和人生的方向，也续写了自己的爱情故事。

本片与第一部城市形象微电影《苏州情书》形成互补，在剧本设计及故事展开上不同于第一部散文诗般旁白叙述的表现形式，通过丰富的故事情节生动地展现小周在苏州生活、创业的经历。该片以苏州的春天作为背景，以苏州西部生态城、圆融时代广场、苏州湾、民国建筑群、太湖风光等为取景地，带入碧螺春采茶、品茶，以及腌笃鲜、酱汁肉、酱爆螺丝等时令美食，进一步展示了苏州春天之美。

值得一提的是，《时间里》同名主题曲由台湾著名歌手熊天平演唱，这也是他近年来新推出的首张个人单曲，他本人也在剧中客串了角色。主题曲的词作者由台湾知名音乐人许常德担纲。

5. 海阳：“我在海阳，你在哪”系列微电影

为配合山东省海阳市人民政府“旅游兴市”战略，着力打造海阳市旅游形象品牌、推动海阳旅游产业发展，海阳市人民政府出品了城市系列微电影“我在海阳，你在哪”，这是以电影语言展示海阳的风土人情和自然风光，大力提升海阳旅游品牌形象而创作的首部系列微电影。“我在海阳，你在哪”系列微电影共分为《心灵旅行》《梦开始的地方》《爱的身影》《叶落归根》《缘来是你》《味道的诱惑》6部，每部约5分钟，共30分钟。讲述了10个来自不同城市的主角在同一个城市——海阳发生的不同故事，走过的不同心路历程。这套系列微电影不仅展示了海阳秀美的自然风光，同时还展示了海阳浓郁的人文环

图5 “我在海阳，你在哪”系列微电影海报
（图片来源：百度）

境、淳朴的风土民情。海阳旅游品牌形象的推广效应得到放大，旅游产业的链条进一步拉长，城市的美誉度进一步提升。

6. 靖江：《香橼》

一颗香橼一份情，情开两地缘生长。由苏州日报报业集团“情调苏州”工作室、靖江日报社、苏州方向文化传媒联合制作的靖江首部城市形象微电影《香橼》掀开了靖江这座城市的神秘面纱。这部微电影诠释了靖江点点滴滴的美丽，用唯美的镜头语言、丰富的故事情节，描绘着一个专属于靖江的故事。《香橼》讲述了三个旧时同窗为靖江女孩李橼集体过生日的故事，三份礼物，三颗心，约定实现的同时，一个情感的秘密也在聚会中揭开……靖江的市树——香橼，也作为一条暗线串起了整个故事。

图 6　《香橼》微电影海报
（图片来源：苏州新闻网）

《香橼》上线一周的总点击量已超过 20 万次。网友们好评如潮，炫家乡、认地方、找熟人、记台词、求歌名成了“主旋律”。不论是在外求学的学子，还是定居异乡的靖江游子，都成为力挺《香橼》的粉丝。《香橼》承载着靖江的美好和靖江人的情感，而靖江人也通过《香橼》，寄托着浓浓的乡情。

更值得一提的是，靖江许多充满古韵情调的地方，如季市老街、四眼井、岳庙等，被一一收入了《香橼》的镜头。有网友被片中的书吧、香橼林“美到”，打探其具体位置，想去一探究竟，直接带动了靖江旅游热。靖江借助全新的表现形式来体现城市深厚的文化，将其城市形象传播推广出去，实现城市形象的“软着陆”。

（二）各级政府与网络媒体举办微电影大赛

新媒体时代，用户改变了信息接收方式，“碎片化”信息逐步占据主导地位，微电影形式简单、短小精悍，恰好在信息传递方式上满足了受众即时消费的诉求，它既可以满足时间上的“碎片化”需求，也满足了传播上的“碎片化”需求。人们可以充分利用“碎片化”时间，包括坐车、等人、排队等闲暇时间，用手机或平板电脑完成一部微电影的收看。同时随着受众自我意识的崛起，他们对广告的容忍度越来越低，直白生硬的宣传方式遭到了受众的抵制。在各级政府渴望在城市形象传播上寻求更多突破之时，依托微电影进行城市形象传播就是在一定程度上定制城市自身品牌的故事，这种更有针对性的传播，将城市风景、人文和故事的情节巧妙地结合，用最精彩的视听效果与观众进行交流，使观众在心中对城市形象形成认同感。

从全国范围看，旨在推动城市形象传播和本地微电影事业发展的大赛和微电影节越来越多，如2014年山西省首届微电影大赛、2014年“最美的幸福”青岛市微电影大赛、2014年美丽浙江微电影大赛、2014年首届中国清远微电影节、2014年西宁市城西区金丁香微电影节、2014年武汉城市形象宣传片微电影大赛、2014年山东省济南市122全国交通安全日主题宣传活动暨大学生“文明交通畅行泉城”主题交通微电影大赛、2014年“文明珠海”微电影大赛、2014年第二届深圳（盐田）微电影节、2014年“爱上郑州”系列微电影节、2014年厦门公益微电影大赛、2014年新湖郁金香花博会微电影大赛、2014年东莞“发现精彩”微电影大赛、2014年中国临沂首届全国微电影大赛暨“临沂好人”主题微电影大赛、2014年宝鸡市首届青年微电影节、2014年“向上·向善”中国青少年微电影大赛、2014年中国德州微电影艺术节、2014年中国梦（浙江）微电影大赛、2014年中国“琼花奖”中国昆山第二届法制微电影创作大赛、2014年黑龙江青少年微电影大赛等，同时还包括许多国家微电影盛典，如2014年中国国际微电影大赛、2014年中国天津国际微电影节、2014年首届青岛国际微电影节、2014年中国滨海国际微电影节、2014年第四届北京国际微电影节、2014年广州国际微电影大赛、2014年中国（长春）国际青年微电影文化节、2014年首届中国长治微电影国际大赛、2014年厦门国际青年微电影节、2014年第五届中国国际新媒体短片节等。这些专业的大赛和微电影节，为中国微电影的发展注入了新鲜的活力，同时，此类活动的影响力也对城市形象的构建与传播起到了推动作用。

（三）微电影国际合作进一步加深

从2013年开始，中国微电影领域出现了国际合作创作班底，其中最出名的当属2013年首届中国（杭州）国际微电影展的开幕微电影《杭州之恋》，由国际著名三大导演——意大利国宝级导演马可·贝洛奇奥、美国好莱坞电影新贵导演派克·琼斯和中国导演张元共同创作完成。

2014 年中国微电影国际合作进一步加深，在 2014 年中国天津国际微电影节上，天津市与美国休斯敦国际微电影节达成了战略合作协议；在 2014 年厦门国际青年微电影节上，出现了更多中外合作的微电影，如《四》（中国—美国）、《忆》（中国—瑞士）等；2014 年城市官方微电影作品中最突出的当属河南省郑州市的“爱上郑州”系列微电影，开全国之先河，邀请微电影国际大师亲自操刀，为郑州量身打造微电影以宣传城市形象，这一系列微电影由中、美、意、韩四国导演通力合作，以爱为主题，用全新的视角挖掘发生在郑州的真实感人的故事，以微电影形式讲述郑州这座城市的平凡、伟大和正能量，表现普通市民对职业的热爱，对父母亲人的关爱，对城市国家的大爱，以及在郑州工作、生活的外国人对郑州未来国际化发展的期待。这套由国际合作制作而成的微电影，因其精良的制作、感人的故事情节受到观众的好评。

（四）微电影大赛主题呈现多元化趋势

1. 着力打造国民“中国梦”

以习近平为核心的党中央新一代领导集体早在 2012 年就提出“中国梦”的领导思想，截至 2014 年，以“中国梦”为主题的微电影创作势头丝毫没有因时间的推移而减弱，2014 年在全国范围内举办的微电影大赛尽管提出了各异的口号，但经过细致观察可以发现，其核心思想依旧是中国老百姓最渴望实现的梦想，核心主题依旧是“中国梦”。

2014 年中国梦（浙江）微电影大赛依旧以“中国梦·我的梦”为切入点，用微电影的形式诠释“爱国、敬业、诚信、友善”这一主题。此次大赛于 2014 年 4 月启动，历时 8 个月，共收到来自全国各高校、电视台、影视公司、个人的报名作品 1 100 余部，更有来自美国、韩国等十几个国家以及香港、台湾等上百个地区的参赛作品。同时，影片类型也更加多元化，包括剧情类、纪录片类、公益类、动漫类等，如讲述乡村变迁的现实主义题材作品《灯火阑珊》和以一名交通局长收受礼品被偷拍为背景，反映廉政主题并以亲情唤醒自律意识的《偷拍》，都是题材独特、制作精良的作品。经过层层筛选，最终有 34 部作品获奖，还产生了最佳导演、最佳编剧、最佳摄影和优秀男、女主角 5 个单项奖。其中，讲述一个女人的非凡经历的情感剧《硬币》，一举拿下了一等奖和最佳导演奖，成为最大的赢家。

这场新媒体传播背景下的电影盛事，给怀揣电影梦想、饱含创作激情的人搭建了一个展现自我、交流经验的舞台；为文化产业的发展壮大积蓄了强劲的助推力量。更重要的是，它为中国微电影市场的繁荣储备了精良的新生后备军。“小体积”的微电影，汇集成中国亿万人民的“中国梦”。

2. 旨在推动公益、奉献爱心

2014 年厦门公益微电影大赛延续首届微电影大赛的宗旨，主要围绕“美丽厦门、文化厦门、文明厦门”三个要点，征集能够反映厦门城市建设、美景美食、文化传承、城市变迁、民间工艺和文化成就以及厦门市民友爱互助、时尚文明等美好品德的优秀作品。本次大赛通过微电影这个平台，既展示了厦门的城市之美、精神之美、人文之美，又展现了厦门城市生活中的一个个动人故事。

《式微式微胡不归》《暖冬》等 8 个剧本分别荣获一、二、三等奖。而由新锐导演李新柏执导、为了展现厦门之美的微电影《那年冬天》，就是取材于本次微电影大赛剧本《暖冬》。微电影取材于厦门“钟宅愚公”老钟的故事，这个故事曾经由《海峡导报》做过报道。故事讲述的是年过 50 的钟根成，扛起维护村子治安的重任，不仅每夜巡视、自制宣传大字进行张贴，还帮助村里人落实基本民生问题。16 岁的赵亮从小生活在钟宅，与外出务工的父母失去了联系，只好独自生活，却因户口未落无法上学，终日游手好闲，在村里为非作歹，敲诈、勒索，利用钟根成为自己获利等。钟根成通过自己的努力不断感化赵亮，最终将这个叛逆的少年拉回正轨。本片在宣传好人好事的同时，也旨在通过厦门人的善举推广厦门的城市形象。

3. 旨在对青少年进行积极引导

为鼓励广大青少年通过参与编创、制作、传播优秀微电影作品，积极弘扬和践行社会主义核心价值观，由共青团中央宣传部主办主题为“向上·向善”的青少年微电影大赛，旨在挖掘、展现当代青少年奋发向上、崇德向善的精神风貌，形成向上、向善的强大精神力量。“向上”，主要是引导和激励青少年心系祖国、追求梦想，勤奋学习、提高本领，开拓进取、创新创业，艰苦奋斗、攻坚克难。“向善”，主要是引导和激励青少年正直善良、诚实守信，爱岗勤勉、敬业奉献，敬老爱幼、睦亲敦邻，助人为乐、热心公益。

大赛动员广大青少年通过镜头记录生动感人的青春故事，展现各行各业青年人学习成才、奋斗创业、奉献社会、追求美好生活和美丽梦想的青春风采，表达当代青年对“中国梦”和社会主义核心价值观的理性思考、实践追求和生动诠释。最终《巴山夜雨》《梦之点滴》《寻找龙鸟》《一老甲子》《心愿》《老干妈》《卓玛的轮回》《猪倌无悔》《忠孝男儿》和《拳击少年》10 部优秀作品脱颖而出，各获得 10 万元的扶持资金。这 10 部作品拍摄完成后，还参与大赛各个奖项的角逐，并在颁奖展映活动中与观众见面。

4. 旨在推动人们遵守交通规则，安全出行

针对当前严峻的交通安全形势，以微电影为载体，以宣传交通安全为目的，以普及交通法规和安全知识为主要内容，拓展交通安全宣传教育的参与面和受众面，激发全社会对交通安全的关注和支持，进一步提高广大交通参与者的文明交通素养，共同营造良好的交通环境，根据中央文明办和公安部联合开展的“文明交通行动计划”的有关要求，中国道路交通安全协会、北京电影学院、欧美同学基金会共同主办了主题为“关爱生命，文明出行”的 2014 年“安全行·中国”首届公益微电影创作大赛。大赛设置剧本创意奖项、微电影综合奖项和微电影专业奖项 3 大类 50 个奖项。2014 年 9 月至 2015 年 1 月，大赛组委会面向社会广泛征集参赛作品，2015 年 3 月评出各类奖项，在大赛官网和中国道路交通安全协会官网进行全程报道和互动，授予获奖者荣誉证书和奖金。

主办方还在征集作品期间举办“大师讲堂”全国巡回讲演公益活动和助导选拔——十秒说文明出行、微探班——24 小时微直播、微建言赢勋章等线上线下活动，邀请中国电影界及交通管理方面的专家、学者、艺术家，从编剧、导演、表演、摄影以及交通法律法规等角度，向全国的微电影爱好者普及拍摄交通安全题材微电影的知识和技巧。

二、微电影作为城市形象传播载体的优势

1. 相较于传统媒体，微电影传播信息更高效

随着现代社会生活节奏逐渐加快，瞬息万变的社会让人们无时无刻不在获取信息，传统媒体因受自身媒介特质的限制，在城市形象传播方面具有滞后性。以报纸为例，报纸传播信息需要一定的周期，最快的日报在信息传播方面至少需要一天的时间，在信息快捷传递的今天，报纸显然不太适合承担城市形象传播的功能；而信息传递快捷的广播能最快地满足人们对信息的渴求，但是现代社会的人们对于信息传递的视觉冲击要求越来越高，广播的收听人数大幅下降，逐步沦为有车一族的消费媒体。显然，微电影能够快速传递声音和信息，满足受众的视听觉要求，且不受印刷、运输等因素限制，在信息传播方面更高效。

2. 相较于电影、电视，微电影具有高收益率

随着现代传播技术和网络技术的发展，人们摆脱了收看电视或电影时受到电视机和大荧屏的限制，依靠3G手机或平板电脑，就能随时随地接收信息，这些信息不仅包括网络媒体自身生产的信息，更有相当一部分来源于电视媒体。在受众外在投资方面，手机或平板电脑在投资回报率方面显然更胜一筹。

一部电影或一档电视节目在制作方面需要耗费大量的人力、物力、财力，不仅如此，长达一个多小时的影片或节目很容易让观众产生视觉疲劳，传播效果大打折扣，而微电影以其微制作、微投资的特点风靡于互联网，在城市形象传播方面，因其短小精练的故事在最短时间内将观众引入其中，观众记忆停留时间更长，传播效果更好。同时，微电影在网络上一旦形成“病毒式”传播，就可以实现信息的无缝隙覆盖，这种传播效果和影响力远非电影和电视所能企及。

随着各地政府愈来愈重视微电影在城市形象传播方面的作用，微电影的制作模式也在悄然发生着变化，从重制作、轻宣传到轻制作、重宣传再到重制作、重宣传的生产模式，一部好的城市微电影必须是一个好的故事，同时加上合适的宣传和营销方式才能在城市形象传播方面获得最佳效果。

3. 相较于广告，微电影更具有吸引力

微电影的创作是通过短小精练的故事，将城市形象和内涵纳入故事情节之中，或感人至深，或出人意料。挖掘的是城市的文化内涵，寻找城市中最具代表性和辨识度的卖点。微电影在传播城市形象时引入的故事和看点，依托制作精良的画面以及精彩的剧情集中展现其艺术表现力和故事性，这是简单的广告远不能及的，这些特点会在潜移默化中塑造城市在观众心中的形象，相比电视中的硬广告，微电影能更好地被观众接受，不易引起不良抵触情绪。这种润物细无声的传播方式向观众传播了城市形象，使得城市形象的传播不仅仅局限于景象方面，更突出了城市人文精神的价值。

4. 相较于城市形象传播片，微电影互动性更强

金元浦在谈及注意力经济时代城市形象的重建问题时认为：“从城市形象和传播影响的方式来看，城市竞争是一种争夺注意力的竞争，是一种正对眼球的经济方式。”微时长、微周期、微投入成为微电影赢取“注意力”的优势所在。城市形象宣传片主要采用“画面+解说”或“画面+配乐”的形式，如今这种宣传片无论在拍摄手法、叙事结构上，还是主题呈

现方式上，都出现模式化现象，集中表现为形式固化、内容同质化、风格同一化。这种制作方式不仅受到学者和业界的诟病，更无法引起观众的观看兴趣。而微电影的适时出现改变了城市形象宣传片以往单向传播的模式，采用灵活多变的表现手法，加上网络平台的推广，使得观众可以实时分享、转发和评论，这在一定程度上也反映了观众对于城市形象宣传的诉求，提升了人们对城市的关注度。

三、微电影作为城市形象传播载体的发展

微电影作为城市形象传播的新载体，与城市形象传播的其他载体相比，其自身的独特优势对传统电影电视产业进行了补充，不仅为观众带来了清新潮流的视觉感受，更迎合了新媒体时代和受众娱乐文化时代的诉求，更为城市形象传播带来了新的生机。

1. 找准城市形象定位

每一个城市本身的历史积淀和地域特色都是经历千百年时光的流逝和沉淀逐渐建立起来的，它们本身能体现出城市独特的气质和精神。西方学者宾格·勒索曾说过："将一个城市和一座乡村区别开来的不是它的范围和尺度，而是它与生俱来的城市精神。"[①] 由于地域风貌和文化背景的不同，每个城市自身独特的特点造就了城市的形象，例如延安素有"革命之城"之称、广州因五羊传说得名"羊城"等。

除了对城市已有形象进行梳理外，还需将城市的经济社会发展状况与城市自身的文化内涵融入其中，找准城市中最具特色和辨识度的地标符号、文化符号，形成城市形象定位，并根植于微电影的情节设置之中，才能更好地表现出城市形象。在信息泛滥的今天，没有特色鲜明的定位，没有吸引观众的看点，就难以在茫茫信息之中脱颖而出，也就不能被受众熟知和记忆，更不用提依托微电影进行城市形象传播了。

2. 内容为王、创意制胜

微电影的"微"要求必须在最短时间内吸引观众，这样不仅能增加点击率和收看率，更能增强传播效果，达到依托微电影进行城市形象传播的目的。相关调查显示，剧情内容成为在线视频用户选择微电影时的首要考虑因素。另外，时长和宣传力度等因素也在受众考虑范围之内。

---

① 朱鸿军，王玉玮. 电视剧的城市形象传播与文化软实力竞争［J］. 江苏大学学报（社会科学版），2010（1）.

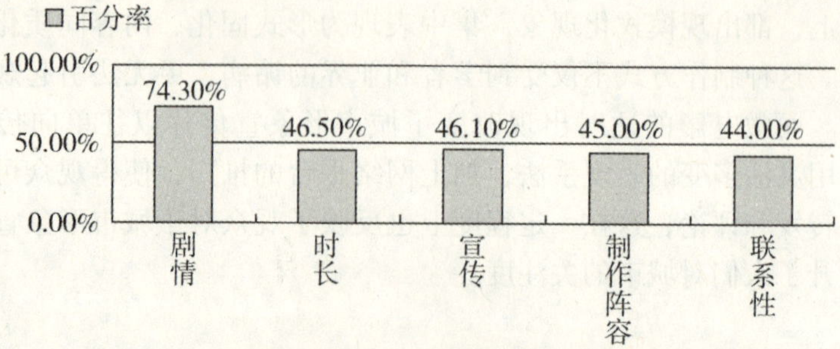

图 7　2013 年在线用户观看微电影选择平台时考虑的要素

（图片来源：唯象网）

微电影要想获得最好的传播效果，必须在内容方面下足功夫，令观众意想不到。在故事情节设计上，微电影必须做到有创意、有趣、贴近生活，能与观众产生强烈的情感共鸣。目前微电影存在严重的同质化现象，一部微电影火了，就会产生很多类似的影片。因此，微电影的发展出路还在于创新，可以尝试与音乐片、纪录片或动画片相结合。日本微电影《回忆积木小屋》就是以简单的动画形式传递深刻的思想，中国微电影也可以借鉴这种创作模式。2014 年苏州城市形象微电影《时间里》邀请著名音乐人熊天平打造同名主题曲，这种以传唱度高的歌曲带动城市形象的宣传也不失为一种好的方式，将城市微电影与音乐巧妙地结合起来能获得更好的宣传效果。

3．全方位整合、持续推广

一部微电影的成功与否决定着传播影响力的大小，依托微电影进行城市形象传播，更要着力打造成功的微电影，这样才能产生广泛的影响力。因此城市微电影要走向市场，借助各种平台与传播渠道，实现新媒体联动，形成整合营销模式，加大后期的宣传和全方位的微电影包装，使其获得最佳的传播影响力。

微电影产生于网络，其生存和生长空间依旧离不开网络，除借助大门户视频网站外，还要同时借助微博、微信等社交平台，引导观众不断分享、评论，在实现交流互动的同时，实现病毒式无缝隙传播，扩大传播范围，形成强大的舆论场。短时间内，将人们的目光集中到最热的微电影话题上，其传播效果自然不言而喻。

除此之外，意见领袖的作用也不可小觑。意见领袖因其在特定圈子内的专业知识、高超技能形成了特定的粉丝团体，具有较高的权威和信誉，能在一定程度上左右大部分人的观点和网络选择喜好。这也是许多微电影不惜花重金力邀这一时段最火热的明星参演的原因，这样形成的是粉丝经济效应，从而达到宣传的目的。与此同时，还需要充分挖掘影视领域的意见领袖，从而吸引更多受众参与城市形象微电影传播。

多屏时代城市 App 在城市形象传播中的角色与作用

米洁玢

随着媒介生态的改变和多屏时代的快速发展，城市形象传播的方式也在发生着变化，越来越多的新兴媒介手段大大促进了城市形象的传播。城市 App 在城市形象传播中的运用越来越多。本文通过对“北京城市”App、“感知天津”App、“非凡城市 SIP”App 和“掌上青岛”App 这些成功的城市 App 案例的分析，依据城市 App 新的传播特点和趋势，归纳出城市 App 在城市形象传播中的角色与作用。

一、城市形象传播概析

（一）城市形象传播

城市是人类文明与社会进步的产物。城市在长期的政治、经济、文化等的综合发展过程中，形成了一定的风貌与特色。随着城市化、全球化浪潮来袭，城市形象的塑造与传播受到前所未有的重视。

城市形象是客观存在和主观印象的综合体现，是城市内外部公众对城市各种客观存在要素的总体印象和评价，是公众对城市的物质形态和精神文化形态的心理感受。城市形象是城市的无形资产，是城市软实力的组成部分，对内有助于形成城市凝聚力与向心力，对外则有助于吸引人才、投资、贸易、旅游、定居，带动城市中的企业的发展，推动当地企业产品的销售，促进旅游业发展。

城市形象是一个包罗万象的综合体，其构成要素也是纷繁复杂的。学者们从不同角度对城市形象的构成要素进行了分析。美国学者凯文・林奇在《城市意象》中提到，城市形象有 5 个构成要素，即城市道路、城市边界、城市区域、城市节点、城市标识物。张鸿雁指出，城市形象包括三大系统，即城市理念系统、行为系统和视觉系统，而这三大系统又可以包括自然景观系统、政治系统、管理系统、社会发展系统、文化系统、生态系统、地理信息系统、人工景观系统、经济系统和其他感觉系统等，各系统相互联系，彼此作用，共同构成城市形象。

城市形象传播就是传播者将城市形象的相关信息转化成一定的符号，并借助一定的传播媒介将其传递给公众，以影响公众对城市的印象的过程。城市形象传播的目的是让城市在公众心目中留下美好的印象，提高城市对资本、人才、技术等资源的吸引力，最终实现城市的良性发展。城市形象传播是城市形象形成的必经阶段，并且与城市形象塑造有着密不可分的关系。城市形象传播是融于城市形象塑造过程中的，它是城市形象塑造活动的基本内容和手段，影响着城市形象活动的最终效果，是城市形象得以形成并维持的需要。城市形象传播在城市形象形成过程中发挥着重要作用。①

（二）城市 App

App（Application）作为安装在智能移动终端上的应用程序，以其高效、安全、方便、个性的特性受到了应用服务商和智能手机用户的高度青睐。利用 App 的影响和高覆盖率，通过开发城市 App 提升城市形象，已成为城市形象传播的一条新思路。

二、多屏时代城市形象传播的新特点

当下是一个互联网多屏时代，越来越多的移动智能终端开始代替 PC（个人电脑）成为人们浏览互联网信息的平台。每当人们停下来的时候，总会习惯性地看看手机或随身携带的平板电脑。数字技术的迅猛发展与人类需求的不断深化，不断拓展着媒体的功能，丰富着媒体的内容和形式，媒体形态呈螺旋式推进，呈现不断突破、不断创新、不断规范、不断成熟的发展态势。媒体数量的不断增加，新媒体类型的不断涌现，使得越来越多的用于传播信息的电子显示屏成了我们生活轨迹中不可或缺的接触点。②

（一）多屏时代下的城市形象传播

在传统媒体环境下，城市形象传播往往是政府力量直接引导媒体口径，依托政府下属的媒体新闻报道、城市广告、节庆宣传、会展宣传等，对城市的各方面形象进行推介。在这种传播模式中，主流大众媒体就像城

---

① 牟意. 论网络媒体在城市形象传播中的角色与功能：以成都城市形象传播为例［D］. 四川省社会科学院硕士学位论文，2013.

② 李燕临，王蕊. 多屏化传播时代的媒体变革［J］. 现代教育技术，2011（3）.

市“把关人”，消除了自身城市形象中不利于传播的部分，确保了媒体口径的一致性。它们往往通过议程设置来引起公众对某一话题的关注，潜意识里将公众往对城市好的认知方向引导。

新媒体环境带来了新的传播工具和技术，使得城市形象传播系统变得更为庞大和复杂：城市形象的传播主体动态均衡、传播媒介交融互动、传受双方界限模糊、互动反馈重要性提高且“噪音”贯穿传播始末。①

（二）新的媒体环境改变了城市形象传播模式

1. 从单向传播到互动传播

传统的大众传播过程往往是单向直通的，虽然也有报纸杂志的读者和广播的听众来信等反馈机制，但反馈具有延迟性。互联网的出现，使得传统媒体与受众的反馈大部分转移到了网络上。以网络为代表的新媒体，以用户为中心，改变了以往一对多的传播模式，人们获得了更多的权利，可以自由选择自己感兴趣的内容，充分发表自己的看法和见解，了解途径无限增多，直接参与到城市形象传播过程中，形成了一种多对多或一对一的新型传播形式。这种双向性特点，大大改善了传播过程中受众的被动地位，使得城市形象通过新媒体的传播，可以及时获得传播对象的反馈，及时做出回应或修正，因而让形象传播的目的性、指向性、针对性更强，也能够因此获得更好的正面效果。例如，微信平台的兴起，为城市形象的传播提供了成本低、沟通方便的新媒介，微信公共平台发送的内容可以配合文字、图片、语音等功能的使用，让受众群体更好地了解信息，用户可以选择自己感兴趣的内容，掌握信息的主动权，并且能实时进行沟通，参与到城市形象传播的互动中来，提出自己的观点、想法以及建议等，从而产生积极的兴趣、关注、参与和互动热情。此外，微信平台可以实行政府信息公开，让更多的群体参与互动。

2. 从单一传播到多元传播

在传统媒体环境下，正如前面所提到的，城市形象的传播主体及媒介比较固化，信息源较单一，受众永远处于被动地位。新媒体的出现，城市形象传播者开始变得多元，上至政府权力机构，下至平民百姓，都是城市形象传播中的“发声”主体，新媒体是一种多媒体互动平台，融合进了形态各异的传播内容和传播形式。传统媒介的功能比较单一，如我们所知的，报纸用来阅读，广播用来收听，电视虽有影视同期声，但人们无法运

---

① 杨艺. 新媒体环境下的武汉市城市形象传播策略［D］. 湖北大学硕士学位论文，2014.

用它们能动地进行信息处理和二次传播。新媒介则能通过技术嫁接，将多种传播功能融于一体。根据最新的定义，所谓多媒体，指的是使用数字压缩和网络技术将广播、电视、电话、传真、电子出版、计算机通信等各种信息媒介连成一体，对声音、影像、文字、数据等进行一元化高速处理并提供给用户的双向信息系统。多媒体加网络，将使城市形象传播走上信息技术的高速公路。新媒体为人们信息的收集、再处理及再传播提供了便利的条件，大大提升了城市形象传播的效率。

3. 从大众传播到分众传播

传统媒体往往倾向于大众传播，而新媒体最大的不同就是它强调受众的细分。相关研究表明，信息的可信程度决定了受众改变态度的可能性，但受众本身的诸多因素会直接影响媒介传播信息的效果，因此，要建构有序的传播环境，需要树立“受众意识”，加强对受众预存立场、性格、宗教信仰、受教育程度等的综合分析，明确所属媒介传播内容的特征及其在传播市场中所处的位置。由于人们的生活水平日趋提高，人们对信息的需求也日益细化，哪怕是处于同一教育水平、同一年龄层次、同一生活环境的人们的需求也存在差异。新媒体在给城市公众提供城市信息定制服务时，能对目标人群进行分析，定位自身媒介。以手机报为例，2005 年解放日报报业集团推出了“4i 工程”，包括 i－News 手机报、i－Mook 数码杂志、i－Paper 电子报纸以及 i－Street 公共视频，这四大类别分别覆盖了城市中上下班的“公交一族”或“地铁一族”、注重休闲的前卫年轻人群、办公室的高端商务人群和有购物消费需求的人群，几乎无缝涵盖了城市中所有极具市场的目标人群和他们经常出没的活动场所。这样，城市形象的“个性化”定制信息服务吻合了不同人群的生活方式和工作节奏，满足了不同群体对信息不同层面的需求，精准地用不同方式使目标人群有效地接收城市形象的相关信息。

三、典型城市 App 案例分析

其实，西方发达国家和部分地区政府，如美国、英国、加拿大、中国香港等在 App 研发与推广上已经走在世界前列。目前，美国政府门户网站已面向社会提供了 252 个 App，英国 191 个，截至 2012 年 11 月底，中国香港特区政府 24 个公共机构也已开发了 56 个 App，它们在社会公共服务中开始逐步取代传统互联网服务模式中的部分功能，为政府提升公共服务品质、提升城市综合形象做出了积极的努力。

在全球政务App化的浪潮下，我国内地城市也开始利用App尝试进行城市形象推广。2012年4月9日，由北京市政府新闻办创办的“北京城市”App成功登陆苹果App Store移动平台，成为中国首个，也是继美国纽约之后世界第二个在国际移动互联网平台上发布的综合性城市形象推广App；2012年4月23日，苏州工业园区移动智能终端应用区域门户——“非凡城市SIP”（iPhone版）经全面整合再次华丽亮相；同年6月，“现代昆山”App（iPhone版）正式上线；同年9月，“精彩青岛城市App”成功登陆苹果ios系统和安卓系统平台；同年12月，“东莞OA”App亮相苹果App Store；2013年1月，“无锡政务”App上线运行。如今，厦门、南平、武汉、重庆、贵州、上海等地也已推出城市App。然而，App助力城市形象传播，并非靠数量取胜，关键在于如何利用App特性开拓城市形象传播的有效途径。

（一）“北京城市”App

2012年4月9日，由北京市政府新闻办创办的“北京城市”App成功登陆苹果App Store移动平台，成为中国首个，也是继美国纽约之后世界第二个在国际移动互联网平台上发布的综合性城市形象推广App。

“北京城市”App设计风格庄重大气，突显北京特色。目前设有中文和英文两个版本，包含北京概况、北京杂志、北京影像、北京展映、北京发布、北京地图、北京活动、北京服务8个板块内容。“北京概况”板块综合了北京市统计局最新公布的国民经济和社会发展统计公报的内容，以文字、图表、图片相结合的形式，介绍北京城市的政治、经济、文化、人文等基本风貌；“北京杂志”板块上传每周四出版的北京官方外宣刊物《北京》的全部内容，按照杂志的“风尚”“行走”“乐酷”和“商务”四个主题，与纸质媒体同步介绍北京的各项活动和人文故事；“北京影像”板块将按照“古老北京”“现代北京”“文化北京”“人文北京”等多个专题，展示最具北京特色的精美图片，供读者欣赏；“北京展映”板块将展映反映北京城市形象和城市风光的专题片；“北京发布”板块将以视频、图片、文字相结合的形式，配合北京市人民政府新闻办公室组织的新闻发布会的主要内容进行发布；“北京地图”板块将以北京城区地图为蓝本，结合搜索功能向读者提供住宿、美食、娱乐等资讯信息；“北京活动”板块将重点介绍在北京举办的大型文化活动和体育赛事，吸引读者参与；“北京服务”板块将综合北京的各类文化、演出服务信息，为读者提供“移动服务”。按照计划，整个App将分两期开发，此次上线的内容包括北京概况、北京杂志、北京影像、北京展映 4 个板块内容。读者只需登录 App Store，搜索关键词“北京”即可将“北京城市”App 内容免费下载到 iPad 移动终端进行阅读。

北京市政府新闻办抓住新型移动智能终端快速发展的契机，利用高科技手段创办了“北京城市”App，并选择了 iPad 移动终端对北京城市形象进行推广，搭建了北京外宣工作的新平台和新渠道，实现了北京与世界各地关注者跨时间、跨地域的文化交流。

（二）“感知天津”App

由天津市政府办公厅指导，北方网、天津美术学院、天津外国语大学共同创办的“天津城市”App——“感知天津”正式上线。苹果 iPad 用户只需登录 App Store，搜索关键词“感知天津”或“Touch Tianjin”，即可免费下载使用。

作为天津城市形象推广的综合性 App，“感知天津”共分为 5 个板块，包括“初识天津”“旅游天津”“品阅天津”“投资天津”和“天津发布”。其中，“初识天津”介绍了天津城市的基本风貌、历史文化和现代活力，用户不仅可以通过音频以“听故事”的方式了解天津的民俗、名人和历史故事，还可以感受天津在生态城市、智慧城市、交通建设、科技与教育等方面展现的活力；“旅游天津”提供了餐饮小吃、旅游路线、酒店住宿、购物消费和文化展馆等方面的资讯和服务，App 不仅提供详细的信息，还可以通过 GPS 定位用户所在位置并快速指引用户前往目的地的线路图；“投资天津”介绍了天津独具特色的投资环境以及城市的未来规划等，为投资者提供便捷服务。此外，用户还可以通过“品阅天津”浏览天津主要新闻，通过“天津发布”与政务微博实时互动。

“感知天津”目前提供中文简体、中文繁体和英文三种语言，精美的画面、丰富的内容以及多媒体交互形式，给用户带来了全新而舒适的体验。“感知天津”作为天津在国际移动互联网的官方平台，植入了国际领先的设计理念和多媒体技术，将不断吸引更多的外地人、外国人对天津的了解和喜爱，提升天津在国际上的知名度和影响力。上线后通过内容的不断更新和完善，一幅大美天津的画卷将面向世人展开。“感知天津”也将成为天津又一张靓丽的名片，传递出散发着勃勃生机的津沽文化和城市魅力。①

---

① “天津城市”App 正式上线：让世界“感知天津”［N/OL］. 天津北方网. http：//news. enorth. com. cn/system/2014/07/22/012029978. html，2014 - 07 - 23.

（三）“非凡城市 SIP” App

“非凡城市 SIP”（iPhone 版）是于 2012 年 4 月 23 日在全球上线的苏州园区官方 App，也是中国首款政务 App，其 Andriod 版于 8 月上线。区别于目前中国市场上出现的各政府类的覆盖旅游、公务等的单体应用，“非凡城市 SIP”将城市形象对外宣传和各类单体应用功能结为一体，立足于做苏州工业园区移动智能终端应用区域门户。借助于“非凡城市 SIP” App，园区政府不仅成功对外推广了其“非凡城市”的品牌形象，同时也向受众传递了园区智慧型政府的形象。

1. 城市视觉与城市口号：塑造城市文化认同

今天，我们正处在一个图像生产、流通和消费急剧膨胀的“非常时期”，处在一个图像资源极其丰富乃至“过剩”的时期。正如伯格所说，“在历史的任何社会形态中，都不曾有过如此集中的形象，如此强烈的视觉信息”。图像凌越文字成为意义生产、传播的主要方式，直观、感性、直接地获取隐藏在图像中的意义逐渐取代线性、抽象的文字阅读和思考方式。

但另一方面，图像作为一种文化符号也具备表意实践的功能，是一种意义的生产、传播和接受的过程。即使在一些学者看来，在当代视觉文化时代，图像的片段性、短暂性和重复性，使得图像拒绝凝固成一种稳定的图像文化，但不可否认的是，图像背后所隐藏的被灌输的意识形态总是在自然而然间被人们接受并认同。在这方面，“非凡城市 SIP”的单体板块——“四座城”，便是利用高度的城市视觉性展示来塑造受众的城市文化认同。

“四座城”板块以文字宣传口号的形式高度提炼苏州园区的城市形象，从城市规划、城市视觉建筑标识、经济社会发展以及社会基础设施建设四个方面将其概括成一座“中新合作”的城市、一座“设计出来”的城市、一座“智慧创新”的城市以及一座“圆融幸福”的城市。其中，每座城市的呈现都配以精美的画册和简短的文字说明。一座“中新合作”的城市中，多以广角镜头或远景镜头整体呈现园区美景，以此配合高角度的园区发展战略目标的文字说明。一座“设计出来”的城市中，图片挑选范围跨越古城建设以及目前以苏州文化艺术中心、李公堤、摩天轮、月光码头为代表的园区视觉建筑标识。美轮美奂的景点图片在不断切换中给人以强烈的视觉冲击。一座“智慧创新”的城市中，多以远景镜头整体呈现园区的代表性产业发展基地如国际科技园、生物科技园等的发展情况。一座“圆融幸福”的城市则将镜头从冰冷的物体抽回至具体的人物上，并从城市生态、教育、社区、文化等方面多层次地展现园区居民的幸福生活。

道格纳斯·凯尔纳认为，“电视和其他媒体已经形成了人们的思想和行动，与传统的神话和仪式一样。这些媒体将个体整合进价值、规范、角色的社会结构当中去”。换句话说，在视觉文化时代，媒体及其声音、影像和形象已经成为人们寻求认同的凭证。“非凡城市 SIP”借助移动智能终端这个新媒介，利用城市影像、文字等多媒体化手段，自我建构了一个理想的城市形象神话，让受众在浏览过程中自然接受灌输在其中的官方意识形态，形成城市文化认同。城市形象塑造的好坏很大程度上取决于政府的规划和管理，一个城市对外呈现的形象如何，渗透着领导者的管理意识和规划目标。此外，一个好的城市形象也会反哺为其规划的政府形象。“非凡城市 SIP”便是在其“非凡城市”形象的对外塑造和传播中，向受众传递出一个开放透明、智慧创新、亲民的政府形象。

2. 议程设置功能与“非凡城市”形象

传播学家马克斯韦尔·麦库姆斯曾说过：“对于每日重大事件，媒介远非简单的散布渠道。媒介构造并呈现给公众一个拟态环境，而这个拟态环境极大地塑造了公众看待世界的方式。”在这其中，媒介的议程设置功能在为公众塑造拟态环境中发挥着重要作用。只要媒介决定了需要锁定的关注问题，它们就可以借此设置议程，为受众提供解读的语境。虽然媒体无法决定受众如何思考，但在拟态环境的呈现上，媒体却决定了受众的思考范围和方向，让受众在其所设置的框架内对议题的价值进行思考和评价。

“苏州工业园区网”是苏州工业园区的官方政府网站，其“及时动态”板块是经园区宣传办公室审查并发布的园区新闻大杂烩。“非凡城市 SIP”的单体板块——“非凡速递”的所有新闻素材即来源于此。笔者选取 9 月 27 日（是日为笔者研究期间，“非凡速递”最后一次更新时间）作为研究“非凡速递”在新闻素材选择上的倾向性的时间点。据笔者统计，“苏州工业园区网”在 9 月 27 日共更新 42 条新闻，而“非凡速递”上共更新 14 条新闻。从数量上看，“非凡速递”每日更新的新闻数量是其官网的 1/3。新闻更新数量的缩减不仅是为了契合受众碎片化的阅读习惯，其背后更暗含了官方在议程设置上的倾向性。从两者同日更新的新闻上看，“苏州工业园区网”更新的新闻内容素材覆盖范围广泛，工作会议、社区活动、新闻动态、公示公告……全都事无巨细地呈现，“非凡速递”则去除了官方网站中有关社区、领导会议的新闻信息，在素材的挑选上尽量选择选题角度高的新闻，以此强调其国际化的城市定位。

实际上，大众媒介作为一种信息传递的工具，在任何国家都是其所属权力机构的意识形态的表意工具。“大众传媒的话语表达被提升至意识形态的层面，具有控制人的思想乃至行为规范的能力。”① 由此可见，大众媒介本身就是社会权力制度的一个组成部分，其权力的背后实际来自它所隶属的意识形态的体制权威。无论是“非凡速递”还是“非凡城报”，新渠道信息发布方式的背后，是政府意识形态的彰显，是建构园区“非凡城市”品牌形象的官方需求，是展现国际化、高端政府形象的硬性规定。但同时，我们更要注意，政府形象总是在受众的媒体感知与现实情境之间的相互印证过程中形成的。从实际情况来看，由于选题题材与受众日常生活经验相去甚远，政府通过大众媒介自建的理想形象往往无法真正落实在受众的日常生活感知中，形象传播和受众接受这两条行为轨迹在实际传播过程中相互平行，互不相交，导致政府形象传播最后变成政府的自吹自擂，传播效果也大打折扣。

3. 城市功能与城市形象传播的融合

从本质上讲，政府形象传播可以分为三种表现形式：①政府行政过程就是政府形象传播的过程（即政府行为）；②传播媒介及其他专门机构对政府（国家）行为的解释（即解释政府行为）；③政府行为和解释政府行为同时并举（即“行为＋对行为的解释”）。政府整体素质的高低、行政能力的强弱以及政府是否高效廉洁，都决定着政府形象的好坏。如果说政府形象的媒介传播是“说”出来的，那么政府行为过程中的形象传播就是“做”出来的。受众的日常生活经验感知才是政府形象传播的最佳渠道，百姓的口口相传即人际上的传播远比政府所借助的公众传播效果好得多。

在这一方面，触及受众根本利益的城市功能建设，一直是政府行为中的重要组成部分。移动互联网浪潮的来临为城市功能建设带来了移动智能终端这个新平台和渠道，通过一系列与信息化建设相结合的覆盖政务、旅游等方面的便民单体应用的开发，移动终端将城市功能的建设和开发纳入其中，并成为城市信息化建设成果的展示平台，亦成为政府形象传播的新工具。

“非凡城市 SIP”集城市形象宣传和便民单位应用创新功能为一体，在城市信息化建设方面，目前总共囊括“投资指南”“Wow 金鸡湖”“一站式服务”以及“公共自行车”四个单体应用，功能覆盖城市旅游、城市招

---

① 丁和根. 后现代和大众传媒的话语霸权［J］. 江苏社会科学，2000（6）.

商、城市政务以及城市交通。在苏州工业园区移动智能终端应用区域门户的建设目标下，“非凡城市 SIP”将实行全面改版升级，更多便民单位应用将会被纳入旗下，园区信息化建设将更为具体可感，园区政府的“智慧创新”也将再一次在此平台上隐性传播。实际上，城市信息化建设本身是政府内部规划、市民切身体验等看不见的东西，现在借助于移动智能终端化身成具体可感的政务应用，并有意形成城市功能和城市形象传播相融合的趋势。而在此过程中，也造就了智慧型政府形象向外宣传的新窗口。[①]

（四）“掌上青岛” App

由青岛报业传媒集团掌控传媒打造的本地化新闻资讯、生活服务类手机客户端“掌上青岛”城市 App 于 2013 年 1 月全新亮相后，就取得了本地 App 使用量第一的不俗成绩。2011 年上线至今，“掌上青岛”已拥有超过 38 万安装用户，成为青岛第一移动新闻门户，为青岛市民呈现最为真实、更加精彩的互联网生活，发布最新最全的本地新闻资讯，提供专业、实用的消费娱乐信息，融合高速发展、使用便捷的无线移动未来。

以“掌上青岛”的“掌上新闻”板块为例，其分为本地、时事、文体、资讯和社区 5 个部分，已经完全摒弃了政府新闻“高、大、全”的特性，从百姓生活中的小事入手，用朴素的百姓语言说百姓身边的事，对意识形态的软植入不留痕迹。另外，其服务功能吸收了微信、二维码等其他 App 的特性，包括了扫一扫、丁丁优惠券、摇一摇、违章查询、Wifi 共享等，集娱乐与实用为一体，表现出高度的公共服务意识。

“掌上青岛”全面覆盖主流的智能手机用户，与同城客户端相比，信息更全、搜索更快、互动更便捷、功能更全面，不仅实现了与微博、人人等社交网站及短信、邮件等信息工具的分享，还具备 LBS 定位、网络地图调用、定向信息推送、二维码扫描抽奖等全新技术功能，部分功能在国内属于领先水平。

“掌上青岛”最新版本体现 6 大亮点：启动页面优化，蛇年新春版精彩亮相；新闻资讯正文页面实现图文混排，阅读体验加速提升；重点新闻资讯、特色互动活动动态推荐，展示形式更丰富；全面接入“丁丁优惠券”，手机一亮可享受上千家本地商户的近 3 000 项优惠；分享功能对接微信平台，优质新闻生活资讯、电子优惠券、掌上微周刊一键转发；即时要闻推送功能更加高效。

---

① 高洁．移动互联网时代智慧型政府形象传播：以非凡城市 SIP App 为例［J］．无线互联科技，2012（12）．

近期，“掌上青岛”还推出了青岛第一个获得腾讯认证的官方微信“掌上青岛微信”，用户群体跃居山东省第一。微信用户添加其为好友后，只要按照指令输入不同的数字或关键词，就能收听或参与近20位主播和编辑推出的图文影音资讯内容、互动游戏。①

四、城市 App 在城市形象传播中的角色与作用

2013 年 4 月，德勤中国和成都高新区共同发布的《移动互联大未来》研究报告中指出：“2010—2012 年，全球经历了从互联时代向移动互联时代的变迁。”“业界普遍预测，移动互联网未来创造的产值将超过传统互联网 10 倍以上，是最有可能成为规模最大、发展速度最快的新兴产业。”据 2013 年中国产业经济讯息网（CINIC）统计，中国市场有 4.64 亿的使用者通过智能手机，或是具有 Wifi 功能的设备上网，较 2012 年上涨 10%。其中，在大都市拥有智能手机的人数占上网群体的比例高达 88%。② 可见，在新媒体终端城市形象的移动互联网传播中，智能手机已经成为最强大、最有潜力的媒介。

（一）以便民功能推广城市形象

传统城市形象大多是在由媒体构建的拟态环境中塑造的。从某种程度上说，政府需要一个怎样的城市形象，便由媒体通过镜头和文字塑造出一个这样的城市形象。这样做的最大问题在于对外叫得响当当的城市形象口号其实未被民众真正认可和接受，民众并没有从所谓的城市形象改良中得到任何实惠，城市形象塑造到头来成了面子工程，甚至被贴上“假、大、空”的标签。

以 App 推广为手段实现城市形象推广，与传统城市形象传播途径存在本质上的不同。它从根本上说仍是政府行为，是政府利用移动互联网时代受众对信息传播互动性、个性化、多样化的要求，以 App 为桥梁进行自我形象维护与城市形象塑造的一种方法。App 本身即以个性化功能性应用为特性，城市 App 推广的核心在于以 App 为途径提升城市公共服务水平，进而提升 App 用户对城市的综合印象。这种印象的提升不是停留在表面，也并非一日两日可以完成，而是建立在政府功能性公共服务水平大规模提升

---

① 贾晓阳. 掌上青岛雄居本地 App 第一［N/OL］. http://www.qdqss.cn/2013/january/8E79F160.html.

② 邬雪艳. 城市用户区域差别明显 App 应用已超越媒体属性［J］. 通信世界，2013（11）.

的基础上。这种方式将城市功能与城市形象紧密结合在一起，以民众为核心，以贴近性、生活性、服务性为特点，这也代表着城市形象传播未来的发展方向。

由于我国城市 App 研发尚处于起步阶段，其功能性的提升仍存在较大的空间。如“北京城市” App 包括“北京概况”“北京杂志”“北京影像”“北京展映”“北京发布”“北京地图”“北京活动”“北京服务”8 个板块的内容，其中只有“北京地图”和“北京服务”两个板块存在一定的应用性，其余板块全部为硬性的形象灌输；再如“精彩青岛”城市 App，包含有“精彩概览”“青岛动态”“经济发展”“青岛之最”“投资青岛”“青岛科教”“青岛城市风采”等近 20 个板块内容，可谓十分丰富，但能切切实实为老百姓生活服务的内容大概只有“交通导航”和“衣食住行”2 个，比例不到 10%，其余的内容设置存在过多的官方色彩，大部分与官方门户网站无异，有“新瓶装旧酒”之嫌。

相比之下，部分发达国家和地区的 App 推广更多的是将城市形象融合于城市功能中，彻底抛弃对城市形象单调的正面宣传，而通过民众对城市功能的认可实现意识形态的隐性灌输。在美国政府门户网站目前提供的 252 个 App 中，就包括参考类 99 个、教育类 35 个、利用类 34 个、卫生和健康类 27 个、医疗类 23 个、新闻类 14 个、旅游类 13 个、商务类 7 个，涉及民众日常生活的方方面面，例如，美国红十字会专门研发了飓风防灾减灾应用程序（Hurricane by American Red Cross）来帮助民众应对突发飓风可能造成的生命威胁和财产损失。[①] 香港政府的 App 研发也充分体现了服务民众的功能性意识，以功能为手段来提升城市形象。其名下各机构的 App 种类包括了新闻、教育、卫生、旅游、文化、环境、就业、出行、气象等民生领域，实用性极强，如民政事务局针对家庭普遍存在的亲子关系、子女教育与沟通等问题推出的“亲子十八式” App，运输署针对香港交通线路复杂问题推出的“香港乘车易” App，提供点对点公共交通搜寻服务等。

目前，在吸取国内外先进技术和研发经验的基础上，我国内地城市 App 研发已取得阶段性成果。以便民服务意识为导向，通过充分发挥 App 的功能来提升城市综合形象是一个值得深入探索的方向。它虽然颠覆了部分传统成熟的城市形象塑造手段，也对政府公共服务职能提出了更高的挑战，但只有让民众真正获得实惠，才能彰显政府以“为人民服务”为宗旨的最大诚意，才能由内而外地构建起城市形象品牌。

---

① 金江军．政府 App 模式发展对策［J］．信息化建设，2013（1）．

（二）以个性互动替代官方语调

城市 App 研发在把握以公共服务为关键手段的同时，通过多元化个性互动的方式来提升城市综合形象，也是一条重要途径。在新媒体语境下，当代传播方式体现出强烈的多元化特性，政府不再是唯一的信息拥有者和控制者，任何人都可能成为信息的传播者和接收者，基于分享、口碑、非制度化的“网众传播”成为新媒体的标志性传播模式，个性互动正是其中一种主要传播方式。①

我国内地城市 App 研发尚不成熟，有些 App 直接忽略了互动元素，如“现代昆山”App 主要由“三大名城”“新闻中心”“视觉昆山”“投资指南”“乐活昆山”“周边搜索”等板块构成，完全忽略了移动互联网本身的交互性特点，将城市 App 做成了官网微缩版。有些虽具有与民众互动、交流的意识，但其互动方式比较单一，官方城市形象宣传本身与民众的实际互动需求之间仍存在一定差距。苏州工业园区的“非凡城市 SIP”App，其“非凡速递”板块虽然在新闻内容上已经加以变化，摒弃了政府报告式新闻，尽量贴近百姓生活，并开设短信、电子邮件、微博三种互动方式，但并未真正激发民众的互动热情，终成一潭死水。相比之下，“掌上青岛”App 的互动方式则更加多元，其“掌上新闻”模块中的每一条新闻，都可以通过发送微信、分享到 QQ 空间、分享到微博、通过条码分享、以短信发送、蓝牙传输等 8 种形式来实现共享与交流。“厦门无线政务”App 也开设了新浪微博、腾讯微博、人人网、移动微博、QQ 空间和分享到自己的微博 6 种互动方式，使民众的选择更加灵活。只有照顾到了更多用户的使用习惯，才能实现真正意义上的互动。

其实，互动本身不是目的，一个话题是否能讨论出孰对孰错也并不重要，重要的是要让民众在互动的过程中增强传播信息的主观能动性，促使更多的民众参与“网众传播”的信息再生产与再传播过程，使民众个性化互动成为城市信息传播的助推器，最终达到构建良好城市形象的目的。

（三）以视觉信息打破传统认识

将微电影理念融入城市 App，是一个大胆的设想。在文字、声音、视觉影像三大传播方式中，视觉影像无疑能够在最短的时间内给人留下最深的印象。在已经推出的城市 App 中，研发者们已经注意到了这一点，并有

① 郭泽德，徐永泉．新媒体语境下城市形象传播的现实困境与提升路径［J］．唐山师范学院学报，2013（3）．

意将之引入 App 中。如“现代昆山”App 中的“视觉昆山”板块，就包含有昆山形象片、昆山青年、昆山经济开发区、印象周市、千灯古镇形象片等 12 段视频，内容涉及昆山经济、旅游、文化等各个方面。“厦门无线政务”App 中的“视频厦门”板块，将厦门的名胜古迹拍摄成 1～13 分钟不等的宣传片，其中包括厦门、鼓浪屿、皓月园、菽庄花园、百鸟园等 12 个地点，可谓煞费苦心，但从点击量来看，效果并不理想。“厦门无线政务”App 2011 年底上线，截至 2013 年 7 月 20 日，12 个宣传片的点击量最高的为 142 次，最低的仅 10 次。造成这种现象的原因不在于以视觉影像推广城市形象的思路，而在于视觉应用的方式。

考察城市 App 中的视频片段，几乎全部以传统宣传片模式构建，突出表现为三大特征：一是宏大叙事，大全景切入，要么体现城市深厚的历史文化底蕴，要么表现城市在现代化进程中取得的卓越成果，让观众顿生“人上我下”的疏离之感；二是镜头堆砌，优美风光镜头比例过重，且无特色、无明确目的，如“现代昆山”App 中“水映江南　流韵锦溪”与“中国第一水乡·周庄”并无明显差别；三是第三人称旁白，“播音腔 + 官方叙述 = 无感情”，虽然文辞优美，但千篇一律的叙述模式让人不免厌烦。

在这种情况之下，若能以微电影理念重构 App 视频，不失为改良之策。微电影“指专门针对新媒体平台量身定制，具有完整故事情节和专业电影制作团队，以网络为核心传播平台，同时延伸到多种移动终端的影片”①。其特征表现为时间短（对此界定学界说法不一，现倾向于 10 分钟之内，亦有 5 分钟之说）和情节故事化。打破传统宣传片的大制作理念，以讲述普通人的平凡故事为切入点，在讲故事时糅合进城市形象元素，其实已经在实战中取得了相当的成绩。如武汉在辛亥革命 100 周年之际推出的首部城市微电影《岸边的记忆》，以男孩如何让女友逐渐恢复记忆的浪漫爱情故事为线索，全面展现了武汉市八七会址、六大堆烈士纪念碑等红色革命遗迹以及江岸区的风土人情，全片极富人情味，也大大促进了观众对武汉城市本身的认同，该片 2011 年底上映，至 2012 年 4 月，网络点击量就已达 30 万。无独有偶，丹东旅游宣传片也是因为采用了微电影的讲述方式，以俊男靓女在丹东邂逅，最终成就美满爱情的故事为主线来展示丹东城市的美丽风光，被网友誉为“最浪漫的城市形象广告”，为当地旅游业撑足了门面。宣传片微电影化已经成为城市形像传播的一个趋势，将微电影式的宣传片开发纳入城市 App 研发范畴，可能成为城市形象 App 传播

① 李淑娟，曹慎慎. 当电影遇见新媒体：微电影观念与实践初探［J］. 当代电影，2011（8）.

的一条新路。

综上所述，通过城市 App 来实现城市形象传播还是一个崭新的领域，它一方面需要政府转变传统的形象传播理念，真正了解并适应移动互联网的新特性，另一方面也需要在受众与城市 App 的磨合中促进其健康成长。App 不过是新媒体时代进程中的一个产物，政府如何选择最新时代的产物并合理利用它来提升自身形象传播，仍是有待深入研究的课题。

微博对城市形象的塑造
——以“议程设置”理论为框架

徐精繁

在告别 Web 1.0 后，我们开始大步进入 Web 2.0 时代，低门槛的网络使得网站更加注重同用户的联系，用户既是网站内容的浏览者，也是网站内容的创造者，而微博就是 Web 2.0 时代中最具代表性的社交媒体工具之一。

微博是基于用户关系的信息分享、传播以及获取的平台。用户可以通过 PC（个人电脑）端、移动端发布 140 字以内的信息，让关注自己的粉丝看到信息并进行选择性的传播，“只言片语的表达或是情绪宣泄，灵感突现的记录或是随手转发，抑或是自娱自乐的消遣，都展示在公共领域，每一位进入公共领域的受众都有接触、发布微博信息的机会”①，因此微博实际上就是一个广场，通过强关系的人际传播和弱关系的群体传播、大众传播为更多人所知。

在 1963 年的《报纸与外交政策》一书中，政治学家伯纳德·科恩认为，在多数时间，报界在告诉它的读者该怎样想时可能并不成功，但它在告诉它的读者该想些什么时，却是惊人的成功。5 年后，美国传播学者麦库姆斯和肖通过实证研究发现，在公众对社会公共事务中重要问题的认识和判断与传播媒介的报道活动之间，存在着一种高度对应的关系，即传播媒介作为“大事”加以报道的问题，同样也作为大事反映在公众的意识中；而媒介给予的关注和力量越多，公众对该问题也就愈加重视，根据这种高度对应的关系，麦库姆斯和肖认为大众传播具有一种形成社会“议事日程”的功能，传播媒介以赋予各种不同程度“显著性”的方式，使公众对社会环境形成认知。

“议程设置”理论不仅意味着媒介不仅是重要的信息源，而且能通过

---

① 罗子欣.“议程设置”理论在微博城市形象传播中的呈现与发展［J］. 中国传媒科技，2011（12）.

引导公众“想什么”以及“想的程度”成为重要的影响源，而媒介也因此成为将“客观环境”塑造为媒介主观的“社会环境”的机构。

而在除网络虚拟世界之外的现实社会中，城市作为生活的中观单位，不仅变得越来越重要，而且彼此之间的竞争也越发激烈。作为城市竞争力中重要的一环，城市形象不仅代表着城市软实力的强弱，而且还从某种程度上决定了城市潜在能力与发展空间的大小。而城市形象不仅需要个人城市生活体验的“口口相传”，还需要传播媒介进行更大范围、更多层次、更多形式的多次传播。而微博的出现，恰切地适应了城市形象的传播，本文运用“议程设置”理论来剖析微博如何让公众认知某地的城市形象。

一、城市形象简述

“形象”，是指能够引起人的思想或感情的具体形态和姿态，而“城市形象”则可以据此引申为一个城市的外在景致和内在素养带给人们的主观感受和感情倾向。

“城市形象”最早见于美国城市学家凯文·林奇的专著《城市意象》中，他认为城市形象是一种“公众意识”，是公众对城市的总体评价和认知。我国学者韩隽在《城市形象传播：传媒角色与路径》中认为城市形象是城市重要的无形资产，是人们对城市的主观印象，是通过大众媒介、个人经历、人际传播、记忆以及环境等因素的共同作用而形成的。[①]

城市形象是城市的内在素质和文化内涵在城市外部形态上的直观反映，是一个城市区别于其他城市的重要指标。而通常可以从三个层次来理解城市形象。

首先是物质层次的形象，这是城市形象最直观的部分，是指城市中所有的视觉景观，包括建筑物景观、道路交通景观、自然山水景观、历史人文景观，甚至包括人物景观，这些都是城市存在的基本要素。

其次是管理层次的形象，体现在政府和公共管理机构的工作效率和服务意识上，更为典型的是在自然环境和社会环境共同塑造下的市容市貌，具体的反映就是城市管理者制定的市民手册、文明公约、邻里公约等。

最后是思想层次的形象，它是指城市的精神理念所产生的系统形象效应，是一个城市的精神支柱。它既可以来自城市精神生活所提炼的理念信条，也可以是城市发展哲学的高度概括，还可以是城市历史发展中人民的

---

① 韩隽．城市形象传播：传媒角色与路径［J］．人文杂志，2007（2）．

精神写照。

城市形象是在一个城市生活的人民的共同目标，无论是具体的目标还是抽象的战略目标，对公众来说都是具有整合作用的。这样的共同目标能够激发全体市民作为主人翁的责任心和自豪感，鼓励他们为城市的政治、经济、社会、文化和生态建设做出贡献。而更为重要的是，城市形象具有良好的对外传播作用。传播的目的是吸引外部公众对城市产生兴趣和关注，能够对城市有所了解，并在认知的基础上进行交流和合作，促进多产业的发展。随着经济全球化的深入发展，我国不断地融入“地球村”中，要求城市必须在区域经济格局中找到自己的位置，与国内外其他城市和地区进行充分合理的分工和协作。一个城市在自我封闭的环境下不可能获得完善和发展。一个城市对外开放的第一步就是展示自我，让外部社会了解自己，接下来才能促成利益的实现。

所以，城市形象必须进行有效的传播。城市形象传播必须充分认识到他者认同和自我认同的同一性与对抗性、建构性和解构性矛盾，充分利用“自塑”与“他塑”、“塑性”与“矫形”、“自传”与“他传”的博弈与共谋所释放的正面、积极的传播效能。①

在寻找城市形象传播的途径中，微博成为新阵地。话语权的分散让微博用户成为可能拥有同传统媒体相当的潜在的受众群，能够用更多样的形式建构和解构社会的话语焦点。因此，传统的“议程设置”理论，在微博传播中更加扩大化，并且可以通过机构微博、个人微博和用户互动加以实现，促成城市形象在“草根”的舆论场里发声，才能引导舆论关注其走向，促成城市形象的多样化传播，塑造良好的城市形象。

二、机构微博的议程设置

在城市形象的传播中，机构微博占据了主流地位，对城市形象宣传活动进行微博跟进。而在机构微博中，政务微博是最为重要的。

政务微博是政府部门推出的官方微博账户，是经过实名认证、由官方进行经营管理的微博，因此相较于其他微博具有更高的权威性。作为微博广场中的权威代表，其在一定情况下还充当了意见领袖的作用，用“发布什么”“怎样发布”对其粉丝进行“议程设置”。

不少城市都在政务微博的主页上插入城市的形象宣传片，而且还通过

① 何国平．城市形象传播：框架与策略［J］．现代传播·中国传媒大学学报，2010（8）．

文字、图片和视频的方式传播城市形象。另外，城市形象也在政务微博对一些热点事件的点评中得到反映和传播。

首先，设置能够充分引起受众参与的话题或活动，让粉丝都参与到活动中，分享个人的感受，从而引起共鸣，扩大传播。例如，“@中国广州发布”微博：“#晚间分享#【广州最上镜的21个地方，您都逛过哪些?】三月的广州，到处勾勒着别致雅静。无论是哪儿，都透露着一股清新的气息，总会让我们想把它们装入镜头里。你是不是也是这样呢?夜晚的广州塔、恩宁路、荔枝湾涌、东山口……广州最上镜的21个地方，戳图。看看还有哪些没去过吧！约起!”这条微博涉及的话题是广州最富观赏价值的21个景点，在充分介绍广州建筑物和自然景观的同时，调动了网民的参与热情，也为外地游客提供了旅游指南，并且也传播了广州良好的城市形象。又如微博：“#服务之多D#【春季开车该注意什么?‘快手D’睇过来】车主们看过来啦！春季行车时有哪些方面需要特别注意的，你都清楚吗?‘春困’导致注意力不集中、夜间出行车辆多、天气转暖晨练者增多……戳图，了解春季交通道路事故多发诱因，并学习如何预防吧！也提醒一下身边开车的朋友！@广州交警”这条微博的“@”使得信息被更多的粉丝接收和传播，并使“广州交警”也提高了人气。再如微博：“#微健康#【多运动，能解乏】湿答答的天气让你提不起精神来?下班后去运动一下吧！@全国卫生12320说，锻炼出汗可以让你更加起劲。只要简单的30分钟中等强度运动，就能帮你赶走疲劳、改善情绪和缓解抑郁。打羽毛球、跳绳、有氧健身操都是不错的选择哦，下班后约上小伙伴一起运动吧!”这条微博是根据“@全国卫生12320”的微博进行发布的，信息源微博本身已经得到了较多的评论和转发，而“@中国广州发布”借着网友的讨论热潮发起新的话题讨论，调动了网友的参与热情。

其次，采用信息置顶的方式来改变发布信息的时间顺序排列，使得粉丝特别注意到这条信息，强化该信息的重要性。在“@中国广州发布”中，最近的一条置顶微博是：“#市政府领导新闻发布会#【预告】2015年3月份广州市政府领导新闻发布会由王东副市长担任发布人，时间初定本月下旬。王东副市长分管教育、科技创新、文化、广播电视、新闻出版、体育、知识产权、旅游、人民防空、教育城、大学城提升工作，联系市科协、文联、社科联、社科院。请在评论区就其分管工作提问。”此条信息的转发数为24，评论数为19，虽然数量仍然不多，但是相比其他微博也有明显的增长，受到的关注相对较多。因此，通过置顶方式来处理信息，强化了受众对信息重要性的认识，同时也调动了微博用户的参与热情和行动。

最后，通过发布设立奖项的微博扩大传播力度、增加粉丝，从而在更大的范围内增强用户对信息、对城市的认可度，增强“议程设置”的效果。例如“@中国广州发布”于2015年3月2日发布的微博：“#2015广府庙会#【逛水上庙会　免费门票等您来拿】广府庙会即将开幕，精彩活动层出不穷！水上庙会邂逅浪漫，越秀公园赏风情花灯，美食区品尝美食……想想都醉了有木有！3月5日前，@广州越秀发布诚邀大家参加转发抽奖活动，还有机会获得水上庙会等门票和美食试吃券！”这条微博虽然是转发“@广州越秀发布”的信息，但是也给予用户一定的奖励，促使信息有了二次传播和多次传播的可能，拓宽了信息的潜在覆盖面。而且，这条信息由“@广州越秀发布”提供奖品，这种与地区的合作在某种程度上也是对广州地区景观的一种宣传。

三、个人微博的议程设置

虽然微博用户都被更有权威的机构微博所吸引，但是个人微博所体现出的强关系的人际传播的作用也是不可小视的。

作为粉丝的用户多次刷新自己关注的微博用户，以此来收看到最新的信息，这样就不可避免地受到个人微博的议程设置的影响。微博博主因为自己的兴趣和关注点而发布微博，可能由于本身的关注度不够不能进入微博广场得到更多人的关注，也由于没有足够多的粉丝进行更多层次的传播，所以并不能起到机构微博或者“大V”用户所能起到的传播效果，但他们的微博被现实生活中的朋友看到、评论和转发后，在熟人圈的强关系场中，也能获得较高的关注度和信任度，并且产生一定的影响。

在个人微博中，最有传播力和影响力就是网络“大V”，他们会通过某些话题对自己的粉丝进行议程设置。比如某个“大V”对某一个城市或者某地发生的社会热点事件进行转发和评论，被粉丝看到后，与之互动，并进行多层级的传播，引起其他受众的关注和回应，并可以在微博广场中形成讨论的热点。

例如，之前有网友通过微博发布称朋友在三亚吃海鲜时被商家宰客，短时间内就引发了网友和媒体关于旅游被宰的大量吐槽，对三亚的城市形象造成了极大的损害。“@三亚市政府新闻办”在整个事件的调查结果没有出来前就贸然回应事件，又为损坏的城市形象添一层霜。这本身是一起不起眼的个人微博所引发的事件，却遭到了权威机构微博的质疑，结果导致了事件不断发酵，引发了更大的城市形象危机。“@三亚市政府新闻办”先发布微博“没有接到一个投诉、举报电话，说明整个旅游市场秩序稳定、良好”，全面否定了“宰客门”的发生，完全推脱责任，这反而让网民在对商家产生抗拒情绪之外，也对三亚的政府产生了质疑、不信任。而且还有相关官员再次通过微博表态，称将对恶意攻击三亚的人依法追究责任。这些微博都多次对三亚形象造成冲击，而且由于政府机构和工作人员态度不真诚，发表没有经过调查而武断做出的结论，甚至使用威胁性的话语来试图“摆平”事件，这种微博不仅不能得到网友和媒体的认可，反而大大地破坏了三亚的城市形象。

四、结语

不管是以政务微博为代表的机构微博还是个人微博，都通过发表、转发、评论等给信息的浏览者设置了议程，而接收者也通过这样的方式对其粉丝进行另一重的议程设置，扩大了话题的传播范围，并且在新传播中有了激发新话题的可能性。

在微博广场中，网友可以充分自由、及时地表达自己的观点，并且和其他网友的观点进行碰撞，达成一致或在碰撞的火花中形成新的观点。而运用在城市形象中，则可能是对一个城市的印象更为深刻或者是更为厌恶，这就需要试图营造良好城市形象的机构和个人充分利用好微博广场的优势，注重细节，采用多种形式进行信息的议程设置，影响其他用户的关注焦点，从而引导受众对于城市形象的理解和判断。

2014年微信与城市形象传播

孟 倩

互联网的诞生给了人们更多的自由和空间，并且从方方面面影响着人们的生活，2014年被称为“互联网年”，非常流行的一个说法是“互联网思维”，金融业、传媒业还有很多行业基于互联网有了新的突破口。在互联网时代，人人都靠社交软件来联结。社交媒体的繁荣带来了信息的共享、人群的聚集，大家在高度透明化的社交生活里找到自己的小伙伴。QQ、微信、微博等都是人们的选择。整个社会在虚拟空间里呈现出一种新的面貌。我们所生活的城市是我们在互联网上传递信息的基础，同时也是我们在互联网生活中所传递的信息。时代新特征更加明显，城市形象传播在互联网时代已经不只是可以触及的实物了，而且是虚拟世界里一种基于现实的、多多少少进行过加工的网络形态。

2014年可以说是“微信年”，这一年微信大热，朋友圈、公众号、红包席卷整个社交网络平台。微信已经成为城市形象传播的一个重要平台，目前在微信中主要是以多种多样的公众号进行城市形象传播，此外还有城市服务和朋友圈定位等功能辅助进行城市形象传播。随着经济的发展和城市化进程的加快，城市的经济和建设已经不是人们考量一个城市形象的唯一指标，城市软实力在城市发展中发挥着越来越重要的作用。移动端给予了人们随时随地了解世界的可能，其中，人们所生活的城市、人们前往旅游的城市，以及人们心中向往的遥远的城市都变得触手可及。

2001年诺贝尔经济学奖获得者、美国经济学家约瑟夫·斯蒂格利茨（Joseph E. Stiglitse）曾经说过，中国的城市化和以美国为首的新技术革命将是影响21世纪人类进程的两大关键性因素。为了能够实现我国现代化的总体目标，到21世纪中期，我国城市化率将由目前的43.9%提升至75%左右，在未来的20年中，我国的城市数量将由现在的近700座增加为1 500座，驶入城市化快车道的中国城市如何运用传播手段提升城市竞争力已经成为任何城市都不能逃避的问题。良好的城市形象作为城市软实力的重要组成部分，成为城市竞争的焦点。城市形象是一座城市的文化内涵、发展水平和文明程度的综合体现，是城市重要的无形资产，能够给城市带来潜在的巨大经济价值和社会价值。同时，城市形象是城市在受众心中的感觉和印象，城市形象的塑造离不开媒介的传播，只有通过有力的传播才能更好地展示出城市的形象，提高城市的知名度和声誉，打造城市品牌。在微信中传播城市形象是一种新鲜的尝试，在自觉与不自觉中重新塑造城市形象，探究微信在城市形象传播过程中的作用非常有意义。微信与城市形象传播之间的关系是在新媒体兴起的背景下进行研究的内容，这其中涉及微信进行传播的功能、微信进行传播的手段和方式、微信进行传播的主要优势和劣势等方面的内容。而作为用户基数庞大、公众号众多的微信，我们不便得到其数据，但是我们可以通过优秀的公众号的城市形象传播个案进行研究和分析。

一、微信进行城市形象传播的主要功能

2011 年腾讯公司出品的即时通信工具微信出现，并在 2012 年超越微博成为新兴的互联网服务平台。同年 8 月，微信推出公众平台服务，由于其具有群发推送、自动回复等功能，广大自媒体人将其视为极其有希望的发展载体。微信是非常重要的一种社交媒体，也是非常重要的一种自媒体形式，后方运营、垂直传播，使得微信在传播上具有抗干扰性、互动性、精准性、曝光性，但同时微信也具有反馈延迟、传播内容单一和难以保持持续性等缺点。现今很多人在经营微信公众服务平台，有专业的媒体人，有普通的个体，也有官方的账号，微信用户数量庞大，已经成为越来越突出的社交媒体平台。2014 年微信用户达到 6 亿，其中包括国内用户 5 亿，海外用户 1 亿。微信团队及众多微信媒体人在这一年不断摸索，取得了一定的成就。

随着微信的不断发展，它在很多方面都不同程度地承载着城市形象传播的功能。微信就是网络中的一个虚拟社会，而城市则是其中必备的组成元素。微信中的每一座城市都有新的含义和形象。“城市形象是人们对城市的主观印象，是通过大众传媒、个人经历、人际传播、记忆以及环境等因素的共同作用而形成的。”① 同传统的、专门的、利用直观的城市形象宣传片或者电影之类的宣传方式不同，在微信中通过微信的不同功能进行城市形象传播，使得城市在碎片化中得到线性的、拼凑式的形象传播，城市形象传播有了本质上的改变，它由宏观变得细致，由遥远变得贴近，由难

① 杨洸，陈怀林．传媒接触对本地城市形象的影响——珠海受众调查结果分析［J］．新闻与传播研究，2005（3）．

以理解变得日益亲密。在微信中主要承担城市形象传播职责的有微信公众号、微信城市服务、微信朋友圈定位功能以及一些其他功能。

1. 微信公众号与城市形象传播

目前微信进行城市形象传播主要依靠微信公众号，涉及城市形象的方方面面。

微信公众号是这样一种平台：通过这一平台，个人和企业都可以打造一个微信的公众号，可以群发文字、图片、语音三个类别的内容。微信公众平台主要有实时交流、消息发送和素材管理功能。用户可以对公众号的粉丝进行分组管理、实时交流，同时也可以使用高级功能——编辑模式和开发模式对用户信息进行自动回复。当微信公众平台关注数超过500时，就可以申请为认证的公众账号。用户可以通过查找公众平台账户或者扫一扫二维码关注公众账号。

2012年8月18日微信公众平台上线。2013年10月29日，微信发布了新版公众平台，新平台支持服务号进行新的微信认证。2014年10月31日，腾讯公司宣布，微信平台已拥有800多万个公众账号，并以每天1.5万个的速度增长。微信公众号对整个微信的意义无疑是巨大的。作为微信中最重要的一部分，微信公众号在城市形象传播中同样也是占有传播优势的符号性元素。截至2014年底，微信月活跃用户数已达到4.68亿；微信公众号总数达到800万个，且每日新增1.5万个；接入App总量达67 000个，日均创建移动App达400个；微信广告自助投放平台上已拥有超过10 000家广告主，超过1 000家流量主。微信公众号日益成为人们生活中密不可分的一部分。对个体来说，借助于社交媒体利用各种新媒介平台，人人都可以发声。微信公众号给予每一个人平等的机会。微信在短短几年内成为一个几乎涵盖衣食住行方方面面的“大容器”，产生了巨大的社会效益和经济效益。目前许多草根人士在开办自己的公众号，比如各地区生活圈微信、ayawawa等。也有许多专业媒体人在开办自己的公众号，比如平说、吴晓波频道等，甚至许多权威媒体和政府机构也有自己的公众号，比如央视新闻、《南方日报》等。而作为城市形象的传播，公众号更是多种多样，创建人的来历各自不一，创办的公众号内容丰富多彩，创办公众号进行传播的形式也是多种多样，这些公众号涉及城市形象传播的方方面面，有政务公众号，这涉及城市政府形象和城市政务内容的传播；有综合公众号，这涉及城市资讯及城市建设等内容的传播；有旅行休闲公众号，这涉及城市旅游和城市休闲讯息的传播；同时还有地方媒体和公司的公众号，这涉及城市文化和商业方面的传播。

微信公众号在城市形象传播中的地域性非常明显，因为使用微信的用户本身就具有地域色彩，每位微信用户所加的好友大部分是自己现实生活中同乡同市同地区的好友。微信公众号在城市形象传播中其实是以微信用户本身的地域性为基础而发展的需求表现。在各地区具有影响力的微信公众号是根据腾讯公布的微信公众号的阅读数、点赞数进行综合评估统计得出的，目前比较权威的微信公众号榜单由“新媒体指数”和“新媒体排行榜”2个平台提供。“新媒体指数”于2014年10月上线，免费开放微博和微信公众号数据监测和查询。“新媒体排行榜”于2014年8月4日成立，同年12月18日，官方网站上线。鉴于“新媒体指数”是全部开放的，人人可以制榜，偏向于研究化和具体化，所以我们以“新媒体指数”作为参考标准。从该榜单中可以很清楚地看到主要城市具有影响力的微信公众号，如表1所示：

表1　主要城市具有影响力的微信公众号

序号	地区	代表性公众号	简要说明
1	北京	冷兔 lengtoo、冷笑话 lengxiaohua2012、狗与爱的世界 gouminwang、北京北京 beijing-beijing-123、糗事百科 qiubai2005、幽默搞笑客栈 aimahua521、海报网 haibao_cn、父母必读 fumubidu01、禅茶一味 chchayiwei、百度 baidu_2000、北京现代 BeijingHyundai-Motor、清华领导力 bjthldl、一起去旅行 have a trip、爆笑 gif 图 gif2015、芭莎娱乐 bazaar star、闹闹女巫店 witch studio、好头发 haotoufa、微店商学院 sellkoudai、中国国家地理 dili360、到到旅行 daodao_trip、北京全攻略 beijingquangonglve、魔鬼经济学 freak economics、表妹 tenpic、周末去哪玩 zhoumoqunawan、北京旅游 visitbeijing_12301、尚诚古品红木家具知识 t1370137、修心园地 xxyd-1、豆瓣电影 film-douban、智联招聘 zhaopin_com、新东方家庭教育 xdfjtjy	在北京微信公众号排行榜前30名当中有明显地域色彩的公众号有7个：北京北京、北京现代、清华领导力、北京全攻略、周末去哪玩、北京旅游、尚诚古品红木家具知识。因为北京是一个外来人口繁多的中心城市，具有影响力的微信公众号的地域色彩相对其他地区要弱一些，但是通过北京地区有代表性的微信公众号可以发现，除去休闲旅游等类别，学校、商业及招聘类公众号较多，可以体现出北京整个城市的面貌和形象偏高端和商业化，北京是一个政治、文化、经济中心

（续上表）

序号	地区	代表性公众号	简要说明
2	上海	上海发布 shanghaifabu、幽默笑话大本营 ymxh98、医信理财 licai567、医学界杂志 yixuejiezazhi、侬好上海 helloshanghai2013、易经的智慧 yijingdezhihui、亮艾化妆品 liangai999、搞笑幽默 che0577、第一财经谈股论金 cbn_tglj、医学界妇产科频道 yxj-fck、爸妈营 bamaying、上海生活圈 rrr021、微上海 weish021、上海头条播报 newsshanghai、育儿亲子百科 Yuerqinzi、青帝女人花 qdgirls、郎 clublang - clubNLP、心灵治疗师 nlpxinling、魔都生活 shmodooo、伊甸之林 Bestberry _、周末做啥 zhoumozuosha、可米爆笑图 ledekuai100、宣克炅 XUAN _ KE _ JIONG、乃昔营养俱乐部 a2676333820、御府和田玉 yufuyuqi、父母堂 askjane、摩雅韩衣购 Hanyigogo、淘最上海 tzshanghai、去旅行吧 uu1798	在上海微信公众号排行榜前30名中，有明显地域色彩的有12个，数量适中。上海被称为“魔都”，是人们生活休闲、购物娱乐的好地方，所以在上海地区有代表性的微信公众号中，我们可以发现，除了上海的资讯和旅游讯息外，购物和商业方面的微信公众号也很多，这说明了上海经济的繁荣
3	广州	wxxingfushu、广州日报 guangzhoudaily、广州百事通 gzbaishitong、羊城晚报 wanbaoweixin、羊城攻略 BirdGuys、广州生活美食圈 gzlife88、广州日报本地通 gzdailybl、广州笋嘢益街坊 gzsyyjf、广州妈妈网 gzmama _ com、广州交通电台 fmgz1061、少儿微教育 gzpeixun、广州美食攻略 GZ510000、这里是广州 gztc111、广州艾凡生活通 zhelife020、吃喝玩乐在广州 gzfunlife、广州校园 guangzhoucampus、广州中高考 gzkaoshi、广州美食生活圈 GZlife520、广州新浪房产 guangzhouhouse、夜广州 hiyegz、广州老庄结构 gzlzjgy、广州莱仕 uersea、广州航海学院广播台（琶洲校区）gzhhxy - gbt、广州尚医 gzsymyhk、广州供电 csggznews、广州妈妈圈 gzmama020、广州公安团委 gzgatw、广州背包驴 aibeibaolv、广州爱妈妈家政 gzaimama、羊城地铁报 ycdtb2012、广州微视角 gzyanchuxinxi168	广州地区地域色彩明显，由于语言和文化差异，广州地区有代表性的微信公众号本地色彩浓重，并且融合了粤文化特色及语言，这说明在城市形象传播中文化和语言起着非常重要的作用。当一个地区的文化和语言越难被理解时，这个地区的微信公众号越具有本地色彩，偏向于当地受众。此外，广州媒体发达，传统媒体在微信上表现力强，包括《广州日报》《羊城晚报》、广州日报本地通、广州交通电台、《羊城地铁报》

（续上表）

序号	地区	代表性公众号	简要说明
4	深圳	深圳财富商会 mndj55、深圳生活 szsh920、深圳之窗 sznet_cn、罗湖城事 lhcswb、深圳潮生活 SZLife0755、深圳吃喝玩乐 szhen168、深圳百事通 best0755、深圳微时光 szdays、招商银行信用卡－深圳 zsyh1806214011、深圳第一 diyi0755、深圳新闻网 sznewswx、清华深圳研究生院财富管理中心 wealth－tsinghua、福田戴姆勒汽车 FotonDaimler、深圳特区报 shenzhentequbao、深圳潮生活 shenzchao、深圳龙岗 COCOPark SZLGCOCOPark、深圳吃喝玩乐嗨 shenzhenchihewanle01、深圳商报 szed2012、深圳市书法院 szssfy、深圳招聘 szzp580、深圳百事通 szbst114、今日宝安 mybaoan、今日深圳 TodaySZ、深圳晚报 szwb826、深圳都市报 shenzhendushibao、vivo 深圳 szvivo、深圳商业地产资讯 myqq504583164、深圳罗湖区法院 luohufayuan、深圳旅游 shenzhenlvyouxiehui、食安深圳 szfa2013	深圳作为相对较为新生的城市，其代表性公众号多为政务类、经济类以及生活休闲类公众号。深圳作为经济特区，表现出更多政务上的民主性和公开性、经济上的发达和繁荣、生活上的便捷和休闲。在城市形象方面更为现代化
5	天津	天津土著 tianjintuzhu001、天津日报 tjrbwx、天津玩艺儿 oneyea、天津论坛 tianjinluntan、沃管家 wo_guanjia、酷天津 kutianjin、微天津 v－tianjin、天津大悦城 tj－joycity、津彩青春 tjtuanwei、天津大学 tianda1895、掌上天津 zhangshangtianjin、天津通 tjtongweixin、津彩校园 tjtswxxb、假日 100 天 jiari100tian、九拍李红育 ninebeats、天津大剧院 tjgrandtheatre、天津辣妈团 tjlmt_022、非你莫属 tjtvfnms、登陆新三板 landing_on_NEEQ、天津高考 gaokaotianjin、天津仁恒会 tjrenhenghui、天津消防 tianjinxiaofang119、天津海信广场 Hisense－Plaza－TJ、掌上中德 lovezhongde、天津市气象服务中心 qxfwzx－tj、东疆租赁服务 dongjiangfuwu、好利来天津 tjholiland、保利天津 baolitianjin、天津复地湖滨广场 gh_5d9e5fcc6659、建行天津 ccb_tj	天津地区有代表性的微信公众号有了另外一种特色，即民俗文化的特色，比如天津土著、天津玩艺儿此类，而总体上在天津形象的传播中，微信公众号多为休闲娱乐类账号，部分涉及民生、地产和商业信息。值得一提的是，天津卫视的头号节目《非你莫属》的公众号也榜上有名，通过电视在微信平台上的再展现塑造了城市的形象，这是新媒体环境下一种糅合的城市形象传播

（续上表）

序号	地区	代表性公众号	简要说明
6	南京	南京 njuuuu、南京吃喝玩乐 happyinnanjing、南京头条 njtoutiao、玩转南京 lwnj025、南京发布 nanjingfabu365、南京旅游 NJlvyou、南京潮生活 njcsh025、江苏新闻广播 jsbc937、江苏新闻 jstvjsxw、票亮南京 tjoynj、江苏共青团 js_gqt、南京吃喝玩乐 funnjfun025、南京航线发展 nanjingNKG、青春南京 js_njtsw、南京楼市 nanjingloushi025、今日南京 TodayNJ、南京正荣 NJZRZY、南京航空航天大学 NUAA_1952、南京日报 nanjingdaily、南京金龙 NJGD-BUS_NJL、南京地铁 nanjingdt、南京东方爱婴 babycare - nj、直播南京 zbnj2013、中国石化江苏石油 sinopec - jssy、南京航空航天大学就业 jobnuaa、南京微创 gh_0f5c47c645b9、南京市第一医院 njsdyyy - zhangchen、江苏东方航空国旅实业 JSMULY、南京跑步 NJ_Running、河南京佳教育 henanjingjia	南京地区有代表性的微信公众号在城市形象传播方面涉及了资讯、教育、商业、休闲等方面，比较全面。表现突出的是南京的航空航天业方面的微信公众号，它们在城市形象传播上比较具有影响力，包括南京航线发展、南京航空航天大学、南京航空航天大学就业、江苏东方航空国旅实业
7	成都	大成都 dachengdu、成都生活 mycdqq87、成都在线 online_chendu、成都商报 cdsb86612222、成都同城会 chengdu668、成都微生活 cdmlife、成都范儿 cdfer100、成都慢生活 icdyou、微成都 wechengdu、成都吃喝玩乐 chengdu - 114、成都情报 ChengDu - QB、微成都 weicd - 、廉洁成都 ljcd2014、成都生活 lifecd、青春成都 youthcd、成都出发 chengducf、成都新闻 cd_news、成都好吃嘴 chengduchihuoIN、成都 inchengducn、成都高新 cdhtwx、成都理工大学 cdutwx、成都向上 upcd _ upcnn、成都结婚 cdqqwedding、成都圈层 cdquanceng、兰桂坊成都 lkf_chengdu、成都青白江 cd - qbj、成都小微 chengduxiaoweiwei、成都经济广播 CDJSGB、成都美食全搜索 rc - Life、成都 IBOXIBOX - 001	成都地区有代表性的微信公众号更偏重于生活。众所周知，成都是一个适宜生活、便于休闲的城市，旅游资源众多，休闲养生方式多样。在30个微信公众号中，有关休闲生活和旅游方面的有20多个。这说明在城市形象传播中，成都被塑造成了一个慢生活的旅游城市

（续上表）

序号	地区	代表性公众号	简要说明
8	杭州	青春浙江 zhejiangtsw、浙江之声 zhejiangzhisheng、浙江旅游 zjly_057112301、西湖之声 fm1054、杭州发布 hzfbwx、杭州潮生活 hzcsh0571、杭州生活通 hangzhou－520、浙江卫视中国蓝 lanmei2008、杭州吃喝玩乐爆料 hzbl0571、浙江发布 zjfabu、杭州美食情报 foodhzhou、每日杭州 meirihzhou、杭州之声 fm898989、乐活杭州 lehuo－hz、杭州日报 hangzhoudaily、浙江工商大学 zjgsu1911、浙江影视娱乐频道 ztv5ztv5ztv5、浙江工商大学学生会 zjgsuxsh、浙金中心 webzjfae、杭州新开元 hangzhouxinkaiyuan、杭州市住房保障办公室 gh_a1f6df00486b、浙江华图 zhejianght、杭州周边游 hzzhoubianyou、杭州城投发布 hzctfb、杭州规划 gh_56b5574e080c、浙江工商大学 MBA 学院 mbaxyzjgsu、慧优科技 zjwisu、杭州志愿者 hzva05、中国南方航空杭州营业部 csair－zj、浙江纺织服装学院 zjffxy	杭州地区有代表性的微信公众号也很全面，有关生活休闲、商业经济、教育规划以及政务发展方面的公众号数量较为平均。受到浙江卫视发展的影响，在具有影响力的微信公众号中有浙江卫视中国蓝、浙江影视娱乐频道，这说明传统媒体的发展对新媒体的影响很大。在城市形象传播方面，传统媒体能够依托其现有资源和优势更好地参与到微信公众平台的传播中
9	武汉	武汉移动 cmccwh、武汉团购 tuan027、武汉吃货 whchihuo、武汉好吃佬 wuhan717、乐活武汉 lhwh027、武汉生活在线 whcs027、头条武汉 toutiaowuhan、武汉大学 luojia1893、武汉校园 wuhanschool、武汉装修 zx－027、武汉吃喝玩乐 chwl－027、武汉吃喝玩乐爆料 whbl027、武汉高校之恋 wuhancampus、武汉帮 wuhanbangfans、武汉晨报 whcbnews、汉阳人信汇 RXH_HYRXH、武汉青年志愿者 tswzyz、武汉微豆爆料 lvyou027、武汉国灸 whguojiu、武汉灵泉寺 wh－lingquansi、武汉欢乐谷 whhappyvalley、武汉晚报 whwb82333333、武汉吃货 whch517、武汉中科 gh_1920c24f7d0f、地大人（武汉）cugxgc、武汉岔巴子 wuhancbz、武汉旭辉御府 cifiwuhan、武汉户外 wuhan－huwai、青春武汉 gqtwhswyh、武汉发布 wuhanfabu	武汉地区有代表性的微信公众号地域性非常强，30 个公众号的名字里都有“武汉”二字，说明这个城市辨识度很高，当地人注重生活，整个城市形象偏软性

（续上表）

序号	地区	代表性公众号	简要说明
10	西安	华商报 hsb88880000、陕西都市快报 sxdskb001、秦腔广播西安乱弹 xalt1011、老妖带你吃西安 laoyaodainichixian、西安晚报 xawbwx、西安蓝田公安 LTGAWXPT、神诵陕西 spsx1019、荣耀西安网 ixian - cn、西安晚报报料台 xawbblt、吃在西安 xaltczxa、共青团陕西省委员会 sxgqtwx、西安发布 xianfabu、西安性博会 xianxbh、陕西省旅游局 sxtours、西安航空职业技术学院 xihang1958、陕钢汉钢 sghg2288068、西安咸阳国际机场 xianairport、三秦都市报 sanqindushibao521、乐在西安 lzxakl、西安电子科技大学 xidianguanfang、微西安 wei - xian029、西安雅居乐 yajulebolangfeng、西安圣析刘恒 sx619907671、陕西冷娃 he670638048、大秦硅藻泥 qddaqin、陕西工商百事通 12315shanxisheng12315、西安城市建设职业学院 xiancjzyxy、民生银行商贷通（西安）xiao029wei、西安同业旅游 DYJLZX、陕西安驿文化投资管理有限公司 anyitouzi	西安地区有代表性的微信公众号偏向于政务方面，30 个公众号中有 8 个政务性公众号，其他公众号也与城市的资讯生活相关，传统媒体有所表现，商业自媒体也很多，说明整个城市在经济建设方面有需求
11	重庆	重庆青年报 cqyouth、重庆交巡警 cqcq110、重庆晨报 cqcb95、重庆大学 cqdx19291012vivo、重庆 vivo - cq、重庆时报 cqtimes2004、重庆晚报 chongqingwanbao、今日重庆 jrcqcm、重庆商报 cqsbqq、掌上重庆 mycqtv、深渝达驾校 cqsyd60333333、重庆日报 cqrbgfwx、重庆尚层装饰 shangcengcq、相约重庆 xycq999、重庆机场地服公司 df67152589、重庆邮电大学学生会 cquptxueshenghui、重庆邮电大学就业中心 cqupt - jyzhidao、重庆共青团 cqyl54、重庆吃喝玩乐 cqch56、重庆劲浪体育 CQHighWaveSport、重庆市歌剧院重庆交响乐团 cqsgjycqjxyt、重庆美伽整形 meijiazhengxing、娇兰佳人重庆 gh_8c857241d57b、重庆华图 CQhuatu、村游重庆 cunyouwangcq、重庆搜房网 cqsoufun2012、重庆之声 FM968voc、重庆经济广播 cqebs1015、天涯重庆 tianyachongqing、重庆华南城 csc1668cq	重庆地区有代表性的微信公众号地域色彩也比较浓，30 个微信公众号里也都带有“重庆”二字，同时比较偏重于商务信息，比如驾校、整形、搜房等信息。传统媒体在微信公众平台上也表现得比较突出

（续上表）

序号	地区	代表性公众号	简要说明
12	广东	广州日报 guangzhoudaily、肇庆街坊 zhaoqingjiefang、阳江日报 yjdaily、流行东莞 popdgwx、深圳潮生活 SZLife0755、红餐微杂志 ygcywzz、广州百事通 gzbaishitong、佛山日报 Fsdaily、羊城晚报 wanbaoweixin、珠海交警 ZHJJGF-WX、佛山微新闻 foshannews、羊城攻略 Bird-Guys、肇庆微生活 zqlady、广州生活美食圈 gzlife88、广东发布 gdfabu0710、惠州早晨 hel-lo0752、广州日报本地通 gzdailybl、广州笋嘢益街坊 gzsyyjf、玩转珠海澳门 zhuhai3344、广州妈妈网 gzmama_com、南方日报 NF_Daily、深圳百事通 best0755、我们的东莞 OurDong-guan、增城那些事儿 zcnaxie、东莞阳光网 sun0769 - com、韶关夜蒲 SGYP0751、番禺着数 pyzheshu、深圳微时光 szdays、顺德街坊 shundejiefang、魅力增城 mlzengcheng	广东地区有代表性的微信公众号与广州地区类似，本地文化色彩明显，粤文化占据主流，涉及除广州之外的地县级城市较多。《广州日报》《阳江日报》《佛山日报》《羊城晚报》《南方日报》等传统媒体在塑造微信上的城市形象方面发挥着重要作用
13	江苏	南京 njuuuu、南京头条 njtoutiao、盐城 123 网 yc123w、盐城交警 yanchengjiaojing、常州车管所 changzhoucgs、深度苏州 sdsz0512、乐在南通 lezainantong、南京热门美食 njfood025、连云港微生活 lygvsh、扬州晚报 yangzhouwanbao、苏州城市商报 szcssbwx、无锡发布 wuxifa-bu2013、南京审计学院 nau_1983、扬州交警 yzjxjzd、玩转南京 lwnj025、南通人 nantong - cc、南京发布 nanjingfabu365、连云港信息港 xxg - lyg、常州网 cz001wx、常州交警 czjiao-jing、常州信息职业技术学院 ccit - js、南京旅游 NJlvyou、苏州发布 suzhoufabu365、江苏新闻广播 jsbc937、每日苏州 meirisuz、江苏新闻 jstvjsxw、苏州新闻广播 fm911_sz、票亮南京 tjoynj、扬州生活网 yzshw0514、无锡幸福树 wxxingfushu	江苏地区有代表性的微信公众号政务色彩浓重，在旅游休闲和生活资讯方面都有所体现，涉及的城市也比较多

（续上表）

序号	地区	代表性公众号	简要说明
14	浙江	温州都市报 wd88868886、青春浙江 zhejiangtsw、温州晚报 iwenzhou、宁波晚报 nbwanbao、台州交通广播 tzjtgb、浙江之声 zhejiangzhisheng、浙江旅游 zjly_057112301、绍兴佬 SXL0575、钱报金华 qjwb89111111、杭州发布 hzfbwx、杭州潮生活 hzcsh0571、微温州 wzbst888、乐活在衢州 zaiquzhou、温州移动 wenzhouyidong、台州 19 楼 taizhou_19lou、杭州移动 hangzhouyidongweixin、温州散讲 wzwz33、杭州生活通 hangzhou－520、温州都市生活 wzdssh、杭州吃货 ilove－eat、温州草根新闻 i577wz、温州草根新闻 wznews、温州商报 iwzsee、温州网 wz_news、金华旅游 jhly057912301、丽水学院 Lishui_University、浙江卫视中国蓝 lanmei2008、宁波发布 nbfb0574、台州音乐台 tzyyt1001、台州公安 tzsgaj	浙江地区有代表性的微信公众号集中在温州，30 个微信公众号里有 9 个关于温州，比杭州还要多，温州作为经济发达地区，有很大的经济驱动力，在整个城市形象塑造方面占有重要地位
15	安徽	安徽交通广播 anhui908、黄山微生活 hsweishenghuo、蚌埠范 bengbufan、六安城市网 wx0564-abc、淮南微社区 hn0554wsq、安徽卫视 anhuitv1997、六安论坛 la－bbs、合肥全攻略 lezaihefei、芜湖广电生活 wuhushpd、合肥晚报 hfwbgfwx、掌上淮北 huaibei8、每日新闻报 mrxwb1212、宿州同城 sztc0557、阜阳新闻网 fynewsnet、微六安 vvluan、安庆微生活 aqwsh－zjg、亳州晚报社 bozhouwanbao、阜阳发布 fyswxb、宣城日报皖南晨刊 wnckwx、江淮晨报 ahjhcb、阜阳大小事 news0558、安徽共青团 ahsgqt1、合肥妈妈 ihfmama、市场星报 scxb123、合肥生活通 hefeigo、安徽商报 ahwehefei、华图公务员考试 anhuihuatu、安徽商报 ahsb2013、芜湖美好乡村 whmhxc、滁州学院 cnchzu	安徽地区有代表性的微信公众号涉及很多地县级城市，传统媒体在代表性微信公众号中数量占绝对优势

（续上表）

序号	地区	代表性公众号	简要说明
16	福建	福清美微友会 fqm - wyh、厦门大城小事 xmd-cxs、泉州微生活 wsh0595、福州那些事 ke0591、厦门本地新闻 xmbendi、莆田小鱼网 ptfish999、厦门日报 xiamenribao、龙岩微生活 sh364000、厦门警方 xm_police、莆田新城网 hiputiancom、福州微生活 fzwsh8、厦门大学 xmu_1921、莆网 www_0594pc_com、福州别记 fzbj88、厦门头条 toutiaoxm、漳州富翁俱乐部 zzfw88、龙岩生活圈 best0597、莆田通 pu-tian58、好贱视频 pt16999、漳州民生 be-stzz0596、莆田身边事 is0594、看福清 fuqing_china、福建生活 myfzqq、龙岩 KK 网 www-0597kk、厦门 xm9877、舌尖上的泉州 qz_food、漳州头条 zzshwx、微福州 vfuzhou、福建日报 fjrbwx、大莆田 ptxw888	福建地区有代表性的微信公众号集中在厦门，由于城市发展程度和自身特色方面占有优势，旅游城市一般在微信公众平台上更易于传播
17	山东	掌上青岛 zsqd0532、济南草根新闻 jinancao-genxinwen、烟台论坛 ytbbscom、烟台交警 ytjj2013、威海生活快信 whshkx、青岛圈 qing-daoquan、青岛电视台 - 开心梦想秀 gh_0149c003049a、山东省脐血库 sdqxk4006066600、济南时报 jinanshibao1996、烟台大众网 yt6016688、沂蒙晚报 ymwbgfwx、牡丹晚报 hzmdwb、日照大众网 rizhaodazhongwang、爱威海网 iweihai_cn、乐威海 cnWeiHai、青岛心发现 qingdaoxinfaxian、济南大学 jndx_1948、滨州全搜索 bzqss0543、山东荣成 sdrc123、滕州贴吧 tengzhoutieba、威海大众网 wh5230055、滨州在线网 bzccoo、山东经济广播 sdjjgb、东营微生活 dywf888、青岛啤酒 Tsingtao_Since1903、大众网菏泽 dzw5122000、掌上济南 zsjnwx、济南妈妈网 jnmamacom、滨州微生活 wbinzhou、济南 hexiejinan	山东地区有代表性的微信公众号涉及最多的城市是青岛，同时还有多个沿海城市，传统媒体在利用微信进行城市形象传播方面起了非常大的作用

（续上表）

序号	地区	代表性公众号	简要说明
18	河北	hexiejinan、河北交通广播 hbjtgb992、背包旅行摄影 BackpackTrave、承德新鲜事儿 cdnews、燕赵都市报保定站 yanzhaojizhongban、河北日报 hbrbgfwx、承德 zhonguochengde、唐山交通安全微发布 TS - Jiao - Jing、牛城晚报 xtniuchengwanbao、河青家长会 hqjiazhanghui、石家庄本地通 sjztong、保定晚报 baodingwanbao、唐山晚报 tswb0315、石家庄新鲜事 SjzXinXianShi、张家口日报 quanzhangjiakou、河北大学青年 hedaqingnian、唐山广播电视报 TSTVGUIDE、河青帮帮帮 hqbangban、河北青年报 hbqnb_wx、唐山劳动日报 tsldrb0315、励志学 rens168、燕赵晚报 yzwb_365、河北工业大学 ihebut、长城汽车之家 CCQC - bao、衡水日报社 hsrbs_news、秦皇岛晚报 qhdwanbao、保龙仓家乐福 jialefu_ baolongcang、石家庄吃货小队 chihuo1408、邯郸新闻网 hd3111097、爱依瑞斯 ARISCASA、承德日报社 cd - rbs	河北地区有代表性的微信公众号涉及的城市较多，承德、保定、唐山、石家庄、衡水、秦皇岛、邯郸均有体现，另外值得一提的是长城汽车，其作为代表性民族企业，也是城市形象传播中有力的一方
19	山西	山西晚报 shanxiwanbao、爱吕梁 LLWTG - LB、晋中发布 sxjzfb2013、山西新闻网 sxrb - com、朔州那些事儿 sz0349888、山西日报 shanxiribaowangI、长治 czrbicz、五台山 wtscqcom、太原晚报 tywanbao、临汾资讯 linfenzixun、临汾新闻网 lfxw110、大同新闻网 datongnews、概念临汾 ff0357 临汾汽车 lfqiche、临汾号外 linfenhaowai、太原汇 v0351cn、太原车管所 tyjjzdcgs、太原晋老西网 tyjinlaoxi、临汾那些事 linfenthings、夜太原 yetaiyuancom、运城邮政在您身边 ycsyht、晋中公安 jzgawx、浙大同创 zdtc001、山西邮政 shanxiyouhuitong、山西运城交警 sxycjjzd、团聚长治 tuanjuchangzhi、晋城微客 vk0356、山西高速交警二支队 sxgsezd、山西省人力资源市场 sxsrlzysc、山西工商学院 sxtbu1986	山西地区有代表性的微信公众号偏向于政务方面，受当地的政治环境和发展环境的影响，更偏重于政务上的公开透明，这体现了受众的需求和政府的努力。在城市形象传播方面更需要政治上的塑造

（续上表）

序号	地区	代表性公众号	简要说明
20	内蒙古	鄂尔多斯日报 ordosribao、鄂尔多斯新闻广播 ordos－radio、内蒙古移动呼和浩特分公司 nmyd_hsfgs、乌海新闻 wuhaixw、微乌海 wewuhai、内蒙古检察 nmgjcy、包头大管家 aibaotou、乌海街头巷尾 whjtxw、康巴什新区发布 kbsxqfb、临河那些事儿 linheshi0478、呼和浩特吃喝玩乐 huhe365、内蒙古民航支线快线 nmmhzxkx、内蒙古晨报 nmgcb20010528、锡林郭勒日报 xlglrb、包头晚报 btwbwx、乌审旗发布 wushenqifabu、伊金霍洛发布 yjhlfb、活力内蒙古 magicnmg、鄂尔多斯晚报 ewb949297500、呼和浩特晚报 hhhtwb1982、呼和浩特新闻网 hhhtnewswb、鄂尔多斯煤炭物流 mtwl1319、杭锦旗发布 hangjinqifabu、伊金霍洛交警 yqjgdd、鄂尔多斯发布 weiordos、赤峰易生活 CFRCFS、包头发布 baotoufabu、通辽市团委 gqttlswyh、赤峰交通警察支队 CFJJZD、呼和浩特交通广播 huhehaote1074	内蒙古地区有代表性的微信公众号偏重于资讯，地域辽阔、人口不是很密集的地区在信息接收上有更大的需求，在城市形象传播中资讯和信息的传播作用很大
21	辽宁	盘锦 7890 后 panjin708090、微沈阳 sywechatlife、大连晚报 dalianwanbao、大连好生活 dltvhsh、沈阳晚报 sywb88、沈阳帮 sy－bang、沈阳新闻频道 SRTVNews、辽宁交通广播 fm975975975、丹东优惠信息 live0415、新闻大连 dltv8811、丹东微报 dd_news、微鞍山 anshanwaixuan、锦州日报 jzrbwxpt、辽宁日报 lnrbwx、大连金州新区人才广场 DDAHRM、本溪求职平台 bxqz888、本溪优惠信息 benxi024、锦州帮 jinzhoubang、营口移动 ykyd0417、沈阳生活 shenyang654、丹东热线 liaofcomcn、营口本地优惠网 ykzq－bdyh－com、大连金州生活圈 dljzsh、辽宁都市广播 lndsgb、大鞍山 wei－anshan、锦州交通广播 jtgb1003846、沈阳日报 syrb1948、本溪门户网 BXMHW0414、沈阳共青团 gqtsysw、沈阳吃喝玩乐 shenyang8090	辽宁地区有代表性的微信公众号体现了传统媒体的优势，同时偏重于生活和资讯。多个城市的综合性微信公众号均上榜

（续上表）

序号	地区	代表性公众号	简要说明
22	吉林	微长春 is0431、四平零点夜生活 SP－666888、白山在线 www0439com、松原那些事网络 isongyuanshi、长春国贸 changchunguomao7788、长春晚报 ccwbweixin、长春交通之声 fm968-fm968、掌上松原 zssy2081996、白山网综合门户网站 bsw0439、辽源热线 lyrx0437、通化微助手 thzhushou、通化百业商情 thylgg、共青团吉林市委 jltsw62010708、长春百货大楼 changbaidalouvivo、吉林 vivojl、悠游吉林 youyoujilin、四平新风采 sipingxinfengcai、新通化网 newtonghua、四平微生活 sipingweishenghuo、辽源新天地国际影城 xtdgjyc、通化微百信 tonghuawbx、四平青年浩哥 spqnhg、长春生活 life0431、长春中海地产 cczhdc、长春教育在线 edu0431、掌上吉林 zhangshangjilin、长春素食公益 ccssgy、松原微生活 songyuanlife、长春爱情故事 ccaqgs、四平铁东欧亚家电馆 tdoyjd	吉林地区有代表性的微信公众号偏向生活化，以长春为主，其他城市也有体现。值得一提的是长春国贸，这是一个有名的八卦放料账号，由此我们可以看出一个全国性有名的人物或事件在地域性传播中是占有优势的，尽管这并不能说明其在城市形象传播中影响力的大小，但确实提高了城市的知名度
23	黑龙江	冰城头条 haerbin3d、哈尔滨交通广播 925hrb925、吃喝玩乐哈尔滨 All0451、微大庆 guanfangweidaqing、哈尔滨铁路局 haerbintieluju、黑龙江共青团 qingchunlongjiang、佳木斯政务 jms－zw、爱辉发布 meiliaihui、大庆日报 T6696666、哈尔滨美食 meishi12、哈尔滨打折 hrbdazhe8、牡丹江晨报 newsmdjcb、牡丹江机动车驾驶人协会 mdjmda2014、牡丹江吃喝玩乐 mdjchwl、齐齐哈尔交警 gh_ca9b8b48ea8b、哈尔滨日报 harbindaily、哈尔滨钓鱼 hrbfish、哈尔滨 12319、公共服务平台 harbin12319、哈尔滨房产 hebfangchan、哈尔滨家居装修 haerbinjiaju、哈尔滨成功教育 secn－hrb、绥化晚报 shwb0455、哈尔滨全攻略 enjoyhrb、大庆三打一 zb6667676、伊春共青团 yichun－gqt、佳木斯团市委 xcb8224943、黑龙江政务 hlj－zw、哈尔滨辣妈萌宝 hrblmmb、哈尔滨师范大学校学生会 hsdxsh、黑龙江华图 hljhtjy	黑龙江地区有代表性的微信公众号主要以哈尔滨为主，偏向于生活休闲以及旅游攻略，哈尔滨冰城的形象尤为突出，这说明一个城市的地理环境和气候特征也是传播中值得关注的一个点

（续上表）

序号	地区	代表性公众号	简要说明
24	河南	河南交通广播 hnjtgb1041、掌上许昌 xctv0374、心理测试 xinlixueceshi、郑州吃货 zzchihuo、大豫网 henanqq、洛阳网 lydcomcn、汽车 912qiche912、中国移动洛阳 10086lyyddyh、书法道 shufa2013、开封网 kfw2924343、一句心情签名 xinqingjianming、每天一堂珠宝课 ecatvip、保险岛 bxd365、未来商丘 wlsq888、小莉帮忙 hntvxiaolibangmang、都市报道 dushibaodao65732233vivo、河南 vivo - henan、穿衣打扮 vipchuanyi991、新乡交通广播 xxgtgb、大河报 dahebao19950801、开封日报掌上开封 zskf0378、濮阳东方医院 pydf120、漯河小城生活 lhxcsh、濮阳好大夫 pyhdf120、开封移动 4Gkfyd4g、洛阳同城会 ly0379521、河南电信 ha189cn、天中晚报 tzwb2013、青春信阳 qcxy2014、济源晨报 jycb20120101	河南地区有代表性的微信公众号偏向民生，有关医院、汽车和生活等的公众号居多，说明整个地区的民生需求较大
25	湖北	楚天都市报 ctdsbgfwx、荆门社区网 jmbbsv、武汉团购 tuan027、知音 zhiyinchuanmei、武汉 wuhanlbs、十堰晚报 sywb8110110、武汉吃货 whchihuo、武汉好吃佬 wuhan717、百腾襄阳 baitengxy、荆门日报 jm0724jmrb、大楚网 dachuwang、乐活武汉 lhwh027、荆门晚报 jingmen_evening_news、宜昌新未来 ycxwl888、湖北经视 hbjs_87311111、荆州电视台 jztvjztv、武汉吃了冇 iwuhan027、十堰交警 sy - jiaojing、武汉生活在线 whcs027、武汉大学 luojia1893、武汉人事考试 whrskszx、玩转宜昌 wzycwx、中南财经政法大学 zueler、湖北省人事考试院 hbsrsksy、武汉去哪 whqn666、华中科技大学 ihuster、楚天金报 ctjbwx、武汉校园 wuhanschool、长江日报－最武汉 changjiangmedia、襄阳新闻 xyxinwen	湖北地区有代表性的微信公众号同武汉类似，地域色彩浓重，当地城市部门、媒体和学校影响非常大

（续上表）

序号	地区	代表性公众号	简要说明
26	湖南	湖南卫视 happychina1997、长沙观察 hncstv、长沙移动 csyd_10086、衡阳星期 8HNHY88、株洲在线 zzz4weixin、在常德 zaichangde、岳阳微生活 yy8080730、红网常德 changde - rednet、郴州电台 hnfm992vivo、湖南 vivo - hn、掌上娄底 loudixinwen、岳阳日报 yyrb803、掌上雁城 www - hy58 - cc、湘潭微生活 wsh - xtOPPO、湖南 oppohunan、邵阳新闻网 synews01、常德维度 www0736com、永州地方生活 yzdfsh888FM1028、郴州交通频道 FM1028CZ、湘潭在线新闻网 xtolcn、微益阳 wyy0737、岳阳麦芒 yy07308955600、微张家界 weizjj、株洲新闻广播 fm1012fm1012、长沙教育 csjy_wx、长沙吃喝玩乐 vipchangsha、永州发布 yongzhoufabu、湖南图书馆 hntsg1904、益阳美食地图 yiyangmeishi、掌上娄底 zsloudi	湖南地区有代表性的微信公众号中非常突出的是湖南卫视，其依托于自身优势，影响力最大，而其他公众号则涉及多个地县级城市。城市形象传播偏重于生活资讯
27	广西	南宁圈 nnarea、北海百事通 bhbest、桂林人不知道的桂林事儿 guilinnews、柳州播报 lzbobao、柳州通 liuzhout、南宁周边游 nnqx520、桂林微桂宝 wgbao126、柳州吃喝玩乐 liuzhou178、南宁警方传真 nnjfcz、南宁新闻网 nnnews2008、梧州零距离 wzljlwz、南宁生活圈 gxnnshq、玉林日报 - 微报 yulinwb、南宁人不知道的南宁事 nanninger、南宁人不知南宁事 dananning、南宁万象城 nanningwanxiangcheng、南宁吃货王 nnchihuo、桂林电子科技大学社团联合会 STLHH - GUET、南宁职业技术学院 nnzywx、玉林新闻网 gxylnews、柳州交警 liuzhoujiaojing、广西梧州交警 gxwz122、青春桂林 tw0773、广西日报 gxrb2013、南宁晚报 - 微报 gx_nnwb、广西检察院 gxjcy705、贵港宣传 gxggxc、微评柳州 cns - lz、广西桂林交警 GuiLinJiaoJing、广西电台新闻 910gxfm910	广西地区有代表性的微信公众号偏向于旅游，桂林和南宁相关的公众号居多，体现了旅游城市的传播优势和需求

（续上表）

序号	地区	代表性公众号	简要说明
28	四川	大成都 dachengdu、成都生活 mycdqq87GOGO、攀枝花 wwwgogopzhcom、早安攀枝花 pzh234、广元日报社 gy－rbs、成都在线 online_chendu、成都商报 cdsb86612222、泸州老窖 lzljgfwx、成都同城会 chengdu668、成都微生活 cdmlife、四川共青团 scgqtt、成都范儿 cdfer100、成都慢生活 icdyou、掌上绵阳 zsmy0816、攀枝花日报 pzh_rb、微成都 wechengdu、四川迪信通 sc-dixintong、成都吃喝玩乐 chengdu－114、成都情报 ChengDu－QB、微成都 weicd－、廉洁成都 ljcd2014、四川大学 scuweixin、四川新闻网 newsscorg、成都生活 lifecd、攀枝花交警 pzhjj122、青春成都 youthcd、四川金立 sc－gionee、微眉山 mszfxwb、四川航空 SCAL-888888883U、自贡釜溪印象网络 fuxiyinxiang	四川地区有代表性的微信公众号与成都类似，偏重于生活休闲和旅游出行
29	贵州	贵阳晚报 gywbgywb、贵阳发布 Cool－Guiyang、贵阳新闻网 wwwgywbcn、贵州移动 10086-guizhou10086、贵阳晚报黔生活 gywbysh、多彩贵州 colourguizhou、活力 938、六盘水交广 fm52938、贵州省人民政府网 gzsrmzfw、微铜仁 wlzhdryzc_tr、贵阳日报 gyrbgfwx、贵州都市报 guizhoudushibao、腾讯房产贵阳站 gyhouse、贵州新闻联播 gzxwlb、微毕节 bijieweixin、贵州日报 guizhouribao、贵阳公安 guiyanggongan、铜仁学院微校园 trxyxgb、贵州遵义县旅游 gzzyxly0852、爽爽的贵阳 ssdgyw、贵阳移动公司 guiyangyidong、贵阳微教育 Education0851、贵州省旅游局 guizhoulyj、贵阳招聘 zp0851、贵阳银行理财 gy96033、沃爱遵义 wozy10010、铜仁微报 zgtrwb、六盘水市人民政府网 gzlps-gov、贵阳男健医院 gynj120、贵阳新保云 gxzbby1、赢商网贵州站 winshang_gz	贵州地区有代表性的微信公众号偏重于政务和资讯，说明在整个地区的形象传播中，这两部分有很大的问题或者优势

（续上表）

序号	地区	代表性公众号	简要说明
30	云南	微昆明 vxkunming、丽江读本 ljdb8885566、红河日报 hhrb_hh、玩转云南 wanzhuanyunnan、昆明街头巷尾段子 shuokm、昆明发布 kmfabu、腾讯房产昆明站 housekm、德宏团结报 yndhtjb、红河学院 ynhhxy1978、云南信息报 yunnanxinxibao、美食联盟（昆明）kmfoodchi-fun、云南省人民检察院 ynjcywx、津乔普洱 jq-cygz、昆明铁路 kmtl2013、西双版纳发布 xsb-nwx、微昭通 wei－zhaotong、楚雄鹿城大厦 cx-lcds、普洱茶吧 puertea8、普洱学院 puerxue-yuan、昆明共青团 gqtkmsw、云南祥鹏航空 luckyair_8L、曲靖资讯 qjzx888、云南新闻广播 ynxwgb、大理百事通 daliwangsi、昆明理工大学团委 tw2354240018、云南那些事儿 ynnxs-er、云南优私呆 usd6677、昆明车管所 KM_cheguansuo、石林发布 kmslfb、云南日报 yun-nandaily	云南地区有代表性的微信公众号毋庸置疑是有关旅游的账号，丽江、西双版纳、普洱、石林等旅游胜地影响力很大，同时还有政务方面的公众号
31	西藏	西藏旅游在线 xizangzaixian、高山牦牛探险旅行 maoniu8264、西藏日报 xzrbxinwen、玩转西藏 wanzhuanxizang、西藏商报 xzcmshangbao、平安拉萨 pinganlasa、西藏旅游 xzlyzzs、西藏天珠 zizangtianzhu、日喀则广播电视台 rikaze-news、西藏自治区户外协会 TIBETOTA、西藏臻和文化 xzlsqz、玉皇山南 yuhuangshannan、昌都汇荣名都 CDHRMD、西藏信联科技 xi-zang-xinliankeji	西藏地区有代表性的微信公众号集中在旅游和文化方面，主要打造的就是旅游形象和藏文化形象

（续上表）

序号	地区	代表性公众号	简要说明
32	陕西	西安街头巷尾 xajtxw、陕西都市快报 sxdskb001、秦腔广播西安乱弹 xalt1011、纵享汉中 zxhz0916、西安交通大学 My_XJTU、微宝鸡 baojiV5、在商洛 inshangluo_com、老妖带你吃西安 laoyaodainichixian、西安晚报 xawbwx、西安蓝田公安 LTGAWXPT、汉中乐生活 hzlsh8、神谝陕西 spsx1019、咸阳日报 xianyangribaoshe、宝鸡交警 bjjj0917、荣耀西安网 i-xian-cn、西安晚报报料台 xawbblt、吃在西安 xaltczxa、宝鸡日报 v_baoji、共青团陕西省委员会 sxgqtwx、西安发布 xianfabu、咸阳交警 xianyangjiaojing122、渭南日报 zhangshangweinan、西安交警 xianjiaojing、宝鸡邮政 baojipost、西安性博会 xianxbh、陕西省旅游局 sxtours、西安航空职业技术学院 xihang1958、长安铃木 ca-suzuki、宝鸡同城会 sinabjtch、宝鸡微生活 Vbj0917	陕西地区有代表性的微信公众号同西安类似，偏向政务类，在政治建设方面有很大需求
33	甘肃	甘肃总商会 gsszsh、兰州全搜索 lzqsscom、金昌吃喝玩乐资讯 JC737100、陇南发布 lnfb_2202398981、兰州圈子 lzooo365、兰州晨报 LZCB96555、金昌日报 jinchangribao、定西日报 dingxidaily、金昌小城大事传媒 sjsdjc666、兰州大学 iLZU1909、甘肃省川渝商会 gsscysh、兰州晚报 lzwbweixin、兰州居然之家 2014lanzhoujuranzhijia、兰州铁路 lanzhourailways1N、兰州 in0931、甘肃经济广播 dg934934、醉天水 zuitianshui、陇南日报 lnrbwxh、武威团青 wwtq0935、信息兰州 infolz_ com、乐活兰州 LHlanzhou、兰州高新开发建设-兰州大名城 lzgrearttown、兰州大学青年传媒集团 lzumedia、嘉峪关文物景区 jyg-txdyxg、兰州城关公安交警 lz1755887、酒泉日报 jqrbwx、庆阳一鸣营销策划 yimingcehua、甘肃范儿 VanGansu、中国兰州网 lz908158、兰州理工大学 lzlgdx1919	甘肃地区有代表性的微信公众号偏向商业和资讯，商会以及商务信息非常多，说明当地的经济需求较高，在城市形象传播方面致力于经济上的发展

（续上表）

序号	地区	代表性公众号	简要说明
34	青海	海西晨报 haixichenbao、青海湖旅游 qhh－offical－platform、西宁晚报 xiningwanbao、海东青逢增炜 pangzengwei7000、西宁交警 xnjjzd、玉树交通之声 YSJJ122、青海政务 qhzw2014、西宁旅游 XNSLYJ6150597、海西交警支队 qhhxjjzd、西宁共青团 xngqtweixin、北海东盟国际商贸城 dmgjsmc、西宁市自行车运动协会 xnbike、丹青海藏网 dqhcw66、青海之星奔驰 qhstar8822237、青海统计 qinghaitongji、青海深度文化传媒 sdcm876、果洛州交警支队 gljjzd、西宁市城北区教育局 chengbeijiaoyu、西宁学大 xuedaxn、卡萨帝西宁 Casarte_xn、青海省慈善总会 qhscszh	青海地区有代表性的微信公众号涉及旅游、文化、商贸、政务等，藏族特征也较为明显
35	宁夏	银川晚报 nxycwb、宁夏网虫 nxwcwx、银川新闻网 yc_news、固原微度生活 nxxsml、宁夏固原旅游宣传 gylyxc、走进宁夏 inningxia、平安银川 pinganyinchuan110、银川金凤新华联广场 xhlcbd、宁夏微生活 nx－vlife、宁夏旅游 nx-tour、宁夏红枸杞产业集团 ningxiahonggroup、宁夏发布 ningxiafabu、中卫新闻网 gh_62bba40aab73、石嘴山交警 gh_ce5bfd5921ff、微中卫 zwswzw、宁夏报业搜车 ycsc0951、银川电信 DIANXIN_0951、石嘴山网 szsw522510404、中卫城市频道 cspd_0955tv、宁夏广电新闻中心 nxgdxwzx、平安吴忠 pinganwuzhong、宁夏共青团 nx_gqt、银川电务段 gh_6fda8b027a9c、宁夏产权交易所 jiaoyichang178、平安中卫 pinganzhongwei、宁夏房网 nxfang、中卫应理集团 zwwater、宁夏东程人才资源 ndsht－cn、银川英皇出国留学 ycroedu、宏源证券银川上海西路证券营业部 hyzqyinchuanyingyebu	宁夏地区有代表性的微信公众号偏向商业信息，经济不够发达的地方对经济信息的需求会比较急切，在城市形象传播中不占优势

（续上表）

序号	地区	代表性公众号	简要说明
36	新疆	hyzqyinchuanyingyebu、品味1065电台PW1065、石河子网ww0993、新疆我的家xjwodejia、御府和田玉 yufuyuqi、乌鲁木齐晚报wlmqwb96577、伊犁我的家ylwodejia、微昌吉xjcjxw、哈密发布HaMiFaBu、乌鲁木齐零距离wlmq20130220、昌吉在线changjizaixian、先锋961xjxwgb、塔城零距离tachengfabu、阿克苏微动力网络传媒akswdlukilialtay、魅力阿勒泰altayahpar、塔城日报tcrbwx、巴音郭楞日报byglrb、伊犁零距离womenshenbian、昌吉日报cjxww123、阿勒泰日报altrb111、昌吉市零距离changjidefeng、吐鲁番零距离tlfdwxcb、喀什零距离kashing865、伊犁日报社－伊犁新闻网ylxwcomcn、掌上乌鲁木齐爱宝贝zswlmqabb、哈密公安xjhm110、青春新疆qcxj2012、新疆花城伊宁旅游xjhcynly、石河子共青团shzgqt、阿克苏日报xjaksrb、游新疆iyouxinjiang	新疆地区有代表性的微信公众号涉及多个地县级城市，传统媒体占据优势，在城市形象传播中包含了很多乡愁
37	江西	南昌资讯nczixun、南昌圈圈网qqw0791、掌上萍乡v337000、吉安市交警支队jasjjzd、江西日报jxrbwx、赣州晚报ganzhouwanbao、江西龙虎山景区jxlhs_weixin、微爱萍乡vping-xiang、分享心情mi_444、南昌大学第二附属医院nandaerfuyuan、南昌最恰噶zuiqiaga、掌上南昌nclifes、周兴斌bangmangtuan、萍乡城事cs0799com、景德镇微惠jdz798、呵呵搞笑视频zxsh88、南昌铁路nanchang_tielu、上饶日报srrbnews、三清山旅游sqs－2013、中国萍乡网gh_45876a7ee5b3、畅行宜春ycjjzd122、南昌发布nc_fabu、萍乡吃喝玩乐pxlife、新余发布xinyufabu、掌上微萍乡GJ0799、萍乡网事pxitv001、南昌晚报ncwb_wx、上饶晚报shangraowanbao、抚州发布cxfzfb、小黄鸡莫茵茵vip887vip	江西地区有代表性的微信公众号偏重于资讯和政务，还有娱乐休闲性质的公众号

（续上表）

序号	地区	代表性公众号	简要说明
38	海南	三亚微势力 hisanya、海南特区报 hntqb2014、海南儋州在线 danzhou88、海南心发现 xinfaxian2014、囧呀笑话 JYxiaohua、三亚生活网 sanyahi、汇众－直销新闻 zhixiaoxinwen、凯迪网络 kdnet1、海口网 haikouwang2013、海南日报 hnrb1950、三亚日报 syrbgfwx、藏友汇 haihuangno1、海口在线 haikouzx、三亚克洛伊婚纱摄影 sanyachloe、扬州金鹰文昌店 YZJYGJ、三亚原野映像 sylyy99、金茂三亚亚龙湾丽思卡尔顿酒店 SANYARC、万宁旅游 wnlywx、呀诺达雨林文化旅游区 hainan－yanoda、守望海口 swhk01、国家海岸海棠湾 haitangbay、万宁发布厅 gh_aa118bf5851a、金手指三亚一号 jsz－syyh、金茂三亚亚龙湾希尔顿大酒店 hiltonsanya、琼海视窗 qionghais、三亚共青团 hn_sygqt、普亲 fullcheer、海口佳宝大地国际幼儿园 haikoujiabao、家乐福海口金龙店 Carrefour_HKJL、海南四季康城 sjkc36968888	海南地区有代表性的微信公众号主要集中在旅游上，旅游城市的形象塑造得非常突出，通过城市传统媒体、资讯、酒店、旅游资源和旅游集群来进行形象传播

微信在国际城市形象传播方面也有所体现，如表2所示：

表2　港澳台地区及海外有影响力的微信公众号

序号	地区	代表性公众号	简要说明
1	港澳台	香港凤凰周刊 phoenixweekly、优澳门 umacau、莲姐香港金融高级理财 HK442826512、香港文汇报 wwpnethk、香港保险直通车 hkbxztc、香港瑶芳祛痘集团陈成昌 c13613682666、顺丰速递 jin---888、台湾两岸情经贸交流协会 twlove2009、香港贸发局 HKTDCofficial、台湾优杏 taiwanyouxing	港澳台地区有代表性的微信公众号较少，由于多种原因呈现出偏向政务和商务的态势

（续上表）

序号	地区	代表性公众号	简要说明
2	海外	英国那些事儿 hereinuk、带你游遍英国 weloveuk、韩国流行穿衣搭配宝典 ihanguofan、发现新西兰 Go_Kiwi、今日日本 Jinjapan、这里是美国 America_hq、奋斗在韩国 wwwicnkrcom、这才是日本 riben-2、日语学习 riyuxuexi、新鲜日本 xinxianriben、韩国潮流速递 StyleKorea、带你游遍美国 weloveusa、韩国娱乐 kpop-yule、奋斗在意大利 cineseitalia、德国败吧 buy_bar、英国范儿 uktastes、美国神婆星座网 meiguoshenpo、美国留学那点事 usashare、日本微商会 japan-weshop、暹罗飞鸟 siambird、韩国音乐 wx-xrhoney、马来之友 my400800、爱乐玩 lewanoz、走遍欧洲 eueueuclub、日语学习控 riyuxuexik、美国房地产 buyusa、韩国潮流精选 hgcljx001、新西兰爱德慈善中心 NZArdour、美国留学指南 usazhinan、韩国小贱鸡 botsimsimi	海外地区有代表性的微信公众号不是很多，涉及的主要是发达国家和发达地区，集中于旅游、教育和资讯方面，国家形象塑造比较突出

通过对表 1、表 2 的分析，我们可以得出微信公众号在进行城市形象传播时的特点：

（1）在主要城市和各地区中具有影响力的微信公众号涉及城市形象传播的很多方面，包括资讯，如时事、财富、民生、科技、创业、汽车、楼市、职场、教育、学术、政务、企业；也包括生活，如文化、健康、时尚、美食、视觉、旅行、幽默、情感、体育、美体、珍奢、百科。其中，媒体机构分为子类报纸、电视、广播、期刊。

（2）经济发展程度影响微信公众号进行城市形象传播的力度，经济发达地区传播力度大，生活娱乐、旅游休闲和文化传播方面的传播力度也大；经济欠发达地区传播力度小，生活娱乐、旅游休闲和文化传播方面的传播力度也小。

（3）传统媒体在微信上的公众号对城市形象传播具有重要作用，利用其本身所具有的资源和优势能够占得先机和收获受众。

（4）在大城市和发达地区，微信自媒体发展起来的数量较多，发展的可能性更大，可以运用自己的优势和特点得到受众的认可。

（5）微信与港澳台地区及海外的连接还不够紧密，国际化程度还不够高，港澳台及海外城市形象在微信上的传播力度不大。

2. 微信城市服务与城市形象传播

互联网时代，城市形象传播变得复杂而难以掌控，不再是以前那样只要将城市经济发展好，将城市建设规划好，使城市的硬件强大起来这么单一的事情，在媒介中的城市形象变得多模块、多领域，并且有非常复杂的行业变革压力。在2015年政府工作报告中，李克强总理首次提出了“互联网+”，并强调了要发展“智慧城市”的目标。2014年，微信就已经开始对“智慧城市”进行布局了。“微信智慧生活”全行业解决方案的推出实现了微信与各行各业的连接，帮助医疗、酒店、餐厅、百货、快递、票务、高校、景区等机构和行业快速实现智慧转身。微信“城市服务”入口连接了民生服务的力量，而民生服务接通网络和移动端口，在城市形象传播中增添了强劲的驱动力。

“城市服务”入口的基础是各地卫生、民政、教育、公安等部门在微信上提供的民生服务。

2014年12月，微信在“钱包”功能下推出“城市服务”入口，首先在广州试点开放，广州的微信用户可以在“城市服务”下得到医疗、交管、交通、公安户政、出入境、缴费、教育、公积金等16项民生公共服务。微信城市服务系统与广州市卫生局、公安局、民政局、交警队等政务机构系统连通，“城市服务”实质上链接的是上述机构的服务系统，目前“城市服务”支持的操作有医院挂号、港澳再次签注、出入境服务预约、机动车年审理赔、婚姻咨询、教育信息查询等。微信正积极布局各个场景下的生活服务。深圳、佛山入口也于2015年2月紧随其后低调上线。2015年3月19日，随着微信“城市服务”入口正式接入武汉，武汉成为继华南的广州、深圳、佛山之后，第四个推出微信“城市服务”入口的城市，也是华中地区的首个微信“智慧城市”。武汉“城市服务”入口首批上线的服务包括医院挂号、违章办理、车管所微服务、交通限行查询、武汉通余额查询、PM2.5查询、水费缴纳、快速理赔、旅游联卡年票售卖、12315投诉、考分查询、车辆年审查询、发票查询、天气查询14项。地理位置设置为武汉的用户，打开微信依次进入“我”—“钱包”—“城市服务”即可找到并使用以上功能。据悉，未来武汉的有线电视缴费、高速ETC在线申领、证照拍摄等服务也将逐步入驻。

微信“连接一切”的野心也在全线铺开，向各个环节渗透，早前微信上线了微信硬件平台，通过微信可以连接家电、健康手环、血压计等智能设备；新版微信 6.1 支持用户搜索附近的餐馆，未来可能会以“摇一摇”的形式给出企业的红包和优惠券。

微信“城市服务”入口上线 3 个月以来，已服务 700 万人次，随着接入城市的增加，微信“城市服务”入口也正逐渐成为连接民生服务的智慧力量。微信“城市服务”入口将微信上分散的城市生活服务功能集合到一起，成为手机里一站式、全天候的民生服务大厅。市民办事不必再担心“跑断腿、说破嘴”，动动手指即可随时随地完成政府相关机构提供的各类业务办理，以最简单的方式享受最“智慧”的生活。

互联网对传统行业的提升作用越来越明显，尤其是在民生、医疗、教育、交通、金融等领域渗透最深。微信与全国各地的政务机关等机构合作，将过去通过公众号提供的功能集中到了“城市服务”入口中，以简化操作，让更多市民便捷地享受“智慧”民生服务。此外，为了方便经常往返于多个城市的用户，“城市服务”入口还能根据用户需要自动切换城市。

微信城市服务在城市形象传播方面的作用主要体现在政务和民生方面，带动城市行业变革，提高民众生活质量，将一个智慧美好的城市形象带给大家，同时也能给予用户切身好处和利益。在今后的发展中，随着国家的支持，城市服务这方面一定是城市形象传播的重要领域，同时也是其发展的重点方向。

3. 微信其他功能与城市形象传播

（1）朋友圈定位与城市形象传播。

作为社交软件，微信最基本的功能是即时通信，微信用户所加的都是好友和亲近的人。微信用户利用朋友圈功能，可以在朋友圈发布文字、图片、视频等内容，同时还可以打开定位系统显示自己的位置，这是一种进行城市形象传播的渠道，比如用户去一个城市旅游或者进行了一项休闲娱乐活动，这都是城市形象传播的一种建构。但是个人的力量比较弱小，难以产生大的影响，所以朋友圈最主要的功能还是传播公众号内容，公众号发布的有关各城市的内容通过朋友圈的传播能够取得更好的传播效果。

（2）“附近的餐厅”与城市形象传播。

微信新版本所增加的“附近的餐厅”这一功能同样也是城市形象传播的一种渠道。在城市生活，吃是非常重要的一件事，尤其是在旅游城市。“附近的餐厅”的开放主要体现在便捷服务上，能够加深一个城市给人的印象。不过由于这是新的功能，影响还不是很大，我们可以推测，以后微信将会接入附近的景点、附近的医院等，这是一个进行城市形象传播的开端。

二、微信进行城市形象传播的基本内容

为了更好地说明微信进行城市形象传播的基本内容，我们先从2014年底腾讯网各地方网站与当地部门和相关高校研究机构联合评选出的各省市最具有影响力的微信公众号入手，以观察微信进行城市形象传播的基本内容，如表3所示。

表3 各省市最具有影响力的微信公众号

序号	相关地区	微信公众号名称
1	上海	政务及公共服务类10强微信公众号：书香上海、上海地铁shmetro、上海科协、上海发布、上海黄浦、上海市第十人民医院、警民直通车上海、文化上海、上海图书馆、华政青年 商业类10强微信公众号：星期8小镇、南京银行上海分行、久游网、众悦学车网、城市房价评估、幸福黄金、青岛啤酒官方商城、上海环球雅思、上海大悦城、乐业天空 众媒体类10强微信公众号：依好上海、新闻晨报、青年报、第一财经资讯、东方网、劳动报、沪江英语、闵行报社、上海摩天轮、上海法治声音 社会自媒体类10强微信公众号：周末做啥、宣克炅、汪本良注册会计师、郁文堂、丁祖昱评楼市、飞议于论、守白艺术、瑞敏儿童教育资源、上海吃喝玩乐、上海头条播报
2	湖南	政务类10强微信公众号：湖南共青团、湖南高速警察、湖南旅游、湖南高院、永州发布、谷韵吉首、长沙黄花国际机场、长沙警事、湘潭公安、衡阳县宣传 媒体类10强微信公众号：湖南日报、潇湘晨报、红网、今日女报、湖南教育新闻网、长沙晚报、湘潭在线新闻网、郴州电台、掌上娄底、金鹰955电台 自媒体/商业类10强微信公众号：微购友阿、边城·烟雨凤凰、微浏阳、张新发、长沙苏宁、乐点KTV、南政商参考、耒阳那些事、湖大青年传媒、湖南图书馆

（续上表）

序号	相关地区	微信公众号名称
3	陕西	大众媒体类“十佳”微信公众号：华商报、秦腔广播西安乱弹、陕西都市快报、汽车896、西安晚报、西安妈妈网、陕西忒别忒、第一新闻、都市热线、陕西传媒网 企业服务类“十佳”微信公众号：民生银行商贷通（西安）、陕西好猫、陕西114便民服务、台湾御品轩、陕西法士特、陕西广电网络营业厅、利君制药、蒙娜丽莎、美立方整形美容、陕西休闲农业 自媒体类“十佳”微信公众号：哲学人生、微宝鸡、神木论坛、微延安、鸿雁印象榆林、凤城五路、家在龙首、师大门下、满天都是星、西安青年聚 陕西最具潜力媒体微信公众号：天天网事、陕西日报、三秦都市报、华商网、都市快报午间版
4	河南	官方媒体类微信公众号：大豫网、河南交通广播、开封网、大河报、茶百科、汽车912、开封移动4G、洛阳网、郑州吃货、洛阳同城会、郑州楼市、掌上中原、开封日报—掌上开封、驻马店百事通、郑上新区、新乡生活圈、安阳论坛、焦作吧、春晓读报、漯河小城生活 自媒体类微信公众号：如茶百科、餐饮老板内参、洛阳同城会、郑州楼市、春晓读报、豫记、投实等

表3选取了各大省市中比较有影响力的微信公众号，我们可以将其分为两大类，一类是官方和企业微信公众号，另一类则是自媒体和商业微信公众号。按内容可以分为以下几类：①政务公众号，主要是传播政府形象，提供公共服务；②媒体公众号，主要是发布资讯，进行信息传递；③商业公众号，主要针对地域性的商业信息进行公开；④自媒体公众号，主要是个人或团体进行具有自己特色和风格的信息传播。

微信进行城市形象传播时涉及了城市形象的诸多方面，有自然风光、历史人文、饮食文化、建筑文化、风俗文化、时尚商业和文化内涵等，这一切都构成了人们对城市的主观印象。而微信作为新兴的社交媒体平台，能够很好地容纳这些信息，通过多种手段进行组合，将与城市形象有关的片段传递给人们，促进城市形象传播，有力地对城市进行形象塑造。

三、微信进行城市形象传播的优势和困境

（一）微信进行城市形象传播的优势

1. 微信传播内容丰富，容量巨大

微信是一种集合了多种信息共享方式的综合媒介，集合了以图片、文字、视频、音频为载体的内容传播，同时也可以通过在线的互动媒体技术，以及拟人际交流功能进行最为贴切的传播。以后微信会朝着更多功能的方向发展，在城市形象传播这样一个内容主题下，可搭载的信息平台的多样化使得生产的内容也随之跟进。目前城市形象传播主要依靠微信公众号，公众号可提供的图文消息也可以插入多媒体内容和超链接，其中多媒体内容包括视频、动画、智能互动图文、演示文本等；而微信开放端口允许超链接内容则进一步拓展和深化了微信的信息面和内容深度。综合多种媒介手段，对于城市形象传播是极为有利的。

2. 微信利用新媒体技术，形式多样

随着移动多媒体技术的发展，信息科学的发展已经慢慢由 Web2.0 时代转入移动互联网时代，以微信为代表的新媒体，有着操作简易、传播速度快、传播范围广等诸多优势，新媒体技术主要依靠计算机技术的发展并依靠互联网传播，互联网多中心分布也使得新媒介不受时空限制，信息可以被快速地查阅和复制。

同时，城市形象传播也应该注意利用新的媒体技术方式，出品更多新鲜的、不同媒介形式的微信内容；利用公众号管理平台，科学地测算人们的使用习惯，做好用户分类。

3. 微信受众庞大，传播精准

随着手机功能日益强大，人们渐渐依赖手机并用移动应用解决生活中的各类问题。其中，微信作为兼具社交和其他综合功能的应用，成为现代中国人必不可少的生活方式，尤其是当今大数据时代，每个人的人际圈被关联和挖掘，微信成为一个社交的核心点。高达 6 亿的用户人群是一个可待挖掘的巨大宝库。

新移动设备技术向高精尖发展的同时，应更加注重人性化和精准传播，微信初始设计注意到了这一点，可以通过公众号将图文消息精准投放给与相应内容相关的用户。

4. 微信使用地域性强，加强传播

人际交往和本地生活仍然是公众最关心的内容，关于居住地的咨询和

消息是人们在生产生活当中切切实实的需求，城市圈类型的微信在当地地域性文化挖掘、衣食住行需求、就业资讯等领域具有强大的发展优势，本地微信公众号平台可以利用其资源，挖掘本地生活资讯内容，进行信息服务和引导。同时打造本地特色，打开对外窗口，站在地区和全国的视角下编辑图文内容，成为外地人了解本地、外出的本地人了解家乡动态的主要平台。

5. 微信逐渐实现盈利模式，促进城市各行各业发展

城市形象传播公众号所涵盖的内容范畴较广，可以是当地某一行业、领域或机构的，以城市宣传的社会效益最大化为主要目的。除此之外，也可以此盈利，通过微信平台和朋友圈之间的复制传播，扩大城市品牌的影响力，也为经营者和发布者提供了更广阔的目标市场。

6. 微信作为新媒体方便快捷，透明公平

移动多媒体处处体现着在信息传播当中的先赋优势。目前，在中国中东部地区，智能手机已经基本普及。通过手机查询和支付成为一种再平常不过的事情，在有关城市圈子和信息资讯的微信平台上，当地居民也可以轻松获取相应的信息，各大城市都在加大城市生活服务体系的网络化和移动化，微信可以利用其社交媒介的优势，将城市生活服务和政务内容的动态实时地传播出去，便民公开。

（二）微信进行城市形象传播的困境

1. 微信内容太多太杂，很难脱颖而出

有关城市形象内容的微信近年来呈现爆发式增长，本地生活服务、休闲旅游等公众号很多，但是总体上地域特色不强，内容单调，同质化严重。同时，公众号过多过杂，缺乏精品是主要症结，很多公众号只注重一味地模仿，忽视特色和定位。

2. 微信有时无法兼顾传播效益与利润

无论是对本地还是外地传播对象而言，微信公众号作为一种独立地提供咨询、消息的服务方式，不应该带有倾向性。而目前部分公众号为了谋取商业广告利益等，采取不实的广告式报道、不具权威性的第三方评测，对部分行业的公平竞争造成了不利影响，也误导了消费者。

3. 微信部分内容的质量有问题

城市形象传播要符合城市的定位要求，传播者发布的信息一定要符合城市定位。有些公众号常常充斥着大量与城市和城市生活无关的内容，“标题党”在发布报道的时候根本未经过调查，误导消费者。在微信运营

上，也不注重规范，缺乏长远规划，造成“短视”和阶段性风格转变幅度大等诸多内容上的缺点。

四、微信进行城市形象传播的建议

1. 确保内容为王

微信是城市形象传播当中可供选择的一种重要的方式，它不仅仅是一种平台，更是一种渠道。在今天，人们往往会谈论渠道、平台和内容哪个更重要，这至少反映了决定微信传播效果的并不只有一个要素。在一个同样的微信平台上，决定公众号传播效果的是内容，内容包括了其是否使用了新颖的技术和设计以及是否具有新的创意和独特的主张，在同质化非常严重的今天，如果要使微信能够脱颖而出，还是要靠内容制胜。

在城市形象传播的过程当中，要尤其注重内容，要有独特的思考和洞察力，并贴近当地文化，挖掘当地文化和经济发展当中新的亮点和热点，创造出符合人们审美需求和引发阅读欲望的话题，一个好的公众传播平台不是流水账制造者，而是善于发现美好的眼睛，更是最好地解读城市的工具。

2. 实现形式多样

微信传播是一个整合性和综合性的传播，微信具有广泛的用户群，其受众的需求点和接受习惯也有所不同，满足不同的人不同的阅读习惯是一件很难的事。

在城市形象传播的过程当中，应该分析微信用户群的特点，有针对性地采取不同的传播手段，例如，针对老年人可以采用广播录音节目词条的方式传播信息；对于新新人群，则可以开发相关的微信游戏或者在朋友圈发起一些话题吸引人们广泛参与。微信的公众号则可以结合视频和互动模块来增加受众的参与感，采取不同的方式来获得关注量，同时达到传播的目的。

3. 利用营销手段

城市形象传播微信公众号的运营趋势是市场化，但在市场化的同时也要注意保持社会效益与经济效益的统一，商业化和市场化有助于信息的大规模传播，有利于微信传播中内容的更新换代，在合乎规范的营销活动当中，公众号应该借助其活动，获得赞助或者冠名的资金。同时更应该利用商业化手段，通过派发传单、平面广告、媒体宣传等获得相应的关注人群，把自己向整个社会推介出去。

4. 形成自己的风格和品牌

每个城市都有不同的历史和文化，都是独特的存在。作为城市形象传播的渠道，微信更应该树立一种媒介的责任感和文化自信，城市公众号在传播的准备阶段，应该找准定位，根据目前城市公众号的现状和发展趋势，寻找自己独特的位置。

城市公众号要善于挖掘自身文化，立足当地，向历史看，向未来看。树立一种文化自信，将城市的历史、建筑、人文、地理以及鲜活的人和事报道出来，为城市发展扬帆呐喊，这样才能真真切切地传播这座城市。

5. 结合城市的实体形态

实体经济只有结合网络才能实现其价值，城市形象传播的主旨在于引导外来人了解和融入城市，提供信息资源，让城市的经济和人的发展因此而变得便捷和有效。因此城市形象传播一方面要说“虚”，谈文化，讲精神，“仰望星空”。另一方面，公众号更应该脚踏实地，谈“实”，实实在在地促进实体经济的发展。只有结合城市的实体形态，才能形成一个良性的闭环，互相促进和发展。

6. 努力培养忠实受众

微信的传播意义在于其受众到达率更高。微信相对于微博是一个较封闭的人际亲缘关系群，人们通常会相信微信里发布的内容，无论是个人关于城市形象的传播，还是转载的公众号内容，一般都会被认为是可靠的。

微信受众基数大，其受众一旦建立了较为密切的关注关系，就会比较稳固，而微信公众号的主要难点在于如何培养忠实的受众群，其实应该回到微信传播的本质上来，注重传播的可信度，重视创新和内容设计，真正做出精品，自然会获得忠实的受众群。

五、结语

现代意义上的城市已不仅仅是行政区域或地理概念，更是一个人文与经济范畴。城市作为社会关系的传播纽带，孕育了人文关怀、文化传承及公民思想等内涵；而城市作为人类社会经济活动的重要空间载体，承担着经济产出、行政管辖及社会监管等功能。而微信这样一个新媒体社交平台，在内容上能够承载城市形象传播的多样化，在空间上能够表现城市形象传播的多层次。微信的影响在不断扩大，当人们在移动端就可以看到这座城市甚至整个世界的原貌时，互联网时代的我们不得不承认新生的事物往往能带来更多惊喜。

但是，当我们沉迷在虚拟世界，每天读着微信公众平台上的文章，刷着朋友圈的时候，不该忘记去真实地体验一下城市和世界。毕竟人为制造的文字、图片和视频并不能够充实人们的精神世界，而微信也该更为规范和有效地进行城市形象的传播，不要在人们被信息堵住了心灵、充满信息疲惫感的那天丧失掉自己的优势。

户外广告对广州市城市形象建设的影响

刘　洋

城市形象建设受多方面的影响，其中户外广告建设的质量关系着城市形象的优劣。众所周知，广告行业随着经济发展而不断发展，经济越发达，广告就会越繁荣；而经济相对较弱，广告则难以发展。中国改革开放后，城市经济取得了迅速的发展，广告行业也随之快速成长。但过快的增长也会产生许多问题，例如广告观念落后、广告形式缺少创新等等。新旧各式的户外广告形式对我国城市形象建设有着重要影响。本文以广州市户外广告状况为例，描述户外广告现状，探讨户外广告对广州市城市形象建设的作用及未来广州市户外广告的建设方向。

一、户外广告与城市形象

19 世纪末，西方部分国家开始出现了路边广告牌，成为大规模户外广告的开端。随着经济的不断发展，户外广告的规模不断扩大，形式不断翻新。由于户外广告具备成本低、宣传时间长、覆盖率较高等优势，广告商乐于使用户外广告的形式来进行产品宣传，户外广告成为重要的广告宣传手段。户外广告对城市形象产生着极为重要的影响，日本建筑学家芦原义信著有《街道的美学》，在书中芦原义信将城市建筑概括为“第一轮廓线”，而称户外广告为“第二轮廓线”。建设富有秩序而美观的户外广告，能够使城市形象更为鲜明且易于识别。

1. 户外广告分类与功能概述

户外广告的分类主要包括户外广告牌、移动广告、POP 广告、电子广告。

户外广告牌是一种应用广泛的户外广告形式，是指设置在路边、建筑物等地的广告形式，包括商业广告牌和公益广告牌。其醒目的设置使其能够频繁地暴露在大众的目光之下，起到宣传的作用。优秀的户外广告牌设计在大范围宣传产品或理念的同时，对城市环境能够起到美化的作用。

（图片来源：昵图网，http：//www.nipic.com/show/4/63/542d4689fdb5850e.html）

（图片来源：欧凯莱图库，http：//abc.2008php.com/tuku/2013/0616/924216.html）

移动广告在城市中比较常见，包括车身广告、热气球或飞艇广告等移动广告形式。其中，公交车身广告在城市中最为常见，其中不乏有创意的广告形式。热气球或飞艇广告在宣传活动中更为常见。移动广告的位置不断改变，因此能够大范围地将信息传播给不同地区的受众，能够扩大传播范围，使信息传播更为有效。

（图片来源：黄页88，http：//guanggao.huangye88.com/xinxi/10403778.html）

（图片来源：昵图网，http：//www.nipic.com/show/3/88/3661161kf49879e3.html）

POP广告，又称售卖场所广告，是在一切购物场所（百货公司、购物中心、商场、超市、便利店）内外所做的现场广告的总称，分为室外POP

广告和室内 POP 广告两大系统。[①] 室内 POP 广告多为柜台陈列广告、室内摆件、广告招牌等，而室外 POP 广告多为条幅、灯箱、招贴、海报、门面装饰、橱窗布置。[②] POP 广告是常见的广告形式之一，具有较高的灵活度，相比之下能够为宣传信息节省更多成本。

（图片来源：http：//news. winshang. com/news－245430. html）

（图片来源：http：//news. winshang. com/news－245430. html）

（图片来源：http：//www. jdzj. com/p3/2013－5－13/398384. html）

电子广告是以电子方式呈现的户外广告形式，包括公交车中的车载广告、出租车中的电视显示屏广告，以及街头多种电子广告形式。近年来，电子广告逐渐普及，特别是 LED 广告的出现和蓬勃发展，电子广告成为户外广告的重要展现形式。以电子方式展现广告结合了电视与户外广告的双重优势，能够使静止的户外广告以动态形式表现出来，增加了趣味性和可读性。部分电子广告以有声形式展现，视听结合能够吸引更多的目标受众，从而达到传播的目的。

户外广告有众多分类方法，本文的户外广告分类基本涵盖了户外广告的所有类型。随着经济技术的不断发展，户外广告技术也会逐渐提高，未来无疑将会产生更多种类的户外广告形式。

---

① 户外广告形式有哪些［EB/OL］. http：//wenda. haosou. com/q/1378823486067801.

② 户外广告形式有哪些［EB/OL］. http：//wenda. haosou. com/q/1378823486067801.

2. 城市形象概述

城市形象是城市整体化的精神与风貌，是城市全方位、全局性的形象，包括城市的整体风格与面貌，城市居民的整体价值观、精神面貌、文化水平等。① 城市形象是城市的名片，能够在第一时间向人们传达城市的特色与城市的性格。每个城市都有自己的城市形象，代表着不同的地域特色和人文文化，是城市的重要识别标志。城市形象建设对于城市来说是极为重要的，在经济飞速发展的背景下，众多城市加快了翻新速度，导致原本的城市特征被毁坏，城市形象建设趋同成为城市建设中存在的严重问题。

城市形象建设对于城市发展的重要意义在于：

首先，城市形象是城市的形象识别系统，是某城市区别于其他城市的标志。形象识别系统（CIS 战略）最早起源于德国，日本对企业形象识别系统做出了进一步完善和发展。如今企业识别系统已广泛应用于社会各个领域，大到国家形象的建设，小到个人形象的管理都使用了形象识别系统。形象识别系统包括理念识别（MI）、行为识别（BI）和视觉识别（VI），好的城市形象建设同样需要以上几点。城市形象的理念识别是城市形象构建中的城市文化概括，理念包含着价值观、精神和哲学内涵，是对城市精神文化的总体概括。在中国，对城市理念识别概括较多的是城市旅游宣传标语，例如宁夏的“雄浑西部风光，秀美塞上草原”，洛阳的“千年帝都，牡丹花城”，开封的“七朝古都水映菊，寻梦北宋到开封”以及“清明上河汴梁梦，包公断案开封城”等优秀的宣传口号。企业行为识别包括企业中的规章制度、员工行为等统一标准。行为识别用于城市形象中表现为城市居民行为的总体风格、城市居民的风俗习惯、城市居住规章规定，例如，看到牛和汽车在公路上和谐地行走，我们就会知道这是印度；最为洁净而富有秩序的城市必属新加坡。视觉识别是城市形象中的视觉特色，包括城市标志的设计、城市主色调等，是以某种特定的标志代表城市的方式，如广州的五羊标志、北京的长城和故宫标志。城市的形象识别系统是城市的名片，是城市的重要识别特征。

其次，城市形象能够凝聚民众，吸引外来居民。优秀的城市形象建设是协调城市居民生活、创造宜居的生活条件的重要方式，能够营造出宜居的城市生活。因此城市形象建设能够提高居民的生活质量，提高城市居住水平，在尊重居民生活习俗、宣传城市文化的过程中提高民众的凝聚力，

---

① 城市形象［EB/OL］. http://baike.haosou.com/doc/6284016-6497485.html.

形成团结、和谐、文明的城市风气。此外，还能够在城市形象建设过程中不断减少城市发展的阻碍因素和滞后因素，不断规范城市秩序，提高城市生活水平。

再次，塑造优秀城市形象能够带动城市发展。塑造优秀的城市形象是城市发展逐渐完善的过程。明确清晰的城市形象“有利于提高经济、社会、文化等多方面的有效利用率，加大城市竞争力和发展前景”①。城市形象建设的过程能够整合利用城市资源，并对城市进行明确的定位，确定明确的发展方向，有利于城市更加有效地利用城市资源，并对外吸引更多优质资源。

城市形象建设不是一朝一夕的工作，需要长时间的积累才能够形成。城市形象彰显着一个城市的实力和特征，不但需要城市的文化软实力支撑，还需要经济硬实力的支持，更需要城市居民的共同努力与配合。

3. 户外广告与城市形象建设

(1) 我国户外广告建设现状。

户外广告建设是城市形象建设中的一环，是城市中最显著的名片。我国户外广告建设由来已久，古代便产生了酒旗等户外广告形式，当代随着经济的发展，我国户外广告也不断更新换代。我国户外广告展现了我国经济发展的特征，即起点低、发展快、规模小、数量大。我国现代形式的户外广告开始于改革开放之后，然而在世界范围内这一广告形式已经取得了较大的发展，我国户外广告的开端是对国外先进户外广告形式的引进，在此基础上随着经济的发展而迅速发展，出现了多种形式的户外广告，因此我国户外广告呈现出了新旧形式混杂的状况。我国地域户外广告发展不均衡，经济较为发达的地区及城市，户外广告质量较高、形式多样且呈现出了多样的创意形式；西部和北部等内地经济不发达的地区及城市，户外广告形式少，质量相对较差，创意形式简单。

(2) 户外广告对城市形象建设的作用。

户外广告是城市形象建设中重要的一环，适应城市形象的优秀户外广告让人赏心悦目，能够提升城市形象，而粗制滥造的户外广告一方面传播力较差且占用城市资源，造成浪费；另一方面，这种户外广告的出现使城市难以在人们心中留下好印象。户外广告对城市形象的作用主要体现在以下几个方面：

首先，户外广告是城市形象的名片。户外广告是城市的一面镜子，是

---

① 周燕. 户外广告与城市形象建设的关系：以重庆为例［D］. 重庆大学硕士学位论文，2012.

城市的名片，户外广告在地区文化的引领下，能够彰显城市的主流文化。户外广告体现着城市的风格调性，好的户外广告依附于城市文化，尽管创意存在着不同的形式，但这些户外广告形式具有同样的风格。例如，承德市的户外广告多体现皇家猎苑风范，街道上设置了较多雕龙牌坊，以彰显其文化；晋商较多的平遥古镇的户外广告则较多地体现了钱币、镖局等元素；上海则是经济发展的中心地区，户外广告形式极尽现代化，尽显科技感和时尚气息。通过这些富有地区特色的户外广告，能够快速地识别出城市。城市的户外广告建设能够体现城市的综合实力，包括经济硬实力和文化软实力，因为户外广告是经济发展状况的重要体现，通过户外广告能够展现城市的经济发展水平和经济发展环境，了解城市中强势产业或产品的信息。同时户外广告体现着城市规划与城市风貌，城市规划对于户外广告的管理至关重要，城市规划过程中能够减少对居民生活和城市发展不利的因素，让城市建设更为有序。城市公共设施的部分户外广告不但能够发挥广告的作用，还能够为人们的日常生活提供便利和趣味，如公交站台的灯光设计。富有创意的户外广告形式能够增加广告的趣味性，例如英国伦敦街头只对女性播放的智能广告屏，这块关于促进妇女教育的广告牌能够识别男性与女性，识别出女性则播放广告，识别出男性则将他们引导到其他网站，通过这样的广告形式让男士们体会性别歧视的感受。

（图片来源：http：//www. chinanews. com/tp/hd2011/2012/02 – 23/88932. shtml # nextpage）

（图片来源：http：//www. chinanews. com/tp/hd2011/2012/02 – 23/88930. shtml # nextpage）

其次，户外广告是城市的装饰品。优秀的户外广告能够装点城市，让城市环境更美。随着经济的发展，户外广告形式不断更新，户外广告不单是商业信息的累积，而且采用多种形式进行更加艺术的展示，如夜晚的霓虹灯设计、街头的动画人物模型等。在城市规划中，有序发布的户外广告使城市更加秩序井然，能提升城市形象，让城市更洁净、更为现代化。许多户外广告元素的增加为城市增添了活力，装点了城市，为城市带来了美感。

再次，户外广告的功能性。户外广告占据着城市的空间，随着城市规划的不断深入以及广告竞争的加深，众多户外广告建设不但要具有观赏性，还要具有实用性。发挥户外广告的功能性能够为城市居民的生活带来便利，提高城市资源的利用水平，这样有效地利用空间资源能够更为深入地整合有限的城市资源，创造更有价值的使用模式。户外广告的功能性设计体现了城市建设与商业发展的人性化，通过功能性户外广告建设能够增强人们的体验，是以人为本精神的体现。

二、广州市户外广告建设现状

1. 广州城市形象的文化体现：岭南文化与粤文化

岭南是指我国南方五岭（越城岭、都庞岭、萌渚岭、骑田岭、大庾岭）以南，主要包括广东、广西、海南全部地区以及湖南、江西的部分地区。岭南地区自古远离政治中心，形成了具有独特风格的岭南文化。广州市在文化上隶属于岭南文化，同时广州市近代时期成为对外商贸和思想文化发展的中心地区，精神文化上更具特色。

岭南文化的精神内核包括：

（1）开放包容。一切精神文化的形成同地理、历史、现实紧密相关，岭南文化也是如此。岭南文化的主要地区——广东自古便是对外经济文化交流的重要地区，近代时期更是如此。广州在近代时期对外开放较早，最早接触了西方先进的观念和技术，多方思想融汇使得广州文化开放且具有包容性。“在对待异质异地文化的问题上表现出来的开阔的胸襟和宽容的气度，它不害怕‘异端’‘邪说’，而是兼容并蓄，择善而从，甚至直接进行文化嫁接，拿来为我所用。”① 这种开放包容的精神使得人们能够以开放的姿态接受新思想和新事物，并能够融会贯通，为我所用。现代广州同样具有这样的思想文化特点，思想文化融合较多，敢开言路之先。

（2）务实发展。自古远离政治中心的岭南地区形成了经世致用的文化精神，岭南地区自古是对外商贸的中心，政治因素的影响较小，因此人们对商贸更为重视。经世致用的特征反映在“近代岭南思想家们的思想体系

---

① 唐孝祥．试论近代岭南文化的基本精神［J］．华南理工大学学报．2003（1）．

具有明显的实用主义倾向”①。这种重商求实的经济思想促使岭南地区在近代时期出现了多种经济思想，开中国经济思想之先。

（3）天人合一。岭南文化具有天人合一的自然观，这种观念强调了“天”与“人”的自然相通，这种思想最早由庄子提出，西汉时期经由董仲舒进一步发展。岭南文化中的天人合一是“空间观念与社会秩序具有最高的权威性和可信仰性”② 这种天人合一观念在岭南地区的建筑、生活方式、书画艺术中都有所体现。在城市建设方面同样也体现着这样的观念，广州素有“花城”之称，广州人以种花为业的行为已经有1 000多年的历史，广州市区内绿化面积逐年增加，广州市政府计划广州市2015年的森林覆盖率要达到42%，同时市区绿化要同市区建筑与公路等融为一体，获得更美的景观效果。

粤文化则着重体现在广东地区，主要表现在语言、饮食、居住等生活多个方面上。语言上，粤语在广东主要城市及香港、海南等地都比较普及，粤剧即以粤语为演唱语言的歌剧；饮食上，粤菜成为中国菜系的重要组成部分，以用料广博、复杂精细著称；早茶文化是粤文化的重要组成部分，广州传统就有早茶文化，人们在饮用早茶的过程中就能知天下大事，早茶成为人们相互交流、沟通的重要渠道；建筑上，粤文化使广州地区形成了简单、朴素、通透的建筑风格。

改革开放后，珠三角地区成为中国经济发展的重要区域，更多先进的经济形式和科学技术在这里聚集，广州也成为中国重要的经济发展中心。现代的广州既保留了历史传承的岭南文化，又融合了外来文化思想，成为一个多元融合的城市。

2. 广州市户外广告与城市形象关系的现状

（1）户外广告形式多样，但广告设置混杂。

由于广州市经济发展中心的地位，广州市户外广告发展更为快速，因此广州市户外广告出现了多样的层次与形式，主要表现为：在城市经济中心地区，户外广告总体上质量较高、艺术性较强、技术较为先进，这些地区的广告呈现出广告内容的精致与科技感，风格调性较为和谐，能够与周围建筑相得益彰。例如广州市商业网中心花城广场地区，出现了大量艺术形式的户外广告形式，具有较高的观赏性和艺术性；而位于城市周边或城中村地区的户外广告则是多种形式的户外广告相结合，既有质量较高、创意良好的户外广告形式，也有质量低劣、制作简略的广告，总体上呈现出

① 唐孝祥．试论近代岭南文化的基本精神［J］．华南理工大学学报．2003（1）．
② 邓兴华，谢毓珍．岭南文化与2010年广州亚运会宣传［J］．体育学刊．2008（12）．

一种混乱无序的视觉效果。

（2）户外广告建设与广州岭南文化、粤文化的结合。

广州市以岭南文化和粤文化著称，其地理位置靠近港澳地区及东南亚国家，同时又汇集了来自全国各地的人群，成为一个文化多元的城市。总体呈现出以岭南文化和粤文化为主，以外来文化为辅的城市文化特点。然而，广州市体现城市文化的户外广告形式较少，更多的是采用现代技术和理念而形成的广告形式。以岭南文化为背景的户外广告多为房地产广告或文化展览等，在商业背景下则更倾向于富有现代气息的广告创意形式。广州市户外广告富有岭南文化和粤文化特色的地区为北京路和上下九步行街，其中多家老字号店铺采用传统粤文化招牌或旗帜，富有文化气息，然而，这种户外广告设置同样反映了一个问题，即广州市文化传播的不平衡。尽管广州市内仍然保存了众多文化遗产，但从户外广告上便可得知其宣传并不充足，粤文化与岭南文化的户外广告形式多为老旧式广告，例如旗帜广告、牌坊等，大多户外广告制作较为粗劣，没有先进的技术支撑，相比中心商务区的高科技户外广告形式，岭南文化与粤文化显得风烛残年，无法与新的文化和思想并驾齐驱。这也说明，广州市的户外广告依然不能与城市文化相融合。

（3）城市户外广告的艺术性与功能性。

户外广告的艺术性能够帮助广告信息的传播，而功能性能够让户外广告与城市生活融为一体。艺术性要求户外广告美观、有品位，或者要求户外广告有趣味，摒弃粗俗的信息。艺术性同时还要求户外广告所传达的信息内容健康积极，应避免信息轰炸式设置。广州市经济文化较为发达，其寸土寸金的特性使得户外广告更加希望传达最大量的信息给目标受众，这造成了户外广告设置过多，导致了建筑被户外广告牌包裹的现象，还造成了信息的混乱与泛滥。功能性则要求户外广告能够为居民带来实用性价值，体现城市规划与商家的人文主义精神。广州市内的户外广告在艺术性上表现出多层次的水平，商业中心地区的户外广告艺术性较强，而经济欠发达地区的户外广告艺术品位则鱼龙混杂。在实用性表现上，广州市内具备实用性的户外广告较少。

（4）城市户外广告的安全性与秩序性。

广州市内的户外广告形式多样，既有先进科技构成的户外广告形式，也有老旧、落后的户外广告牌、广告招牌等。在户外广告的安全性上，广州市存在大量安全性较低或质量低劣的户外广告，这些户外广告存在因常年使用老化、因资金投入少而质量低劣等问题，成为居民身边的安全隐患。在户外广告的秩序性上，广州市内的户外广告放置仍存在问题，大量户外广告牌将建筑包裹起来，使人产生视觉疲劳，同时使城市形象混乱无序；同时还存在户外广告设置位置的无秩序现象，大量户外广告的位置设置为城市居住造成了不便。广州市保留了大量的老旧建筑，握手楼（指楼与楼之间的间距不符合国家相关规定、距离太近的楼房，人们形容同楼层的住户开门即可握手，因此称为握手楼）和小街巷是广州市的特色，在这其中大量小商家乱放户外广告设备，包括广告牌、货架、音响等设备，部分户外广告设备过分占用公共空间，给居民生活造成了不便。例如，某些小餐馆将广告牌等摆放至行人专用道路上，干扰了居民的正常行走，给人们造成不便；某些商铺将音响放置在公共空间中并开至较大声音，影响到了居民的日常生活和休息。这些无秩序的户外广告不但干扰了人们的正常生活和出行，还造成了城市视觉的混乱和污染，不利于城市形象建设。

（5）户外广告规制水平逐渐提高。

2010年广州举办亚运会，在筹备亚运会与亚运会开展的过程中，广州市对户外广告管理做出了更为明确的规定和优化设计，逐渐减少楼宇上的户外广告量以增加其美观性，同时增加大量土地面积用于城市绿化，通过长时间的努力，广州市已经取得了良好的效果，城市形象建设取得了成效，然而对于户外广告设置的管理仍然任重道远。

3. 广州市对户外广告的规制与建设

2010年后广州逐渐加强了对户外广告和城市规划建设的规制，出台了一系列措施进行管理，为保障2010年广州亚运会的有序进行，广州市对违规的户外广告进行了大规模拆除。为对广州市户外广告进行进一步规范管理，广州市政府常务会议通过了《广州市户外广告与招牌设置管理规定》，于2010年8月实行，并于2013年进行了修正。

《广州市户外广告与招牌设置管理规定》对广州市内的户外广告进行了改进，“将户外广告和招牌作为市容景观控制对象，纳入城市管理范畴，由城管统管其设置，实现户外广告设置管理与内容管理的合理分离和有效衔接”[①]，新的规定建立了《设置证》和《登记证》两证结合的管理模式和审批模式，强化了户外广告建设的民主透明制度。

广州市同样出台了《广州市户外广告布局专项规划》，并于2012年正式实施。在新的规划中，广州市各路段被划分为优化设置路段、控制设置路段和禁止设置路段，“优化设置路段允许在商业建筑、综合建筑的商业部分和

---

① 广州市户外广告和招牌设置管理办法［EB/OL］. http：//money.163.com/10/0902/04/6FI39DAT00253B0H.html.

商务办公建筑上设置户外广告，控制设置路段只允许在商业建筑或综合建筑的商业部分设置户外广告，禁止设置路段则禁止设置除公交候车亭广告、电话亭广告、报刊亭广告、人行过街隧道广告、二层连廊广告以外的永久性户外广告设施”①，该项规定中还对户外广告与地面的具体距离做出了规定。

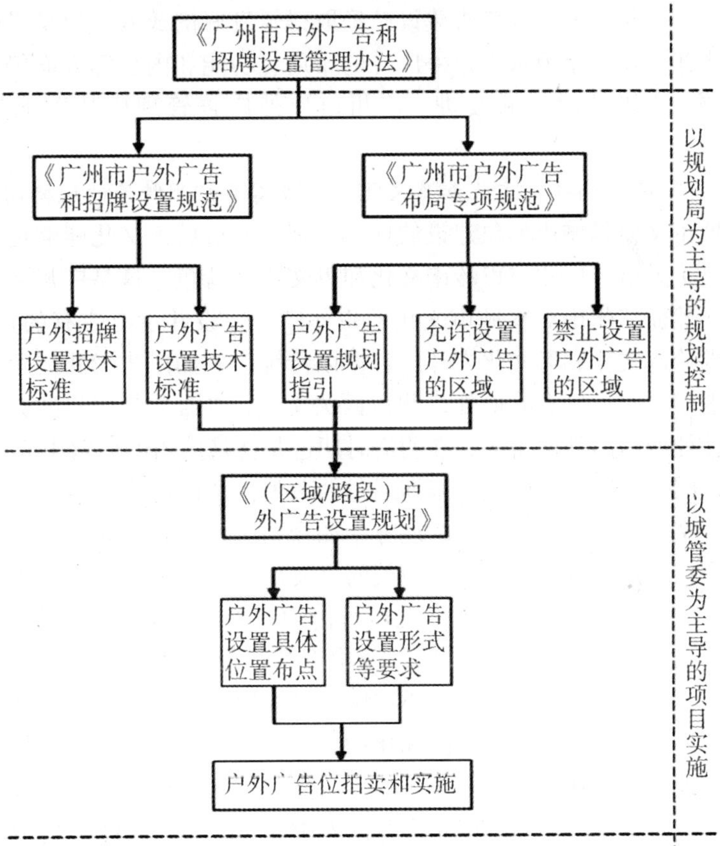

（图片来源：骆汇子．广州重点地段户外广告设计初探［D］．华南理工大学硕士学位论文．2012.）

在户外广告如此繁华的今天，广州市通过这两项规定，对城市户外广告进行了更加有序的管理和规划。同时，这两项规定还对重点文物、历史建筑等进行了重点保护。在新的规划指导下，广州市的户外广告建设更为

① 广州户外广告布局专项规划已正式实施［N/OL］. http：//news. ifeng. com/mainland/detail_2012_05/14/14514226_ 0. shtml.

有序，但广州市内的户外广告现状由来已久，还需要政府与民众共同且长期的努力才能够将其建设得更好，城市形象才能够得到大幅提升。

三、未来广州市户外广告建设探讨

尽管广州市的户外广告建设已经取得了良好的成效，但是广州市内户外广告建设还任重道远，户外广告的布局、功能和内容等方面仍然存在许多问题，需要日后不断改进，广州市户外广告管理应从以下几个方面改进：

1. 宣扬广州岭南文化和粤文化，建设富有广州特色的风格调性

城市文化是城市形象建设的理念识别，通过城市文化能够迅速了解城市的风土人情。广州市以岭南文化和粤文化为特色，这是广州重要的城市文化。然而广州市对本城市文化的户外广告建设并没有应有的宣传力度，优秀的岭南文化和粤文化户外广告多以传统旧式的广告形式展示，且广告内容老旧、缺乏创意。例如广州市西关文化，“西关是广州的旧城，因明清时地处城西门外而得名，在明清时期这儿就是广州的商贸中心”①，清朝时期外国同中国进行商贸往来即通过西关地区，因此广州西关成为当时广州地区文化和经济最为繁荣的地方。如今西关仍然存在于广州，但其文化影响力在广州地区相对较弱，西关的主要地区上下九在今天成为广州市步行街，以西关美食著称。上下九步行街的户外广告多是老式仿古的形式，其中有众多老旧的户外广告牌，音响设备播放混乱，给人们造成视听污染。相比西关地区，广州市中心花城广场周边的户外广告则极富现代科技感与时尚气息，展现了一个国际化的经济中心。两相对比，广州市的城市文化建设的问题在于对需要传承的传统文化较为忽视，城市间区域形象差别较大。对于城市文化，广州市并未着重建设，使得传统文化地区与经济文化发达的中心地区出现面貌上的极大差别。对岭南文化和粤文化的宣传应着重将先进的技术与传统的文化相结合，对不适应城市形象的户外广告进行更换。同时，广州市户外广告对于城市文化的宣扬应具有基本一致的风格调性。

2. 充分利用户外广告资源，建设实用性和功能性强的户外广告

户外广告的功能性和实用性体现了商家和城市规划上的人文主义精神，广州市经济较为发达，因此资源相对紧缺，资源的充分利用能够更加

① 西关文化［EB/OL］. http://baike.haosou.com/doc/5795170.html.

节省资金。欧洲国家的广告业较为发达，在户外广告形式上创建了众多实用且具有创意的户外广告形式，众多有趣味性的户外广告形式也出现在美国、欧洲等国家和地区。这样的广告形式不但能够方便人们的生活、娱乐人们的身心，还能够更加有效地进行信息宣传，最大限度地发挥广告应有的作用。在广州市内，较少出现实用性与创意兼具的户外广告设计。在西方国家优秀的广告案例设计中，有公交车上的手表形状的把手设计，充分利用了原有资源且宣传了广告信息。广州市内具有功能性和实用性的户外广告设计还需要创意研究人员具有融合了人文精神的优秀想法，同时也需要广州市政府的支持和理解，在提高城市形象和城市生活水平的目标的指引下，建设富有实用价值的户外广告形式。

3．符合城市美学要求，装点美丽广州

在规划建设户外广告的过程中，应考虑城市美学的要求，才能让城市形象更加具有艺术性。广州市的户外广告建设地区间差别大，户外广告形式多种多样，部分地区的户外广告过多造成了视觉的混乱，某些户外广告内容低俗，创意欠缺，让城市形象显得庸俗。城市美学要求户外广告的色彩、秩序应给人赏心悦目之感，这不仅仅是对某一个户外广告而言，而是多个户外广告组合的共同效果。广州市户外广告建设在城市美学层面的考虑，应着眼于平衡不同地区的广告层次，减少户外广告造成的视觉污染。广州市同样也做出了这样的努力，逐渐减少了户外广告对建筑的包裹，对户外广告质量做出了控制。

4．重视户外广告的安全性和秩序性建设

广州市大量户外广告的建设中存在着安全性和秩序性等问题，大量户外广告长期使用，并且由于资金投入较少而质量较低。众多安全性差的户外广告给人们的生活造成了安全隐患，尽管广州市对劣质的户外广告进行了大规模的规整，将老旧的、安全隐患较高的户外广告进行拆除，然而，如今广州市依然存在大量的安全性较差的户外广告设施。同时，广州市存在大量无秩序的户外广告设施，占用了人们的公共区域，给人们的生活造成了不便。在户外广告的安全性和秩序性建设上，需要广州市政府行政措施的积极配合，采用强制性行政措施，进一步对安全性差和无秩序的户外广告进行规划管理。

5．宣传积极健康的信息，避免信息轰炸

现代社会中的户外广告存在着大量的信息轰炸，在寸土寸金的商业广告时代，商家们都极力在有限的户外广告资源中发布最大量的广告信息，也因此造成了现代社会中普遍存在的广告信息轰炸现象。这种现象在广州的经济中心地区更为明显，广州同样是各种思想汇聚的地区，多种多样的信息在此汇集，因此也出现了大量庸俗广告。广告信息内容的庸俗和信息的轰炸让广州的城市形象难以树立，这种状况同样需要广州市政府的积极配合。

四、总结

户外广告是城市形象的重要名片，建设良好的户外广告才能展现出城市的经济发展水平和城市形象建设规划。广州市是中国经济发展的重要地区，户外广告发达，但同样存在层次多样、安全性与秩序性差、美观性差的现象，其创意性和美观性仍需要进一步提升，尽管广州市为此做出了许多努力，但仍有需要提高和改进的地方，广州市的城市形象建设之路仍然任重道远。

第三部分　城市形象传播个案研究

2014年青奥会与南京城市形象传播

王　丹

2014年8月16日20时，第二届夏季青年奥林匹克运动会在南京隆重开幕，这是继中国举办2008年北京奥运会之后，第二次举办具有国际影响力的奥林匹克赛事。为顺利迎接此盛事，南京从2010年起就着手准备，全省人民共同努力，以节俭的理念进行各方面设施的建设与服务的筹备，最终为世界举办了一场获得国内外一致好评的赛事。“中国梦”的实现是离不开“青年梦”“体育梦”与“城市梦”的，而2014年南京青奥会则使得年轻的活力、运动的精神、城市的风貌三者相得益彰，给南京这个历史文化悠久、蕴含着浓浓文化气息的古城又注入了更多新生代、新时代的活力，为南京城市形象进一步的更新与更具影响力的传播创造了契机，对南京城市各方面的长久、长足发展都具有重大的历史意义。

一、历届青奥会概况及影响

青年奥林匹克运动会（The Youth Olympic Games，YOG），简称为青年奥运会或者青奥会，是一项融合了体育、教育、文化等领域内容的国际奥林匹克赛事。青奥会是专为青年设立的综合性运动会，参赛选手的年龄限定为14周岁至18周岁，旨在通过比赛将世界优秀青年运动员聚集在一起进行一场高水平的竞赛，并倡导青年人养成积极、健康的生活方式。青奥会每四年举办一届，运动项目可分为夏季青奥会和冬季青奥会两种，其中夏季青奥会历时最长12天，大部分比赛项目与奥林匹克运动会相同。与奥运会不同的是，该运动会既秉承了“卓越、友谊、尊重”的奥林匹克精神，又对世界范围内的青少年具有教育意义，鼓励青少年在接受文化教育的同时积极参与体育活动，在互动与共享中健康成长。

目前夏季青奥会已举办过两届，冬季青奥会举办过一届。第一届夏季青奥会的举办地为新加坡，于2010年8月14日至2010年8月26日举行，第一届冬季青奥会举办地为奥地利蒂罗尔州的因斯布鲁克，于2012年1月13日至2012年1月22日举行。第二届夏季青奥会为2014年南京青年奥林匹克运动会，于2014年8月16日晚8时在南京奥林匹克体育中心开幕，本届赛事设有28个大项以及222个小项，有3 787名来自204个国家的青年运动员参加了比赛。青奥会注重节俭的理念，要求举办的城市使用原有的体育、文化设施，最大限度地减少对居民生活的影响。尽管2014年南京青奥会的比赛项目和参赛青年人数有所增加，但花费预算控制在18亿元人民币以内，相比往届国际奥林匹克赛事的开支已经明显减少，仅新建了青奥体育公园这一个场馆群，且计划在2015年内将青奥体育公园免费或低价向市民开放，这不仅完善了本届青奥会场馆的全面建设，还惠及了南京城市居民的日常生活，不失为一个两全其美的重要举措。国际奥委会主席巴赫称赞南京青奥会道："中国江苏南京向世界呈现了一场十分精彩的青奥会开幕式，充分体现了中国的高效率、完美无瑕的运行和中国人民的热情友好……在南京举办青奥会是非常正确的选择。"

表1　历届青奥会概况

届次	承办年份	承办地	大项数目	会徽	吉祥物	口号
第一届夏季青奥会	2010年	新加坡新加坡市	26项	SINGAPORE 2010 YOUTH OLYMPIC GAMES	利奥（Lyo） 梅利（Merly）  	开路先锋
第一届冬季青奥会	2012年	奥地利因斯布鲁克市	7项	INNSBRUCK 2012 YOUTH OLYMPIC GAMES YOG DNA	Yoggl 	亲身参与
第二届夏季青奥会	2014年	中国南京市	28项	NANJING 2014 YOUTH OLYMPIC GAMES YOG DNA	砳砳 	分享青春，共筑未来

大型体育赛事在一个城市的举办无疑会吸引众多的目光。2008 年北京奥运会的顺利举行使得北京吸引了来自世界各地的关注，赛事举办权的获得已经初步证实了主办地的能力，奥运会各方面的建设则进一步向世界展示了中国的实力。大型体育赛事为城市带来的社会效益和经济效益是显而易见的，对举办城市的形象建设和传播来说也是一个极为宝贵的机会。除了单纯的体育竞技以外，大型体育赛事需要世界范围内的广泛参与，再加上大型体育赛事本身所具有的影响力和号召力，就能够对城市形象的建设与传播以及城市未来的发展起到良好的助推作用。青奥会作为一个国际大型体育赛事，除了具有高度的参与度、竞技性、影响力和科技性以外，还因为政府的积极参与以及市场化的运作而对南京城市的发展起到极大的推动作用。

伴随着城市化进程的快速发展，城市形象在城市建设与发展过程中起着越来越显著的作用。城市形象是一座城市的内在精神和外在风貌的总和，既包括城市的房屋建筑、城市规划、自然景观等物象表现，也包括城市居民的言行举止、生活习惯、文化程度、精神道德等人的行为活动表现，还包括城市建设理念、发展潜力、社会风气、城市活力等城市本质特征的表现。城市形象还是城市内外人们对城市的具体感知与总体评价，是人们对一个城市的心理感受与反应。良好的城市形象有利于城市特色的展现和城市魅力的增强，由此增强城市活力及吸引力，吸引更多来自外界的目光，有利于人才、外资的靠拢和引入，获得更多的社会资源和发展机遇，增强城市竞争力，从而促进城市的进一步发展，形成良性循环。

2014 年南京青奥会的举办，给南京向世界展示自己的风采提供了一个更加广阔的平台。在城市化进程加速的背景下，城市之间的竞争逐渐加剧，大型体育赛事的举办也成为影响城市间竞争的重要因素。体育活动是积极与活力的代名词，是当代社会精神文明建设不可或缺的组成部分，与人的健康和精神紧密相连，而人是城市的重要组成部分，人的活动是城市形象的直接外在表现，因此体育赛事的成功举办必将增强城市活力，体现城市的文明程度，也增强城市的竞争力。青奥会的举办既证明了南京的城市实力，促进了南京体育事业的发展，也为南京向世界展示城市景观和人文风貌创造了契机，为南京的社会精神文明建设注入了新的活力。而南京也为青奥会付出了诸多努力，政府、市民、媒体等多方相互协调合作才促成了赛事的成功举办，才能最终促进南京城市形象的进一步建设与可持续发展。

二、南京城市形象与承办青奥会的优势

被称为“六朝古都”的南京，别名金陵、建康或是石头城，是一个有着六千多年文明史的古都，是中华文明的重要发祥地，有着厚重的历史文化底蕴和丰富的社会资源。中山陵、明孝陵、明城墙、玄武门……这些留存着中国历史印记的建筑都是南京城的珍宝，是南京城市形象的重要代表。与上海、香港这样的时尚之都有所不同，南京的城市形象与它的历史渊源相关，作为南北方文化交汇前沿的南京，包容并蓄是它特有的文化内涵。随着社会的发展与变迁，一座座高楼大厦拔地而起，能够代表南京的不再局限于历史文化资源，繁华的新街口、众多的高校、不断更新完善的社会资源无一不在为南京城市形象增添新的内涵。随着全球化与城市化进程的加速，城市形象不可能固守原有的状态而不随着时代前进，不断向更适应社会发展潮流的方向改革创新是提升城市形象的首要前提。

1. 厚重的城市文化底蕴

20 世纪 30 年代，著名文学家朱自清先生在《南京》一文中这样描写南京：“逛南京像逛古董铺子，到处都有些时代侵蚀的遗痕。你可以摩挲，可以凭吊，可以悠然遐想；想到六朝的兴废，王谢的风流，秦淮的艳迹。”千百年来，历代在南京这块土地上生活过的人民辛勤劳作，为南京创造了灿烂的文明，这块土地上印刻着历代王朝的兴衰和文人墨客的情怀，南京的历史文化底蕴无疑是深厚的。被称为“十朝都会”的南京在作为都城时，是当时国家政治、经济和文化的中心，人们在这里创造了影响整个中华的科技、艺术和文化。无论是东晋南朝时期祖冲之的科学、哲学、文学成果，王羲之、王献之、顾恺之的艺术瑰宝，还是隋唐后李白、杜甫、刘禹锡等文人墨客造访此地所创作的艺术成果，都是南京文化的传承渊源。人们用“人杰地灵”来赞誉南京。艺术作品的一个常用手法便是寓情于景，可想因南京而生的众多艺术作品在一定程度上是源于南京独特的山水风景，这些来源于南京的优秀成果又为南京文化增添了韵味。

自然风光孕育了南京文化，建筑则蕴含着文化与技术的精髓。秦淮河是南京的重要河流，是南京城的摇篮，孕育着南京经济、文化的发展。秦淮河畔的夫子庙人来人往，是当今的旅游胜地，名声赫然，秦淮文化也是南京文化的重要组成与独特之处。作为明太祖朱元璋和马皇后陵寝的明孝陵，是明代帝陵中规模最大的一个，现在也是南京的重点旅游观光地，在全国享有盛名。南京城中还有玄武湖、紫金山、栖霞山这样的自然风光，

以及玄武门、明城墙、鸡鸣寺、朝天宫这样的古建筑，它们都是南京文化的直接体现，由它们产生的一系列文化成果，又为南京文化积累了更加丰富的内涵。

教育是南京文化的又一重要体现。有文字记载，南京地区从东汉初年开始办学，明代国子监是全国最高学府。截至2013年，南京共有普通高等学校54所，普通中学218所，普通小学339所，是国家三大高等教育中心之一、国家四大科研教育中心之一，科教实力在全国仅次于北京、上海，位于第三位。莘莘学子在这里接受教育，丰富了南京的社会生活，促进了南京的文化发展。

2. 稳定的社会环境

作为江苏省省会的南京，社会环境在总体上是和谐稳定的。从总体经济状况来看，早在2008年南京的经济发展能力已位于中国第五位，仅次于北上广深之后。南京不仅是中国重要的农业和商品粮基地之一，更是国家重要综合性工业生产基地、现代服务中心和先进制造业基地，在中国城市综合实力“五十强”排名中，南京排第五名。南京拥有众多知名企业，如苏宁环球、金陵石化、跃进汽车、太平洋建设等，汽车、电子、钢铁、石化是南京第二产业的四大支柱。在长三角地区，南京是仅次于上海的商贸中心城市，是国家发改委定位的全国重要区域金融商务中心。金融业、会展业、软件产业、文化产业是南京第三产业发展中的重要支柱产业。在交通上，南京是国家综合交通枢纽，连接华北、华东和华中铁路交通，是东部铁路交通枢纽的中心，地理位置优越。在医疗卫生方面，南京医药历史悠久，医疗卫生体系完善且医疗水平、医疗卫生环境均位于全国前列，是国家重要的医疗医药中心。在社会治安上，安全性是一个社会文明程度的重要体现，平安建设是南京各领导阶层指导工作的重要指标，较高的城市管理水平让生活在南京的市民得以在安全系数高的社会中安心生活，也正是因为安全度较高，南京市民才得以安居乐业，南京才能吸引众多外来游客促进旅游业发展，南京产业建设才得以持续发展。

3. 优美的城市风貌

随着社会进步和生活水平的提高，生活的环境和品质也越来越受到人们的重视，因而城市环境成为吸引人才和城市间竞争的重要指标之一。围绕着为市民建设最佳人居环境的目标，“绿色南京”建设全面启动，在多处都取得了显著成效。南京的森林覆盖率达到24%，绿化覆盖率近五成，比率为46.1%，全市自然保护区有23个，受保护面积为749.29平方公里，城市空气质量良好以上天数近九成，为88%，除此之外，南京还是全省甚至是全国最安全、最优良的水源地之一。总的来说，南京全市的环境质量优越，处于稳定上升的趋势。

除了生态环境，南京还有众多优美的人文环境。正如上文所说，南京拥有一大批凝聚着南京文化内涵的古建筑与自然风光，正因为有着如此丰富的资源，南京才能成为全国著名的旅游城市。它是中国首批优秀旅游城市之一，众多旅游景点之中的钟山风景区、夫子庙秦淮风光带更是已经成为国家5A级旅游景区，另有雨花台、玄武湖、总统府、朝天宫等10个4A级旅游景点。其中许多旅游景点都处在城区中心，与城市新建建筑交相辉映，共同为南京城市环境增添光彩，是历史感与现代感的融合。

南京拥有新街口、珠江路、夫子庙、湖南路等多个商业区，其中最繁华的商区便是新街口，高楼大厦拔地而起，数个大型商场在此处建立，国际品牌在此云集，地上、地下的商店总是人来人往，一派繁华的商业景象。商场的内部建设、楼宇的外观也时常进行装修升级，每一次新的变化都助益南京城市形象的进一步提升，南京的城市形象不仅仅是文化古都，忙碌的商业气氛也为它增添了新的内涵。

4. 深厚的体育渊源

南京能够承办2014年青奥会绝不是一个偶然，而是历史的必然。中国近代体育的开端在南京，在1910年，南京就举办了中国历史上的第一次全国运动会。1924年8月，中华全国体育协进会在南京成立，这便是中国奥委会的前身。南京是中国奥运梦开始的地方，在近现代史上为中国奥林匹克事业做出了伟大的贡献，有着重要的历史地位。

除了举办了中国历史上第一届全国运动会以外，南京还承办了多个大型综合型运动会，包括2003年9月举办的第六届全国残运会、2005年10月举办的中华人民共和国第十届运动会、2013年8月举办的第二届亚洲青年运动会等，诸多大型赛事的举办，为南京更好地承办青奥会打下了坚实的基础，极大地增加了青奥会顺利举办的可能性。

位于建邺区的南京奥林匹克体育中心是2014年南京青奥会的主会场，它于2005年交付运行，是亚洲仅有的4个A级体育馆之一，占地面积1 345亩，总建筑面积约40万平方米。南京奥林匹克体育中心是一个综合性的体育中心，有5个可同时进行比赛的场馆，各场馆均可满足综合型体育赛事的比赛要求，中心整体可同时容纳8.7万人。除了奥林匹克体育中心之外，南京还拥有五台山体育场、南京体育学院（中央体育场）、江宁体育中心、南京市龙江体育馆等多个体育场馆，体育设施齐全、布置得当，为2014年青奥会在南京顺利举办创造了良好的先决条件。

三、南京承办青奥会所采取的具体措施

多年以来，南京已经承办了数次大型综合性运动会，无论是赛事所需的基础设施还是各项工作的筹划，都有了一定的基础，这对本届青奥会的成功举办有着极大的帮助。除了常规性的工作设施以外，南京青奥会还在赛前进行了一系列社会大众都可以投身其中的体育文化活动，还运用新媒体技术发布与青奥会相关的信息并与大众进行互动，这些举措都鼓励了市民积极参与到青奥会的筹办工作中来，对促进南京青奥会的成功举办及南京良好城市形象的传播都起到了推进作用。

1. 及时进行思想指导工作

2010 年 2 月，在加拿大温哥华举办的会议上，通过投票选举，南京成为第二届夏季青奥会的举办城市。从当选举办城市起，南京就已经开始着手为 2014 年青奥会的举办进行一系列筹划工作。2010 年 7 月，中共南京市委、南京市人民政府出台了文件《关于“办好青奥会　建设新南京”的意见》，批准通过该文件的市委常委会议指出，本届青奥会是江苏省承办的规格最高的体育赛事，对南京的政治、经济、文化各方面的发展来说都是一个重大机遇，有利于促进南京又好又快地发展，在南京城市发展史上具有里程碑意义。南京不仅要正确认识青奥会的重要性以及对南京的发展建设的意义，为青奥会的举办竭尽全力，为世界奥林匹克运动与精神的推广做出贡献，还要通过对奥林匹克重大赛事的举办推进南京城市的发展，推进城市建设目标的早日实现。从 2010 年到 2014 年青奥会举办这段时间内，时间短，任务重，需要全市上下始终保持高度的责任感与使命感来协调进行各阶段的工作，确保青奥会最终在南京顺利举办。同时会议还提出青奥会的场馆建设要确保高质量、高水平，赛事准备工作的筹办要达到高效率，坚持文化教育与体育竞赛的融合，坚持可持续发展，坚持创造效益最大化。

2011 年 1 月，南京市第 14 届人民代表大会第四次会议批准通过了南京“十二五”规划纲要，纲要将筹办青奥会列为重要内容，指出“十二五”是南京加快转变经济发展方式、实现创新与转型发展的重要时期，也是筹办南京青奥会的重要时期。纲要将青奥会的筹办放置于工作重心的位置，以全方位、务实求效、整体协调的原则开展工作，在为顺利举办青奥会而努力的同时，为南京社会创造和谐稳定的环境。针对青奥会的筹办，纲要提出，在此期间全市上下要弘扬法治青奥理念，推进社会管理，营造

良好环境，建立青奥会法律服务团、法律服务志愿者队伍等等。在工作要求方面则明确提出要提高认识，把服务和保障工作放在重要位置；要落实责任，为青奥会提供的法治保障工作措施必须明确到位；还要加强宣传，以多种形式和途径对青奥会的筹办方法与经验加以宣传。

同年3月，南京青奥组委执行主席办公会第一次会议在南京举行，会议审议了青奥会基础规划、市场开发、场馆修建方案、预算安排、工作计划等多个重要内容，指出青奥会工作的筹办已经明确了任务，需要进一步地细化落实，要完善各项工作方案，本着节俭高效和凸显内涵的原则积极进行工作方案的协调与完善，并抓紧落实各项筹备工作。这一次会议是南京青奥组委会工作由基础规划层面转向战略规划层面的一个阶段性标志，从此时起，各方面的实质性工作都开始被提上实践议程。及时、到位的思想指导工作为南京更好地承办青奥会创造了前提，也为南京城市形象的传播注入了务实的内涵。

2. *以节俭为理念的基础设施建设*

基础设施的完善对于一个赛事的举办是必要的，尽管南京此前已经举办过多次综合型运动会，但伴随着时代的发展，不仅所承办赛事的水平要有所提高，南京城市建设本身也需要进一步发展。无论是用来举办比赛的场馆建设，还是南京各处体现城市形象的景观风貌，都在这一期间得到了优化提升。

南京青奥会的筹办以节俭为主要原则，在赛事全程使用到的35个场馆中，只有青奥体育公园这一个场馆是新建的，且在2015年将此场馆对市民开放，成为南京居民健身中心，恰好弥补了江北地区体育设施建设不完备的状况，切实秉承了可持续发展理念。另外，在本届青奥会中用来进行武术、攀岩、轮滑、滑板表演的“体育实验室”，原本考虑将其设置于南京奥体中心，后从可持续发展与生态环保的理念角度考虑，选址在建邺区青奥村南部鱼嘴湿地公园，赛后成为南京市民的户外运动基地，也是一处重要的青奥遗产。

在赛事全程使用到的35个场馆之中，大部分场馆都承办过大型综合性体育赛事，例如南京奥体中心就是2005年中华人民共和国第十届运动会、2013年第二届亚洲青年运动会的主要场馆，五台山体育馆则是1995年第三届全国城市运动会、2003年第六届全国残运会的主办场馆，这都为本届青奥会的举办奠定了基础，积累了经验，为南京青奥组委会在维修改造场馆过程中所坚持的“能改不建、能修不换、能租不买、能借不租”原则提供了可行的建设基础。在节俭理念的指导之下，南京青奥组委会还采用了许多替代性方案，例如射击场馆的雨水收集系统、环保涂料、阳光采集利用等设备就以租赁的方式代替购买，节省了一大笔经费；帆船比赛场馆则以地热能源来进行场馆的冷暖气的供应等，节省了能源，对生态环保也大有裨益。

除了场馆建设之外，南京还在城际交通、城市环境及风光带建设等多方面采取了一系列措施。在城际交通方面，开启了包括地铁10号线一期、宁高城际一期（机场线）和宁天城际一期在内的城市和城际轨道交通建设工程，解决草场门拥堵等问题的城市快速道路改造提升工程，新建小红山客运站及完善南京站、南京南站配套建设工程，以及机场高速公路扩建及其他对外交通工程等；在城市环境与风光建设方面，则开启了紫金山、玄武湖、明城墙保护及环境整治项目，滨江风光带建设项目，河西新城建设与改造工程，城市环境综合整治工程，以及青奥会场馆周边环境的完善整治项目等；公共服务方面，青奥会前，南京共新增公交车2 530辆，城区公交车全部实现无线WiFi全覆盖，推出临时赛时地铁线路，主城区新建200个公共自行车服务点，新增5 000辆公共自行车等多项公共设施完善工作。除了上述措施以外，还有参与人员的组织与培训，赛事相关信息传递渠道的建设等，实现了基础设施的全方位建设，也促进南京城市硬实力的彰显。

3．调动大众参与积极性

青奥会的成功举办离不开广大人民群众的积极参与和投入，获得社会各界的支持，因而赛事才得以顺利进行。青奥会举办方在调动群众积极性方面也做出了很多努力，组织了多项文化教育性集体活动，包括20个大类，活动场次达到5 000场左右，着力体现“奥运梦”“世界梦”“中国梦”“南京梦”，以青奥会的三大价值观“卓越、友谊、尊重”为核心贯穿活动全程，传播奥运文化的同时也体现了南京城市文化魅力。

赛前的文体活动也丰富多样，从申办青奥会成功的2010年开始，南京就已经开始组织一系列活动号召市民参与其中，感受青奥会氛围，投入青奥会的筹办之中。2010年9月29日，这一天正是世界步行日，南京举办了沿明城墙步行的活动，号召人们在9月29日至10月15日期间开展步行活动，活动主题是“迎接青奥会，建设新南京”，参加步行活动的队伍从玄武门内晨曦广场出发，向南沿玄武湖环湖道步行至太平门，沿途还有空竹、太极拳、健身气功等健身队伍的表演，体现了南京市民体育健身、喜迎青奥的热情，也带动全民对体育活动和筹办青奥投入积极性。

为了让南京市民更深入地了解青奥、参与青奥、支持青奥，2011年元旦，以“相聚五环旗下，迎接青奥盛会”为主题的奥林匹克会旗南京传递活动正式启动，护旗队由 1 名主旗手和 8 名护旗手组成，在启动仪式当天手持奥林匹克会旗绕场一周，展示了南京魅力的同时也展现了青奥会的风采。除了启动仪式当天的活动之外，在之后的 6 个月内，会旗深入南京 13 个区县传递，同时在各广场、社区、名胜景区、有代表性的大中小学等场所，每天举办展示、演出、竞赛和论坛等丰富多样的活动形式。最后，这一活动在 2011 年 6 月 23 日，即世界奥林匹克日这一天闭幕。

除了体育活动的组织之外，南京青奥组委还在文化层面组织了一系列活动，针对南京青奥会的举办，面向社会征集青奥会会徽设计、吉祥物设计、票面外观设计、招贴设计、火炬传递物品、官方制服设计方案以及主形象宣传片剧本和主题曲等多项内容的征集，共设立 2 662 个奖项，其中多项设置在全国大学生广告艺术大赛“南京青奥会”专题设计竞赛之中，广泛调动社会各界人士尤其是大学生群体对青奥会的思想关注，通过活动集思广益，也通过参赛者的创意充分而生动地展示了南京城市的人文魅力。

4. 有效运用各种大众传播媒介

信息的广泛传播离不开大众媒介，作为喉舌的媒介是政府与公众之间沟通的重要桥梁，对南京城市形象的传播起着举足轻重的作用。在青奥会的筹办与进行过程中，各种大众传播媒介都得到了有效的运用，电视、报纸、广播、户外媒体等传统大众媒介的运用是必然的，除此之外，在本届青奥会的传播过程中，新媒体的使用也成为一大亮点。虽然在此前的体育赛事传播中新媒体也被投入应用，但在此次青奥会筹办和进行过程中，新媒体技术的有效运用还是比较显著的。新媒体本身具有快速与大范围传播的特性，在青奥会过程中，新媒体的有效利用在南京城市形象对内、对外传播方面起到重要的推动作用。

其中一个最突出的例子就是南京青奥会吉祥物“砳砳”从最初被质疑到后来被大家认可、喜爱的过程。砳砳的形象在最初被推出的时候，许多网民表示不能理解设计者的思想，纷纷用“毛毛虫”“猪腰子”“二胡卵子”等来吐槽它，后来青奥会志愿者表演团队穿上砳砳的服装进行表演，以及开展的其他一系列搞怪活动，让大家发现了砳砳形象的呆萌之处，相关图片与视频被发布到网络上，引发了一阵激烈的讨论热潮。除了普通网友通过转发砳砳的萌照来表达对它的喜爱外，许多微博认证“加 V”账户和微信公众号也发布或转发相关内容。除了江苏本地媒体诸如南京市委宣传部官方微博“@南京发布”每天都发布砳砳的最新萌照之外，央视新闻、《人民日报》、新华网、《环球时报》等媒体的官方微博也时常发布砳砳的照片，这些照片经各热门认证账号转载之后，砳砳的知名度与认可度持续提高，许多相关微博转发量达到几万条。砳砳的形象当然不仅仅出现在网络上，青奥会前后，南京的大街小巷都能看见它的身影，多处普通的路口、大型商场的门口或是展览中心的门前都放置了砳砳的大型雕塑，这也为南京良好的城市形象塑造做出了贡献。

南京青奥组委会充分利用新媒体技术的另一个突出表现就是南京青奥会官方网站的开通，后腾讯签约南京青奥会，成为其网络独家合作伙伴，并由腾讯公司赞助建设新版南京青奥会官方网站。网站包括青奥新闻、竞赛日程与成绩、场馆与交通、运动员信息、志愿信息及观众服务等多方面具体内容，为参赛人员和社会大众提供了获取信息的便利渠道，不仅体现了青奥会的细致周到，也体现了南京城市形象中浓厚的人文关怀气息。

四、青奥会为南京城市形象创造的机遇

青奥会在南京的成功举办，无疑为南京良好城市形象的进一步完善创造了更多的机遇与更广阔的空间，无论是在对城市硬实力、软实力的提升上，还是在促进社会整体的协调发展上，都为各项措施的积极采取与尽快实现创造了可能。另外，除了促进南京城市形象自身的建设以外，对形象的对内对外传播也大有助益——对内提升公民的主人翁意识，并促进青少年体育文化教育的施行；对外则持续而广泛地展示城市形象，为加强文化交流、丰富城市形象内涵、深化城市形象传播带来更多可能。

1. 城市基础建设进一步完善，硬实力彰显软实力

城市基础建设是城市居民良好生活环境与社会和谐发展的基础和前提，基础设施的不断更新与完善是伴随着社会发展的必要条件。为顺利举办青奥会，南京在原有承办大型赛事的基础上又做出了相应的改进与提升，在节俭理念的指导下仅新建了一个比赛场馆，且总体预算都少于类似赛事的花费，在这样的情况下，青奥会成功举办且获得了高度赞誉。鉴于大型体育赛事的举办本身就会对举办城市各方面的建设提出很高的要求，因此青奥会的成功充分向国内外展示了南京在承办青奥会之前的原始实力，也展示了南京承办国际性大型体育赛事的能力。

对城市本身的硬实力建设而言，基础设施的完善促进城市的合理规划，为城市硬实力加强了保障，为社会各界更加和谐稳定地发展提供了良好的发展空间；对城市的文化软实力建设而言，硬实力的建设与完善有利

于更好地进行文化软实力的建设与推广，正因为南京有了良好的基础设施，青奥会的成功举办才成为可能。软实力不仅仅存在于书面文本中，更存在于南京的每一个建筑形态、每一个人的言行举止等众多内容的集合体之中，这个集体中的方方面面所折射出的内涵正是由于基础设施的完善而显得丰满，又因为与青奥会精神的融会贯通而显得丰富多彩。

2. 获得全球范围内的持续关注，提高城市知名度

同样作为国际奥林匹克赛事，相比奥运会，青奥会还具有文化教育功能，在南京青奥会期间所组织的文化教育活动中，有超过 5 万人次参与其中，2 万多名志愿者的倾心服务也获得了各界的广泛好评。青奥会不仅受到国内社会各界的重视，也在国际上得到了各国广泛、持续的关注。2014 年 8 月 23 日南京《扬子晚报》刊登的一则报道中称，国际奥委会的一项调查显示，全球有 30% 的人知道并了解青奥会。在青奥会开幕式上，国际奥委会主席巴赫和运动员代表一起拿出手机自拍，这些照片在网络上的传播得到网民大量的转发分享，青奥会的欢乐与大家心中的愉悦被散发到世界各地。在青奥会开幕式之后的一天内，青奥会的相关内容在社交网络上被广泛传播，实现 3 500 万次转发，共触及 4.5 亿人，可见南京青奥会在世界范围内受到的关注与影响力。同时，青奥会作为国际大型体育赛事，本身就是全球性的媒介事件，从开始申办时就已经受到关注。从 2010 年申办成功开始筹备，到 2014 年赛事的正式举行，青奥会所受到的关注就没有停止过，作为举办城市的南京也因此获得了来自全球的持续关注，这为拥有稳定社会环境、优美城市风貌、浓厚文化底蕴的南京向社会展现自身的城市风采时带来更多时间与空间上的机遇，南京在这段时间成为世界各国瞩目的焦点，城市知名度获得极大提升。除此之外，青奥会的成功举办也完美彰显了南京的城市实力，有利于南京进一步在世界人民心中树立良好的城市形象，提升大众对其认可度与美誉度。

3. 助益青年体育与文化教育，提升市民综合素质

社会的发展首先以人的发展为前提，人的潜力和创造力是社会发展进程中最核心的资源，社会发展的最终目的是使人本身获得全面发展。而青少年正是社会发展的希望，是未来城市建设中的主人翁，肩负着民族的希望，因此青少年健康身体素质的养成、良好道德精神的培育、积极人生态度的树立格外重要。青奥会举办全程充分体现了青年特色，对于青少年的文化体育教育，制定了包括奥运价值观、健康生活方式、反对使用毒品、社会责任、借助数字媒体表达在内的 5 个方面的文化教育主题，请来了各界专家指导年轻运动员处理社会问题。在赛前筹办过程中的一系列针对社

会大众的文化教育活动吸引了上万名青少年参与，为青少年群体创造了浓厚的体育文化氛围。南京青奥会的2万名志愿者中，大部分是从南京地区经过3、4场面试选出的，且应征志愿者的人员中有95%来自高校。志愿者们的青春风采与美丽形象不仅为南京青奥会以及南京城市形象增光添彩，也让他们在“学习、责任、快乐、成长”的氛围中有所收获，对他们个人综合素质的全面提升有所助益。青奥会的文化教育功能即以奥林匹克作为载体，将体育、文化与教育三者相结合，向大众尤其是青少年传递奥林匹克的文化价值观，教育青少年不仅要注重身体素质的提高，也要重视精神文化层面的提升，以达到健康的生理与心理素质和谐发展的目的。除了直接对南京城市形象的树立与传播起到良好的推动作用以外，青奥会还推进了青年健康生活方式的养成和积极生活态度的建立，帮助青年在良好的发展环境中成长，为社会的进步做出了重要贡献。

4. 文化交流程度加深，加强城市文化软实力

青奥会在历史悠久的文化名城南京举办，对中华文化尤其是中华体育精神的传播大有裨益。青奥会的举办，不仅实现了国内外青少年之间的直接交流，在青年人之中达成中西方文化的互动，还在赛事进程中的一系列筹办工作诸如文艺展示活动、志愿者活动、文化教育活动中彰显了南京的人文关怀理念与积极的文化传播态度。开幕式的设计将南京城市元素融入其中，郑和宝船、南京云锦、紫金山天文望远镜这三大南京元素的融入，将南京的历史文化、民族工艺和科技水平展现给了全世界。开幕式的主题与“世界梦”“中国梦”“南京梦”“青春梦”相契合，是中华文化与世界文化交流、融合的重要体现。

城市形象的塑造是一种文化的塑造，是一种对社会观念的塑造，是从城市物质与精神生活内涵之中提炼出来的理念，是对城市发展的高度概括。在申办青奥会时，南京提出了“绿色奥运、活力奥运、人文奥运”的理念，南京因其长久以来积淀的历史文化底蕴，在创造“人文奥运”方面具有优势。同时，青奥会作为一个大型国际奥林匹克赛事，参与成员来自世界各地，赛事的媒介关注也具有全球性，这为南京加深与国际的文化交流带来便利，给南京向世界展示历史文化名城资源提供平台，也为南京对自身历史人文价值的挖掘创造更多机遇。另外，青奥会作为一项面向青年的赛事，还可为以厚重历史文化积淀而闻名的南京注入更多城市活力，丰富南京城市形象的内涵，增强城市文化软实力的建设，提升城市的综合实力。

符号学视角下的城市形象传播
——以河南开封为例

米洁玢

随着经济社会的飞速发展，我国的城市化进程不断加快，城市所承载的意义和功能愈加丰富，同时城市间的竞争也日趋激烈。城市形象的传播对城市的整体发展起着越来越重要的作用。开封是我国有着悠久历史和深厚文化底蕴的中原城市，研究它的城市形象传播有一定的典型性和独特性。本文从符号学的视角研究城市形象传播，将城市形象传播理论和符号学理论相结合，用符号学的理论来分析开封的城市形象传播策略。

一、城市形象传播

“城市，让生活更美好”是2010年上海世博会的口号，更是对城市功能的绝佳诠释。2008年世界城市化水平首次达到50%，这意味着人类社会真正从总体意义上步入了“城市时代”。城市作为区域政治、经济、文化和人口聚集中心，在国民经济和社会发展中起着越来越重要的作用。正如城市地区经济学家帕斯卡尔·马拉加尔所言：“将来对世界大多数人来说，区别他们的是城市而不是国家。”随着全球城市化与城市现代化的推进，城市竞争已取代国家竞争和产业竞争成为全球竞争的焦点。[①]

城市形象就是城市以其自然地理环境、经济贸易水平、社会安全状况、建筑景观、商业、交通、教育等公共设施的完善程度与法律制度、政府治理模式、历史文化传统以及市民的价值观念、生活质量和行为方式等要素作用于社会公众，并使社会公众对某城市形成认知的印象和切身感受的总和。[②] 从感性的角度来说，就是城市带给大众的第一印象，比如北京是一个政治中心，北京人给大家的普遍印象是健谈；上海是一个国际商

---

① 季晓燕. 城市形象传播研究［D］. 上海师范大学硕士学位论文，2009.

② 城市形象. 百度百科［EB/OL］. http：//baike. baidu. com/link？ url = SOFo10_ lQOR-95x8o8MmKrlu45YSipOQLa7n3b78pwLh_ XRRhuMLhJErQXOXoGHHTow3sgfm_ 4UV8Hsb - lHBmWK.

都，大家感觉上海人很小资；深圳是一块经济热土，深圳人给人感觉很勤奋……[①]城市形象包括三个部分：城市理念系统、城市行为系统和城市视觉识别系统。城市形象就是城市文化的充分展现，城市形象推广的过程就是城市文化的推广过程。城市形象具有对内形成目标共识，对外扩大知名度、提升美誉度的功能。一个城市要赢得社会公众的青睐，需要有成功的城市形象传播策略。有效地传播城市形象，增强城市吸引力，是城市发展的长久之计。

法国城市地理学家潘什梅尔描述道："城市既是一个景观，一片经济空间，一种人口密度，也是一种气氛，一种特征或者一个灵魂。"[②] 城市形象作为城市核心竞争力的重要资源性要素受到了越来越普遍的关注。为了更好地迎接机遇、应对挑战，城市在不断发展硬件设施的同时，要更加注重作为城市软实力的城市形象的塑造和提升。城市需要在众多竞争对手中脱颖而出，就要走品牌化道路，将城市作为商品，对其形象进行包装与推广。然而，目前我国关于城市形象的研究多局限在城市形象建构与传播策略上，较少涉及符号学领域。

二、符号学与城市形象传播的关联性

随着研究的深入，符号学与城市形象传播两个看似不相关的理论不断延伸并产生了交叉。目前，符号学的研究与应用已上升到新的阶段，从研究领域看，学者们除了继续在一般符号学和语言符号学领域进行深入理论研究之外，还向文学、美学、传播学、社会学等诸多领域渗透，研究领域更加广泛。在进一步深化理论研究的基础上，符号学作为一种方法论也受到越来越多的关注，应用范围不断扩大，例如用符号学思想挖掘和分析历史文化和经典书籍，或者用符号学方法阐释当前的传播现象和社会问题等。例如，广告创意和设计就充分运用了符号学的方法。从应用角度看，可以把符号学当作一把钥匙，用这种新方法和新视角去尝试解决各领域存在的问题。[③]

正如美籍语言学家罗曼·雅各布森所言："每一个信息都是由符号构

---

① 王辉. 城市形象宣传片专题分析研究：以开封城市宣传片《走进开封》为例［J］. 魅力中国，2013（7）.

② ［法］潘什梅尔. 法国［M］. 上海译文出版社，1980. 18.

③ 于小婧. 符号学视阈下的重庆城市品牌传播研究［D］. 重庆工商大学硕士学位论文. 2013.

成的。”[①] 可以说，我们生活在一个充满符号的世界，在由各式各样的符号构成的人类社会中，我们需要了解这些符号所承载的讯息，进而更好地使用它们。城市形象是城市特有资产在城市发展过程中所生成的特殊的识别效应，可以看作是一个符号系统，承载了丰富的城市讯息。在城市形象的塑造和传播过程中，需要恰当的符号来传达城市的定位与核心理念，使其能够被公众理解并有助于城市形象识别。

通俗地说，城市形象符号是指能够代表该城市文化特征、具有传承价值、给人深刻印象并且让人引以为豪的标志性事物。包括城市的历史遗迹、植物花草、时事人物、旅游景点及重要建筑等，它是城市发展的“名片”，是一个城市具有象征性和不可替代性的识别标志，反映着一个城市的魅力、底蕴与内涵。

城市形象符号按其标准不同，可以分为不同的类型。按时间跨度来分，可分为城市形象的历史符号、现在符号、未来符号；按属性来分，可分为城市形象的文字符号、图像符号、思想文化符号、时事符号、造型符号等；按照涉及的载体不同，可分为城市形象的硬符号、软符号等。[②]

三、开封城市形象传播的符号学解读

开封是河南省地级市，简称汴，古称东京、汴京，中国八大古都之一。位于黄河中下游平原东部，地处河南省中东部。开封是中原经济区的核心城市之一，是河南省中原城市群和沿黄河“三点一线”黄金旅游线路三大中心城市之一。历史上的开封有着“琪树明霞五凤楼，夷门自古帝王州”“汴京富丽天下无”的美誉，北宋东京开封更是当时世界第一大城市，是首批中国历史文化名城。考古发掘发现，早在新石器时代这里就有先民活动，而建城的时间可追溯到夏商周时期，距今已有 2 700 多年。战国时期的魏及五代十国时期的后梁、后晋、后汉、后周以及北宋和金均在此建都。特别是北宋，这里历经了 9 帝 168 年，繁荣兴旺达到鼎盛，风光旖旎，人物荟萃，城郭恢宏，经济发达，人口逾百万，富丽甲天下，不仅是全国政治、经济、文化的中心，也是当时世界上最繁华的大都市之一。开封是世界上唯一一座城市中轴线从未变动过的都城，城摞城遗址在世界考古史和都城史上少有。开封亦是《清明上河图》的原创地，有“东京梦华”之

① ［英］特伦斯·霍克斯．结构主义和符号学［M］．瞿铁鹏译．上海译文出版社，1987．129．

② 张健康．城市品牌研究［M］．杭州：浙江大学出版社，2013．

美誉，是中国优秀旅游城市、全国“双拥”模范城市、全国创建文明城市工作先进城市。

（一）“全城一景、宋韵彰显、外在古典、内在时尚”的宋文化

文化是开封的城市灵魂和生命力，文化生长的维度，就是开封这座城市的发展高度。文化这台戏唱好了，不仅可以带动开封经济发展，而且可以带动开封各项社会事业的发展。

文化产业是21世纪的朝阳产业。文化产业对各项社会事业有着不容忽视的推动作用，文化产业是“情感产业”，具有俘获对方心灵、拉近心理距离的作用。韩国商品在中国的畅销就是一个典型例子。以前，韩国的衣服和化妆品在中国并不畅销，但随着韩剧和韩国文化在中国的流行，韩国商品逐渐为中国消费者所认同，目前已成为中国消费者的热门选择。文化产业还有很多方面的意义。文化产业对经济发展和经济发展方式转变起到重大的作用，它可以用较低的资源消耗和较小的环境成本，使经济总量得到较快增长，并壮大城市经济规模。此外，它可以增强城市的竞争力，对经济结构调整、区域经济协调发展、扩大对外开放具有重要作用，而且是满足人民群众日益增长的文化需要、提高人民生活水平、构建和谐社会、实现全面协调可持续发展的重要途径。

如果把一座城市比作一艘航行的船，那么，文化就是它鼓起的风帆。阿基米德说：“给我一个支点，我将撬动地球。”对开封来说，这个支点，就是文化。而宋文化，则是开封最耀眼的文化符号。宋文化发源于河南，兴盛于河南，在开封表现最为集中，最具价值和代表性。168 年的宋都史，留下了璀璨的文化科技成果，流传着闪耀古今的名人故事，就像一幕波澜壮阔的大剧。文化是开封的优势所在，建设国际文化旅游名城，开封有得天独厚的文化资源优势。作为“八朝古都”，开封迄今已有 4 100 多年的建城史和建都史，在历史长河中积淀了厚重的历史文化，这座千年古城正以建设国际文化旅游名城为动力，以文化产业项目为纽带，深度挖掘宋文化资源，促使文化资源优势向文化产业优势转变，实现文化发展的大突破。近年来，开封以宋文化为特色、以文商旅融合发展为模式、以项目建设为载体，不断探索文化产业发展新模式，壮大文化发展力量，打造“全城一景、宋韵彰显、外在古典、内在时尚”的国际文化旅游名城。

市委、市政府创新思路，科学决策，先后出台了一系列支持文化产业发展的政策，确立了文化产业在经济社会发展中的重要战略地位，加大对文化旅游资源的开发利用，各项旅游配套设施日趋完善，行业规模不断壮

大，经济效益和社会效益显著提升。2011 年，开封市委、市政府提出打造国际文化旅游名城的目标，先后启动了城墙修复工程、书店街整修和文化提升工程、城摞城遗址博物馆工程、鼓楼复建等一批重大文化旅游项目。2013 年，御河水上旅游项目成功启动，《千回大宋》、“银基 O 秀”等大型演出令人震撼。在世人的目光中，“一河两街三秀”是精彩纷呈的文化盛宴。它从历史深处走来，渐次揭开神秘的面纱，走进现实，走进公众的视野，迎风怒放，万紫千红。

继“一河两街三秀”后，2014 年，开封上马 30 个文化项目。其中，纳入开封市建设国际文化旅游名城督导组重点督导的文化项目有 16 个，数量之多、业态之丰富、督导要求之高，为近几年少见。目前已完成且开始运营的文化项目有“一秀”“两巷”“三院”以及一批民办博物馆。“一秀”指的是铁塔光影秀，“两巷”是指珠玑巷、七盛角，“三院”是指皇宋大观园、东京极地海洋馆、东京梦华苑，一批民办博物馆是指开封汴绣博物馆、开封北宋官瓷艺术博物馆、汴京灯笼张彩灯博物馆等 8 个民办博物馆。[①] 小宋城汇聚了各式各样的开封小吃，小桥流水，蓝天白云，别有洞天，被誉为“开封市民的待客厅”和“开封文化旅游新地标”。七盛角商业街古色古香的宋式建筑把“外在古典、内在时尚、宋韵彰显”的开封“新宋风”城市风格演绎得淋漓尽致，成为以宋文化为主题，以中原民风、民俗为内涵，集文化体验等功能为一体的民俗文化休闲街区。清明上河园、龙亭、铁塔等景区依托丰富的历史文化资源，按一景一策的原则进行提升，着力彰显浓郁的宋风宋韵，再现盛世的繁荣景象。

用文化把游客留下，让他们感受开封、品味开封，开封正以前所未有的文化创新和文化实践谱写梦想与荣耀。2013 年，开封旅游接待总量为 5 112 万人次，文化旅游综合经济收入达 210 亿元，文化旅游产业收入额度占当年开封 GDP 的 7%，远远高于文化产业在全国 GDP 中占 3% 的比重，达到了日本的水平。如今，开封正在集中全市人民的智慧和力量，大手笔运作、大项目支撑，不断引进新项目，持续加强基础设施建设，打造新亮点。[②]

1. 以“一河两街三秀”为代表的文化项目

大宋御河是河南省唯一一个集古建筑欣赏，戏曲、宋词乐舞欣赏，灯光欣赏，购物、美食于一体的水上游项目。亭台楼榭、勾栏瓦肆；桨声灯

① 古城开封：深挖文化资源走出特色发展之路［N/OL］. 中国城市文化网. http：//www.citure. net/info/2014910/2014910163923. shtml，2014 - 9 - 10.

② 康冀楠. 伴着菊花开 文化响起来［N］. 开封日报，2014 - 10 - 17.

影摇，人在画中游。在御河的集锦园、春花园、夏荫园、秋韵园、冬凝园5个景观园区，游客沉浸在千年词韵“杨柳岸晓风残月”“回廊仙台”“木栈曲桥”等美轮美奂的景观中。泛舟踏歌，穿越千年历史的水上一游，让人对开封的历史文化有了新的体验和感悟。在这里，人们体验的是水美、景润，感受到的是宋都古城的韵味，更感受到了“八朝古都”开封的休闲之美、文化之力。①

作为开封重点培育的旅游新业态，大宋御河和书店街、鼓楼街及《大宋·东京梦华》《千回大宋》、“银基O秀”、铁塔光影秀——《铁塔传奇》等，都是开封打造“外在古典、内在时尚”的“新宋风”城市风格的成功实践，现已成为开封旅游的新名片。

开封是北方水城，开封的水之美衬托了城市之美。御河之上，配以西司桥、八字桥、陆福桥、天波桥等各具特色的桥梁，犹如一道亮丽的风景线。蜿蜒旖旎的御河使开封重现北方水城的风貌。开封的名胜众多，包公祠、开封府、清明上河园、龙亭、天波杨府……这些景色让人梦回千年，陶醉其中。游览开封的过程就是品鉴大宋文化的过程。夜色下的书店街，彩灯高挂，商铺酒肆林立，宋韵处处彰显。

位于潘杨二湖中间的龙亭景区，是开封知名的国家4A级景区，秀丽的湖景、巍峨壮观的建筑，每年都吸引着众多中外游客前来观光，龙亭景区作为开封的旅游金字招牌，在开封的文化旅游产业发展中占据着重要位置，更是古城开封的一张风景名片。经过多年的倾心打造，龙亭景区确立了“大宋宫廷文化”品牌，该景区紧紧围绕“宋代宫廷文化”这个主题，加快景区规划开发力度，使景区成为开封文化的代表。同时，景区加强了品牌建设，提升景区内涵，在打造旅游精品景区上有新的突破。在精品景区建设过程中，龙亭景区依据现有条件，严格内部管理，完善工作运行机制，加大市场营销力度，通过精品化的设计和施工，全面展开精品景区的建设工作，为游客提供优美舒适的游览环境。旅游是一种寻找，寻找美的享受，同时也是一种独特的身心体验，是游客对旅游地的美好回忆，唯有人性化的设施和服务才能使游客在游览过程中得到真正的放松。为此，龙亭景区将“人人都是旅游环境”“服务人性化”“注重细节化”等服务理念贯穿接待工作的每一个环节，从自身的一言一行抓起，从点点滴滴的小事抓起，通过这些细小的服务细节，用心为游客营造安全、舒适、温馨的旅游氛围。此外，该景区以节造势，以中国开封菊花文化节、清明文化节

---

① 张东伟，李克君. 开封：大宋御河品牌效应初显［N］. 汴梁晚报，2014-04-21.

等旅游节会活动为契机，着力打造国际旅游合作交流的平台，充分展示龙亭景区悠久的历史、迷人的风光和独特的魅力，全面展示“龙亭是个好地方”的旅游景区形象，推动龙亭景区及开封市旅游业更快更好地发展。

鼓楼夜市人声鼎沸，人们呼朋唤友，点几份小吃，喝几盅小酒，“古今多少事，都付笑谈中”。开封的小吃夜市别具一格，市中心夜市自北宋已有 1 000 多年历史，是品种最多、规模最大的一处。全市其他各大小广场、十字街口分布在数十处。由于地处中原，各地方文化交汇，形成夜市以本地多种特色为主，融合全国各地风味的特点。

古有《东京梦华录》，今有《大宋・东京梦华》。漫步在清明上河园这座反映宋代繁荣景象的大型民俗风情主题公园，白天，可以在这里尽情体验大宋文化；夜晚，《大宋・东京梦华》大型水上实景演出生动、真实地再现了北宋东京的盛世繁荣，带给人强烈的视听震撼。

铁塔公园上演的震撼人心的铁塔光影秀——《铁塔传奇》，是被誉为“中国塔影第一秀”的全国首例塔身投影秀，是国内首次以立体投影秀的方式来展示千年文物古迹，现已成为开封旅游的新地标、新名片。铁塔公园以加强内部管理为抓手，以举办文化活动为载体，以宣传营销为突破，以转型提升为目标，努力打造精品文化旅游景区。改造提升硬件设施，开展优质服务和旅游标准化创建，有力促进景区发展不断向前迈进。在硬件建设方面，铁塔公园相继完成了铁塔东侧莲花广场和“亲情林”景点的建设，另外还添设了莲花喷泉，北支河道路进行了美化，扩建了停车场，完成景区路灯及龙灯柱的升级改造，并进行了亮化工程。在文化活动方面，举办了铁塔新春游乐汇、“拥抱春天、惊喜无限”铁塔踏青游园会和荷花文化节等活动。此外，Cosplay 真人动漫秀、3D 立体画展示、少林少儿武僧功夫秀、亲子踏青游、风筝放飞大赛、相亲交友大会等活动受到了公众的一致好评。

2. 汴绣

北宋时开封刺绣工艺已发展到相当高的水平。开封云集各地的巧匠绣工，官办的有文绣院，民间的有秀巷。汴绣即在此传统基础上发展起来。近些年开封的汴绣独树一帜，山水人物、楼台花鸟，针线细密，不露边缝，光彩夺目，丰神宛然，色彩丰富，层次分明，立体感强，成为国内外游人必买的佳品。

3. 曲艺

开封享有“戏曲之乡”的美誉。豫剧，又名河南梆子、河南高调。祥符调是豫剧的一支重要流派。明末清初，陕西人来汴经商定居，其家乡戏秦腔也随之传入，并与地方戏曲汴梁腔、梆子秧腔、女儿腔以及《镇南技》《山坡羊》《打枣杆》等民歌融会贯通而逐步形成豫剧祥符调。唱、念俱用标准的汴梁音韵，发音多假嗓，音域属上五音。

4. 北宋官瓷艺术

北宋官瓷作为我国的文化瑰宝，居我国五大名瓷之首，在瓷坛地位显赫。北宋官瓷艺术所承载的厚重底蕴，给古城开封注入一种温馨、一种古韵、一种沁人心脾的文化气息。这座博物馆集收藏、研究、展示于一体，建于2013年10月，建筑面积1 638平方米，珍藏1984年煤窑烧制官瓷及历代瓷器500多件、现代作品2 000多件，展区分为1984年煤窑作品区、历代瓷器展区和现代气窑作品区。珍贵的历史照片、翔实的文字资料和当年煤窑烧制的官瓷作品及现代官瓷作品，将北宋官瓷辉煌的历史展示给世人。开封北宋官瓷艺术博物馆以弘扬大宋官瓷艺术文化，特别是宣扬北宋官瓷艺术文化与中原文化的渊源为宗旨，保护民族优秀的文化遗产，大力宣传、推广北宋官瓷艺术文化在中原地区的发展。北宋官瓷艺术是传播开封城市形象的一个不容忽视的文化符号。

5. 特色浓郁的民俗文化

斗鸡、打盘鼓是开封传统的民间文化活动。这些活动讲究的是喜庆热闹，每逢元旦、春节、国庆和文化节、菊花花会、庙会，都要举行盘鼓表演和斗鸡比赛。开封人酷爱养鸟，清晨赶鸟市、赏鸟、易鸟的风俗自北宋延续至今。自宋代以来延绵千年的元宵灯会和小吃夜市也是开封的一大特色。北宋时改变了唐代“夜禁”的规定，允许人们夜晚出行活动，主要以娱乐、购物为主。开封作为北宋的首都，尤为重视丰富多彩的夜间活动。每年一度的元宵灯会，展出各色彩灯，多以历史故事为题材，如《水浒传》中发生在开封大相国寺的“鲁智深倒拔垂杨柳”，州桥上的“杨志卖刀”等。彩灯由各个单位在春节前后扎制完成，正月十五前两天送到各景点。彩灯与古建筑互相搭配、相映成趣，成为独特的景观。各家各户也都视元宵节观灯为新年必不可少的一项娱乐活动。看激动人心的斗鸡，听震天的盘鼓，逛“火树银花不夜天”的元宵灯会，品美味可口的各色小吃，开封的各种风俗活动一定会给每个开封人和到开封旅游的人留下深深的印象。

（二）绚丽多姿的霜菊秋韵

菊花是开封的市花，开封人总是对菊情有独钟。“十月花潮人影动，香风十里动菊城。”每年10月18日至11月28日为一年一度的菊花花会。

中国开封菊花文化节前身为中国开封菊花花会，始于 1983 年，2013 年升格为国家级节会，更名为“中国开封菊花文化节”，由国家住建部和河南省人民政府主办。中国开封菊花文化节是一个融赏花观灯、旅游观光、经贸合作与交流为一体的大型综合性经济文化活动。它已经成为开封发展经济的平台和展示城市形象的窗口，是开封走向世界的桥梁和世界了解开封的名片。

我国很多地方都生长有菊花，但是最有名的还要数开封的菊花，所谓“黄花遍国中，汴菊最为名”。开封古称“汴梁”“汴京”和“汴州”，所以开封的菊花又称作“汴菊”。菊花是中国传统的花卉之一，距离现在有三千多年的栽种历史。开封菊花在唐宋之时，在全国都非常有名。唐朝大诗人刘禹锡曾经有诗这样写道：“家家菊尽黄，梁园独如霜”。他说的这个“梁园”就是开封。“梁园独如霜”当然指菊花常见的色彩——黄色和白色。在唐代，开封家家都有养菊的习惯。北宋更是每到重阳佳节，不仅民间有花市、赛菊，而且在宫廷里面也争插菊花枝，挂菊花灯，开菊花会，饮菊花茶、菊花酒。开封菊花在唐宋时代已经很盛行了，到了明清时代，开封的养菊风气就更盛了，所以在开封的“禹王台”公园里面，有一座乾隆御碑，御碑现在还有这样两句诗：“风叶梧青落，霜花菊白堆。”也就是说，在“禹王台”这个地方有很多菊花。因此，自古以来，开封就有“菊城”之称。开封这座历史文化名城，现在已经成为全国菊花发展的中心和栽培基地之一，是 2001 年国家林业局、中国菊花协会命名的全国唯一一个“中国菊花之乡”。1983 年，开封市人大常委会定菊花为市花，并开始举行每年一度的菊花花会。如今，赶花会已成为一项新的风俗。这一切，将开封人养菊、赏菊、品菊、颂菊、爱菊带入了一个新阶段。①

开封的菊花品种目前有上千种，在这里，不仅可以看到历代传下来的珍贵品种，还可以看到花工们精心培育出来的新品种。如“层林尽梁”“洞庭秋色”“黄山云雾”“西湖柳月”“葵花向阳”“贵妃醉酒”“嫦娥奔月”“桃李争春”等，诗情画意，含义隽永。

开封菊花的绝妙之处还在于传统风格和现代技艺的珠联璧合，宜肥则肥，宜瘦则瘦。开封人曾用野生黄篙嫁接培育大立菊，使其高达 61.5 米，直径 4.16 米，6 432 朵菊花同时开放，如满天繁星，灿烂夺目，被外国游客称为“菊花树”。而其独本案头菊则又恪守“菊不盈尺”古训，花朵肥大，枝叶肥状，高矮适中，脚叶青绿而不脱，被誉为难得的上品，在历届

① 开封特色民俗之菊花［N/OL］. 中国报道网. http://news.kf.cn/2013/0710/52184.shtml，2012-10-16.

全国菊花展赛中均名列前茅。尤其是在1999年中国昆明世界园艺博览会上，开封菊花夺得大奖总数、金奖总数、奖牌总数、团体总分4个第一，赢得了“开封菊花甲天下”的美誉。

诗词中最早提到菊花的是我国大诗人屈原的名篇《离骚》，里面就写到“朝饮木兰坠露兮，夕餐秋菊之落英”，就是这两句诗把屈原玉洁冰清的那种品质表现出来了。东晋时的陶渊明，可以说和菊花有不解之缘。陶渊明写了很多咏菊的诗，最有名的是他的《饮酒》里的“采菊东篱下，悠然见南山”，还有“芳菊开林曜，青松冠岩列；怀此贞秀姿，卓为霜下杰”“秋菊有佳色，露掇其英，泛此忘忧物，远我遗世情”。历代诗人咏菊的不胜枚举，像大诗人李白、杜甫、白居易、元稹、李商隐、刘禹锡、杜牧等，还有宋代的王安石、欧阳修、苏轼这些大家都有很多咏菊之作。人们把菊花定位成不从流俗、不媚世好、具有卓然独立的高尚品格的花卉。

每逢菊月，开封的菊花铺满了大街小巷，汴京人喜欢徜徉在花的海洋之中，尽情地享受菊香的熏陶。人们赏菊，不仅是由于她娇艳欲滴，清香四溢，也不仅是由于她天生丽质和端庄的风韵，更重要的是敬慕她艳而不妖、俏而不弱、骨傲而气不傲的高雅气质。

现今开封人民酷爱养菊的风气更甚，都以养菊、赏菊为乐事。养菊从数量上、品种上、栽培技术和绑扎艺术水平上都有很大提高。每年金秋十月，全市的机关、学校、工厂、商店、街道、院落到处都有盛开的菊花。全市人民倾城而动，赏菊吟诗。开封菊花在全国菊赛上取得“三连冠”，在昆明世博会上揽金夺银，这正是许许多多具有向自然挑战、向自我挑战的性格刚强的菊花品质的养菊人辛勤工作的结果。

“不是花中偏爱菊，此花开尽更无花。”与菊花结缘千年的开封，历经菊花的意志、风骨和精神的滋润，广大菊城人民正凭借着菊花般坚毅的性格，将开封的建设推向新的高潮。

（三）中国首座收藏文化名城

古都开封是中国收藏文化发祥地，历史上曾享有中国“收藏之都”的美誉。2007年，中国收藏家协会与开封市委、市政府联合创办了中国收藏文化（开封）论坛，共同打造中国收藏文化活动基地。多年来，开封成功举办了三届高峰年会和百余项大型收藏文化活动，在海内外产生了广泛影响，对于推动中国收藏文化繁荣发展起到了很好的示范和带动作用。

中国收藏文化（开封）论坛已成为一年一度的开封菊花文化节的重要内容，成为弘扬中原文化的重要载体，成为展示古都形象的重要窗口，成为促进开封文化大发展大繁荣的重要动力。这次荣获“中国收藏文化名城”称号，为古城开封增添了一张亮丽的国家级文化名片。开封将倍加珍惜荣誉，充分发挥历史文化资源优势，进一步发掘收藏文化资源，搭建收藏文化交流平台，加强与海内外收藏组织、收藏机构、收藏家和广大收藏爱好者的交流合作，充分发挥收藏文化“鉴古证今、承上启下、光前裕后、继往开来”的独特功能，全面提升收藏文化水平，努力把开封建设成为一个在国内外具有重要影响的收藏文化基地，为促进中国收藏文化事业发展做出新贡献。①

（四）最中国美食城市

开封的传统名菜有开封灌汤包、鲤鱼焙面、套四宝、清汤东坡肉、白扒豆腐、卤煮黄香管、炸八块、一鸭三吃、蒸羊等。小吃有灌汤包子、逍遥镇胡辣汤、桶子鸡、庞记桶子鸡、沙家牛肉、开封套四宝、三鲜莲花酥、五香兔肉、风干兔肉、五香羊蹄、酱瓜鸡丁、菊花火锅、大京枣、烩面、双麻火烧、芝麻翅中翅、炒红薯泥、花生糕、黄焖鱼、锅贴、羊肉炕馍、炒凉粉、冰糖熟梨、杏仁茶、江米切糕、回民羊肉汤、东华乍、锅贴豆腐等。特产有汴梁西瓜、杞县酱菜、杞县大蒜、五香豆腐干、花生糕、绿豆糕、五香花生、麻辣花生。

2014 年 8 月 1 日，由中国国际广播电台国际在线主办的“2014 中国城市榜——全球网民推荐的最中国美食城市”网络互动活动的投票环节圆满结束，开封作为河南唯一入选的城市，和重庆、苏州等其他 9 座城市共同荣获“全球网民推荐的最中国美食城市”称号。②

开封作为以美食著称的“八朝古都”，本次获此殊荣可谓实至名归。开封小吃源于夏商，盛于北宋，历经千年，闻名遐迩，长盛不衰。开封小吃在我国饮食文化历史上享有较高的地位，对国民的生存发展有着重大影响。被誉为“中州膳食一绝”的第一楼、黄家老店灌汤包子、“食之肥而不腻，咸香嫩脆”的马豫兴桶子鸡、“皮焦馅嫩，鲜美溢口”的稻香居、邢家锅贴、“酥松适口，甜而不腻”的花生糕……提起开封的小吃，对于一道道美食的名字，很多老开封人几乎可以脱口而出，开封美食可谓颇负盛誉。

① 魏东柱. 发挥历史文化资源优势 搭建收藏文化交流平台 我市被命名为中国收藏文化名城［N］. 开封日报，2012－10－18.

② 开封：获最中国美食城市称号［N/OL］. 中国新闻网. http：//big5. ce. cn/gate/big5/district. ce. cn/newarea/roll/201408/05/t20140805_ 3294420. shtml，2014－08－05.

作为一座历史悠久的古城，开封吸引着众多游客，此次荣获“全球网民推荐的最中国美食城市”称号，更提高了这座古城的名气。开封夜市体现了开封的饮食文化，向外地人展现了开封古城的风采，开封的美食也带动了旅游业的发展。除了外地游客，开封各大夜市中活跃的身影也不乏开封市民，不少学生趁着假期寻觅开封美食。开封不仅有丰富的历史文化资源，也有颇负盛誉的可口美食。这次获得这一荣誉，将吸引不少中外游客前来，提升开封知名度，助推开封实现国际旅游城市的目标。

2014 年东莞：负面刻板印象舆情分析

周鑫湉

一、城市概述

东莞是广东省的历史文化名城，距今已有千余年历史，是岭南文明的重要发源地和改革开放的先行之地。150 多年前，林则徐在东莞虎门销烟，写下了中国近代史的光辉篇章，使东莞成为中国近代史的开篇之地。抗日战争时期，这里是东江人民的抗日根据地，万千东莞儿女为民族独立、国家富强而英勇战斗，浴血捐躯。而在我国大力发展商品经济的改革开放时期，全国第一家“三来一补”的外向型经济企业就在东莞诞生。除此之外，著名画家邓白、举重冠军陈镜开等都是东莞籍人，著名的岭南画派也发端于东莞可园。正是这样悠久的历史文化之地、光荣的革命之地和改革先行之地，使东莞成为南粤历史文化名城。

在地理位置上，东莞属珠江、东江冲积平原，土地肥沃，有丰富的土地、森林资源。再加上东莞濒临南海，地处北回归线以南，属亚热带海洋性气候，这里气候温和，年平均气温 23.3 摄氏度，是我国传统农业的高产区。

此外，由于地处繁荣的珠三角地区，东莞对外开放程度高，流动人口众多，气候条件好，所以经济发达，特别是第三产业（服务业）十分繁荣；东莞市也因此而闻名。酒店、酒吧、宾馆、KTV 等娱乐场所云集于东莞，广泛接待来自中国大陆、香港、澳门、台湾和海外的游客。随着中国改革开放政策的实施，东莞娱乐场所的色情业也日渐发展了起来。其色情业也因服务业的发达而发达，大多数娱乐场所均提供色情服务。由于中华人民共和国法律明文禁止卖淫嫖娼，东莞娱乐场所也历次被突击检查。尽管如此，东莞仍因色情业发达而被中国网民戏称为“性都”。

二、突发事件舆情应对

（一）事件概况

2014 年 2 月 9 日上午，央视新闻频道《新闻直播间》栏目耗时 10 分钟左右对东莞市部分酒店经营色情业的情况进行了报道，播出了该台记者在东莞隐蔽拍摄的10多家娱乐场所色情服务的画面。该段隐蔽视频一经播出便引发众多网友调侃，“东莞挺住”成为网络热议话题。

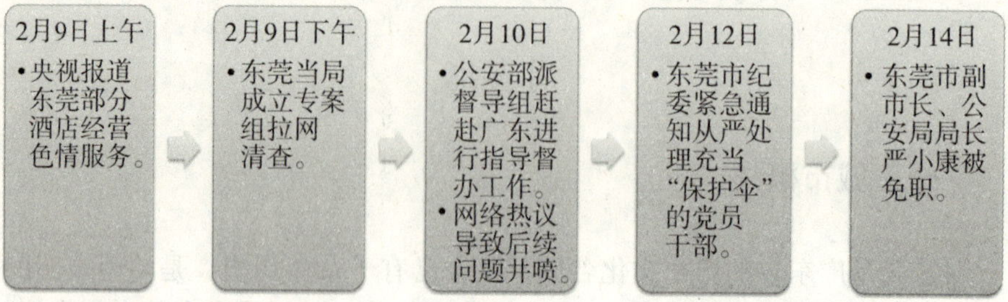

图1　2014年“2·9”东莞“扫黄”事件舆情发展过程

2014年2月9日下午，广东省委书记胡春华要求对东莞全市进行拉网式排查，东莞当局随即成立了专案组并派出6 525名警力开展第一轮清查，从娱乐场所抓捕从事色情服务的相关人员。第一轮清查一直进行到第二天凌晨，警方实行了地毯式的搜捕，抓捕多名顾客和卖淫女子。此次清查，警方总共拘捕67人。

2014年2月10日，广东省公安厅部署公安机关开展为期3个月的扫除娱乐场所涉黄现象专项行动。与此同时，公安部派出了由治安管理局局长带队、监察和督察等部门参加的督导组，赶赴广东，对案件查处、问题整治和责任追究工作进行指导督办。当晚的连夜“雷霆扫黄”行动主要对桑拿沐足、歌舞娱乐场所、无牌无证发廊、出租屋涉黄实施打击，共查处涉黄案件24宗。

2014年2月10日，东莞扫黄事件引发热议的同时，网络出现谎称含有东莞色情服务的计算机病毒，诈骗信息也频繁出现。

2014年2月12日上午，东莞市纪委发出紧急通知，凡党员干部参与经营涉黄场所、充当涉黄场所“保护伞”的，一律先免职再按规定从严处理。

2014年2月14日，广东省常委会发布消息，免除东莞市副市长、公安局局长严小康的职务，并按相关法律严肃处理。

据相关统计，2014年全年广东省公安机关共侦破涉黄刑事案件4 569起，刑拘10 095人，逮捕6 357人，同比分别上升194.4%、236.4%、262.6%；共侦破涉赌刑事案件6 328起，刑拘20 802人。

（二）媒体报道情况

2014年2月9日上午11时左右，央视《新闻直播间》栏目曝光了东莞市多个娱乐场所存在卖淫嫖娼的淫秽违法行为。在该报道中，一些作为“城市名片”的上星级正规酒店也存在着明目张胆的色情服务；其中，太子酒店“桑拿中心”公然进行“裸舞选秀”，新世界酒店则公然播放淫秽录像，床头柜摆放的服务表上有多达五十项的淫秽色情服务内容。而记者随后报警举报也无人前来调查，警方也无任何形式的反馈。该报道一经播出，传播量迅速上升，不仅引发了电视媒体的相关连续报道，更引起了广大网民的热议。在这之中，影响力最大的当属中央电视台对东莞“扫黄”事件的相关报道，其具体情况统计如下：

表1　中央电视台关于2014年“2·9”东莞“扫黄”报道总汇

时间	栏目名	时长	内容
2月9日11:15	新闻直播间	25分15秒	屡扫不绝的东莞“黄流”
2月9日19:40	焦点访谈	15分	管不住的“莞式服务”
2月9日20:00	东方时空	12分25秒	屡扫不绝的东莞“黄流”
2月9日23:00	24小时	10分	东莞娱乐场所清查，地下“黄流”曝光
2月10日6:00	朝闻天下	2分40秒	组织查处东莞娱乐场所卖淫嫖娼
2月10日12:00	新闻30分	2分15秒	胡春华：坚决打击，绝不手软
2月10日18:00	共同关注	1分	公安部：坚决打击组织者、经营者和保护伞
2月10日19:00	新闻联播	2分	广东东莞全面清查整治娱乐场所
2月10日19:40	焦点访谈	3分	东莞“扫黄”，重拳出击
2月10日21:00	中国新闻	3分	东莞掀“扫黄”风暴
2月10日22:00	晚间新闻	2分40秒	广东东莞全面清查整治娱乐场所
2月11日7:00	中国新闻	2分06秒	广东迅速打击东莞酒店涉黄事件
2月11日10:00	中国新闻	3分11秒	东莞重拳“扫黄”，避免死灰复燃
2月14日12:00	新闻直播间	1分	“扫黄”不力，相关负责人员被处分
2月14日13:00	中国新闻	1分10秒	广东东莞：“扫黄”不力，相关负责人员被处分
2月14日14:00	共同关注	1分30秒	广东省常委研究决定，对“扫黄”不力责任人进行问责处理
2月14日20:00	东方时空	45秒	广东省常委问责东莞“扫黄”不力责任人
2月16日23:00	24小时	40秒	东莞四名镇委书记通过官方微博道歉

央视的相关报道对电视媒体来说是一石激起千层浪：紧随其后，湖南卫视、北京卫视、辽宁卫视、天津卫视等多家卫视和视频平台进行了转发报道和评论。其中，以人民网福建频道《锵锵三分钟》、河北卫视《东莞扫黄是一场“持久战”》的转载量为最。

纸媒方面，2 月 10 日、11 日的新闻热度陡增，《人民日报》在《城市发展应向畸形繁荣说“不”》的评论文章中指出：“城市发展走到今天，是到了彻底反思和走出这种误区的时候了。亵渎了公序良俗，背弃了以人为本，踩踏了法律红线，这样的所谓‘繁荣’和‘活力’，只不过是瘾君子式的饮鸩止渴。”11 日，《新闻晨报》发表了《凭什么嚷嚷“东莞挺住”》的社论文章；《新京报》（A06 ~ A08 版）发表《东莞“扫黄”重点不在“小姐”》的相关新闻评论；《京华时报》刊登特约评论员《东莞扫黄不妨学学陆丰扫毒》文章，文章称“扫除外在的‘黄’并不难，但要清扫东莞色情产业背后那些不显山露水的贪腐与渎职，却要困难得多”。一时间东莞“扫黄”事件到达舆论顶峰。

直到 12 日新华网发展论坛“非常道”特刊刊登出《东莞扫黄　别只盯着“小姐”们》的页面专题，媒体对于东莞“扫黄”事件的报道和转载量才有所减少。

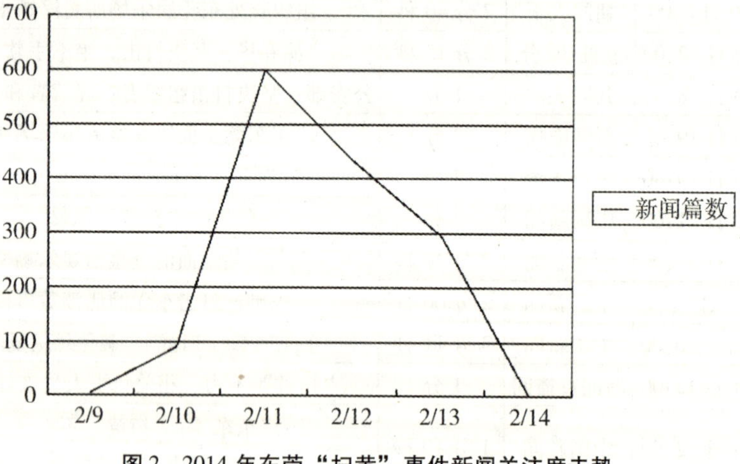

图 2　2014 年东莞“扫黄”事件新闻关注度走势

（三）城市形象认知分析

1. 境内外媒体对东莞城市形象认知的倾向性

自央视新闻频道详细曝光了东莞 5 个镇区看似泛滥而公开的色情活动

后，东莞“扫黄”事件被境内外媒体广泛关注，并纷纷发表评论。其言论倾向对构建东莞市城市形象具有重要的舆论导向作用。概括来看，媒体对东莞“扫黄”事件的报道及评论呈现四种倾向：一是认为东莞“扫黄”风暴将引起官场地震；二是东莞“扫黄”遭遇舆论反水；三是外来人口、金融危机催生色情业，形成产业链；四是外媒认为中国警方向“性都”地下色情业宣战。

（1）东莞“扫黄”风暴将引起官场地震。

《法制周末》2014 年 2 月 12 日发文《东莞扫黄背后的腐败》：

舆论的眼光是“毒辣的”，在惊叹于东莞色情服务业“繁荣景象”过后，人们质疑的焦点和真正的要害在于彻查其背后有无“保护伞”，有无公权腐败，有无执法渎职。自 2 月 9 日央视曝光以来，当地的执法动作不可谓不迅猛。当晚东莞公安局就开展统一清查行动，第二天就发布相关公安人员被停职调查的消息，随后广东警方宣布开展为期 3 个月的扫黄专项行动，初步“战果”也第一时间公布。

（2）东莞“扫黄”遭遇舆论反水。

凤凰卫视 2014 年 2 月 11 日发表评论《何亮亮：东莞扫黄为何遭遇舆论反水?》：

长期以来，民意诉求的求索无门，话语权的严重失衡逐渐导致了民间舆论与公权本能的对立，这种拧巴的，也就是病态的社会情绪既有对社会良性秩序的向往，也有内心人文关怀的体恤，更有着“愤青式”的激进的情绪，当这些负面情绪长期得不到疏解的时候，必然会成为强大的传导的效应，最终会影响社会的稳定。

（3）外来人口、金融危机催生色情业，形成产业链。

《新京报》2014 年 2 月 11 日发文《“性都”成东莞标签，周期性扫黄一直没停过》：

这座城市是猎艳客的“森林”。每天，大量猎艳客在此寻找着“莞式服务”。哪怕东莞色情业近年来屡受扫黄严打，仍客源不断。在过去的十几年间，东莞“性都”之名越传越响。

但很少有人关注这背后的数据：1 000 万的常住人口，5 100 多亿的

GDP，以及全国排名第四的进出口贸易额。2013 年，东莞再次登上中国最富 20 城市的榜单，位居首位。

（4）中国警方向“性都”地下色情业宣战。

马来西亚新海峡时报网站 2014 年 2 月 10 日发文《中国对南方“堕落中心”的色情业展开罕见打击行动》：

自 1949 年中国共产党革命胜利后，中国宣布卖淫非法，但该行业随 30 年前里程碑式的经济改革而死灰复燃，导致艾滋病毒携带者、艾滋病感染率以及性传播疾病上升。

尽管中国政府定期展开打击行动，但此次国有媒体以鲜明的姿态予以报道，以及高层官员就此问题做出表态，均是非同寻常的举动，彰显色情交易的爆炸式增长已引起（中国官方）担心。

2. 网友对东莞城市形象认知的倾向性

（1）东莞扫黄治标不治本（40%）。

网友“金螳螂电商家装 e 站公达”：繁荣娼盛……现在天朝这种现象太普遍了，要根除很难！

“@独钓寒江雪”：东莞性产业年年扫黄，却愈扫愈炽，其原因无非官府默认，有司从中得利。如欲彻底整饬，必须严惩后台，官员、警员涉黄均应严惩不贷。如果只拿小姐开刀，必定又是台风过后，海棠依旧。

网友“颜宇丹律师”：央视这期节目造成的反响是巨大的，网友们甚至力挺东莞，警方也开始了前所未有的打击卖淫嫖娼行动，更出现了以东莞为题的骗局，而这次扫荡以后是否还会卷土而来，不得而知！

（2）应人性化看待色情业（29%）。

“@水墨横江”：每个人都有选择自己的生活方式的权利，但前提是不危害社会，能给他人带来幸福和快乐的人他自己也是快乐的。帮助他人，快乐自己。做一个对社会有用和有利的人。

“@尘人居士”：究竟是历史的倒退，还是社会的进步？是历史的使然，还是社会的回归？应该肯定性工作也是一种劳动，是劳动应该有报酬这是真理。关键的核心是里面所包含的各种腐败和犯罪，这是和广大人民群众的根本利益相冲突的。大家都知道，东莞的色情产业肯定有政府官员的利益在里面，一切自然就好理解了。

（3）哗众取宠（20%）。

“@梁英雄 lucius”：网上唏嘘一片，到处都是“东莞加油，东莞不哭，东莞挺住，为东莞祈福，今夜我们都是东莞人”……没看新闻之前，我TM还以为东莞地震了。

网友“南京青年 KK”：东莞不哭，东莞加油！央视无情，人间有爱，众志成城，东莞加油！一方有难，八方支援！东莞挺住！大灾面前不放弃，务必抓好灾后重建工作，尽快恢复当地的生产生活秩序。今夜，我们都是东莞人！

（4）坚决打击这种卖淫嫖娼行为，还社会净土（6%）。

网友“繁花已落浮生未歇”：曾经亲眼见识到涉黄场景，太败坏，太无耻，在中国法律不允许的范围内，这是违法犯罪的行为，破坏家庭和谐，破坏国家安定，所以坚决支持严重打击!!

网友“王思卓 Ginny”：支持治理东莞！我们都要有子孙后代，希望中国人的良知告诉大家什么是对的，国家治理有问题我也承认，作为中国人我们最起码的道德和良知应该还在，真善美也应该还在，我们希望国家好，国家好大家才会好，等人民丧志，日本再侵略，想不让手足同胞当慰安妇都难了！传播正能量吧。

（5）央视在事件中属于“角色错位”，“扫黄”不是央视优先该做的事（5%）。

网友“广东塞壬”：这条报道无耻之极！中国从北上广深到小县城色情业是秘密吗？况且东莞有它的历史原因，曝光这个的真正目的是说东莞存在色情业？警察不作为？为什么在全国普遍存在的问题，唯独把东莞拎出来？令我好奇的是，为何记者要多次造访这香艳之地？不是为了满足偷窥欲??

网友“鱼饼喂”：东莞作为连续数十年上缴中央和省税收第一的地级市你没有报道，东莞没拿中央一分钱自力更生从一个小渔村到现在国际加工业之都你没有报道，汶川地震东莞是出钱出力最多的一个市，你没有只言片语！东莞连续十五年高考招生广东第一全国前十你没有报道。你好，这里是东莞，让我来告诉你什么是莞式服务！

（四）舆情应对点评及城市形象传播建议

1. 舆情应对点评

（1）事件发生后官方回应速度有待提高。

央视曝光东莞色情产业后，舆情形成了“政府行动—网民热议—官方回应—媒体跟进—网民热议”的传播链条。可以明显看到，“官方回应”的传播环节滞后于“网民热议”的环节，也就是说，在危机爆发的阶段，东莞政府错失了“黄金4小时媒体”时间。而“黄金4小时媒体”主要是指能够产生快速舆论传播的网络媒体，以微博、微信、论坛等为主。

当下的中国正处在互联网舆论的高速发展时期，网民参与的热情和实例大多是自发的、迅速的，同时又是极易被“设置”的。不仅如此，网络舆情在热议中还夹杂了比例不低的负面元素，这种舆情的发展和传播绝不可能产生“自控”和反思，必须得到一定的疏导、回应和管理。

既然东莞城市负面形象已经固化，那么其政府官方就应该借助舆情民意迅速做出回应，通过网络媒体展开正面反省和转变管理的话题活动，向受众展示一个敢于认错、知错就改的城市形象。

（2）可预防情景下的道歉策略不够合理、到位。

2014年2月16日，东莞4名镇党委书记在党报《东莞日报》上刊发公开道歉信，对自身职能缺失表示自责，对东莞市内公众表示道歉，同时对影响东莞城市形象表示抱歉：“作为虎门镇党委书记，我负有不可推卸的领导责任，在此向全市人民公开道歉”“作为厚街镇的党委书记，在娱乐场所涉黄的管理上存在不少的问题”“作为黄江镇党委书记，我深刻反思工作当中的失误”“作为凤岗镇党委书记，我没有尽职尽责做好‘扫黄’工作，对事件的发生负有不可推卸的责任，辜负了全市人民的期望和重托，我为此深感痛心和愧疚”。

这一行为本身初衷较好，预计会带来正面效应，结果却导致公众舆论与初衷背道而驰。经分析，结合网友和媒体评论，该4名镇委书记的公开道歉内容重复且泛泛略过，停留于模式化致歉，对整改措施没有具体化。更甚者直接抨击此行为官话痕迹明显，遭到众多网友的抵制，再一次加深了东莞政府“不作为”的印象。

在事件发生后期的可预防情景下，道歉策略是城市形象修复的常用技巧，但这并不意味着所有的道歉策略都能够对公众舆论产生良好的疏导作用。在危机蔓延时，只有组织行动与公众焦点契合才能阻止城市形象的负面传播。

（3）危机传播后期对公众反馈的意识有待提高。

在事件处理的传播后期，“修正形象策略”和“降低外界攻击策略”有利于提高传播效果；有利于强化形象修复效果，甚至超越原先公众的城市形象认知。具体来说，在《东莞副市长、公安局局长严小康被免》和《胡春华回应东莞“扫黄”问题：广东不会坐视不管》的相关报道中，正向的舆论态度始终保持较高的比例，负面态度保持较低的比例。这一舆情比例也正是说明了“东莞官微发布的形象宣传片”“胡春华为代表的省委政府的坚定态度”对恢复公众态度起到了正面效果。

另外，随着新媒体、社交媒体的兴盛，东莞虽已建立了官方的“网络新闻发言机制”，在微博、微信也有账号发言，政府组织还应主动介入公众反馈，防止信息失真，积极维护城市形象。当新浪微博“@央视新闻”事后发布关于“东莞涉黄老板梁耀辉被罢免全国人大代表职务”的信息时，网友评论不乏负面反馈。网友“@熙塱 ELAN”称：“早怎么没查出来？非要记者电视台曝光了，才有查处这回事。”这也说明虽处传播后期，如不重视公众反馈，依旧不能挽回事件本身对城市形象所造成的负面影响。

2. 城市形象传播建议

城市形象是一个城市软实力的重要体现：良好的城市形象能够提高城市的知名度和美誉度，从而促进其经济、文化及综合实力的整体提升，稳定民心、增强市民幸福感。一座城市要想树立形象、塑其品格，与其社会评价、舆论走势息息相关。

然而，“好事不出门，坏事传千里”的现象屡见不鲜，负面的城市形象也会严重影响社会各方面的发展。对于东莞，无论是网络社交、纸媒还是电视媒体都印有刻板负面形象的踪影。这些负面的城市形象掩盖了东莞的真实面目，不利于其产业经济、居民生活、社会稳定等方面的发展。东莞要想展现其真实魅力就必须为自己“正名”，重视城市形象的传播和宣传，做出全方位的良好形象推介。

（1）立足于舆论危机时期城市形象恢复与塑造双重任务，健全突发危机应对传播体系。

在互联网舆论杂乱的今天，突发事件的传播过程是全体参与者共同作用的过程。政府的城市形象传播不能完全按照传统应对模式操作，需根据舆论传播特点加强预警能力、应对能力、议程设置能力等，从而健全突发危机应对传播体系。在突发危机应对传播体系中，政府相关部门应灵活运用各种信息资源，吸引受众关注事件调查进展状况，从而逐步实现危机的议程设置转换。可以预见，当负面刻板评价铺天盖地时，若不能及时转换议程，城市形象及其政府的公信力将受到极大的质疑。按照信息公开的应对原则，官方第一时间进行回应，让公众知晓危机事件的进展状况，引导其对事件的深层次理性讨论，达到恢复与塑造城市形象的目的。

（2）重视舆情收集及效果反馈，有针对性地修复负面刻板印象。

刻板印象是指人们用刻印在自己头脑中的关于某个人或物的固化印象，并以此固定印象作为判断和评价的依据。刻板印象是典型的认知行为上的偏见，人们不仅会对接触过的事物产生刻板印象，还会依据含糊不清的间接信息对未接触过的事物产生刻板印象；刻板印象所产生的认知偏差容易使人被误导。

而符号的重建和修正行为能够对消除刻板印象、消除城市负面形象起到事半功倍的作用。在平面化、非中心化的舆论空间里，只有以平等、真诚的态度与公众对话才能够提升政府的网络话语权。反面举例：在东莞“扫黄”事件中的“道歉行为”初衷较好，但因对舆情的效果反馈不够重视，导致了公众舆论与初衷背道而驰。4 名镇委书记的公开道歉内容重复且泛泛略过，停留于模式化致歉，对整改措施没有具体化；官话痕迹明显，遭到众多网友的不满和抵制。

（3）以政府为主导，“提高层次传播”，展现另一面的东莞城市形象。

在危机消退的过程中，东莞政府借助新媒体发布城市形象宣传片的策略收到了良好的传播效果，高效地提升了城市形象。这种转换议程的策略即城市形象传播的“高层次传播”，政府可从自身历史文化、经济发展、地域特色出发，紧密围绕本土民俗风情和传统文化来提升自身城市形象，展现负面评价之外的另一面。只有更加注重城市发展管理中的人文关怀，让公众感受到人文魅力，才能真正提升城市的文化品位、城市形象。

三、城市形象传播新战场：微博

（一）微博概况

随着新媒体的迅速崛起，一个城市的形象传播也相应存在于人们获取信息的方方面面。对于东莞而言，新浪微博“@莞香花开”以及“@平安东莞”正是其传播效力最大的两个官方认证窗口；在此次东莞“扫黄”事件当中，两者也加入了信息发布的行动当中，成为传播链条中的一环。

新浪微博账户“@莞香花开”是广东省东莞市人民政府新闻办公室开通的官方认证微博，截至2015年3月9日，其粉丝数量达266.5万，发布及转发信息9 736条，具有一定的网络传播效力。运营方在“@莞香花开”的微博简介中这样写道：“在这里，感受东莞脉搏；在这里，分享东莞资讯；在这里，关注东莞政务。这里是东莞微博发布厅，欢迎朋友们与‘东莞微博发布厅’成员单位互动交流。”

新浪微博账户“@平安东莞”是广东省东莞市公安局的官方认证微博，截至2015年3月9日，其粉丝数量达27.8万，发布及转发信息5 392条；其简介信息为“关注平安东莞、共创东莞平安”。

表2 东莞官方微博信息一览表

微博名称	微博发布及转发量（条）	日均微博数（条）	平均每条微博被转发数（条）	平均每条微博被评论数（条）	微博原创率	粉丝数量（人）
@莞香花开	9 736	6.7	9.2	3.5	62%	266.5万
@平安东莞	5 392	3	9.3	3.5	52%	27.8万

注：数据统计截至2015年3月9日16：00。

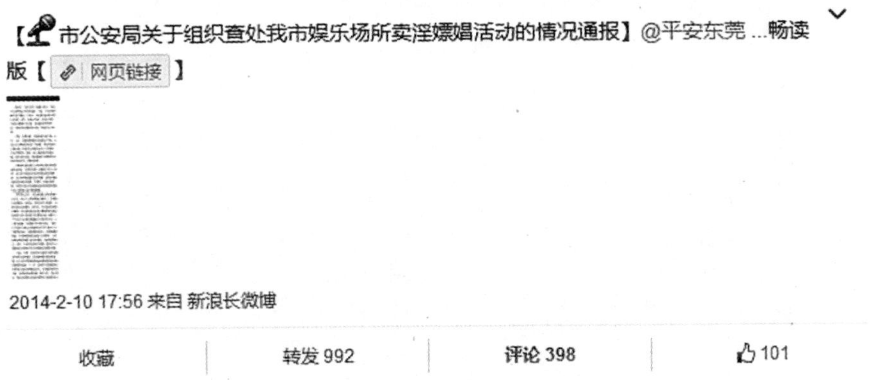

图3 “@莞香花开”发布关于东莞“扫黄”事件的微博截图

针对2014年东莞“扫黄”事件，新浪微博“@莞香花开”自2月10日至4月8日共发布相关应对微博15条，是此次传播的主力。图3为其针对此次事件的第一条微博截图。遗憾的是，此次事件的主角之一——东莞市公安局新浪官微“@平安东莞”则并未及时发布相关博文进行信息公开及跟进。

（二）博文分析

针对新浪微博“@莞香花开”发布的第一条，同时也是传播最为广泛的“扫黄”相关消息进行分析：此条微博曝光量达71 524 852次，超过95%的微博。男性用户对该微博的兴趣明显高于女性；广东、北京等地区的用户的参与度相对较高；且参与用户中没有发现水军痕迹（据“知微”分析工具得出）。

在传播路径上，该条“市公安局关于组织查处我市娱乐场所卖淫嫖娼活动的情况通报”的微博在二次传播上具有不凡表现：其中企业认证微博“@头条新闻”以及“@头条博客”及时对此进行了二次转发，转发量分别为549次及95次；另外还有众多个人认证微博对其进行了二次传播，传播路径图及关键传播账号排名见图4、图5。

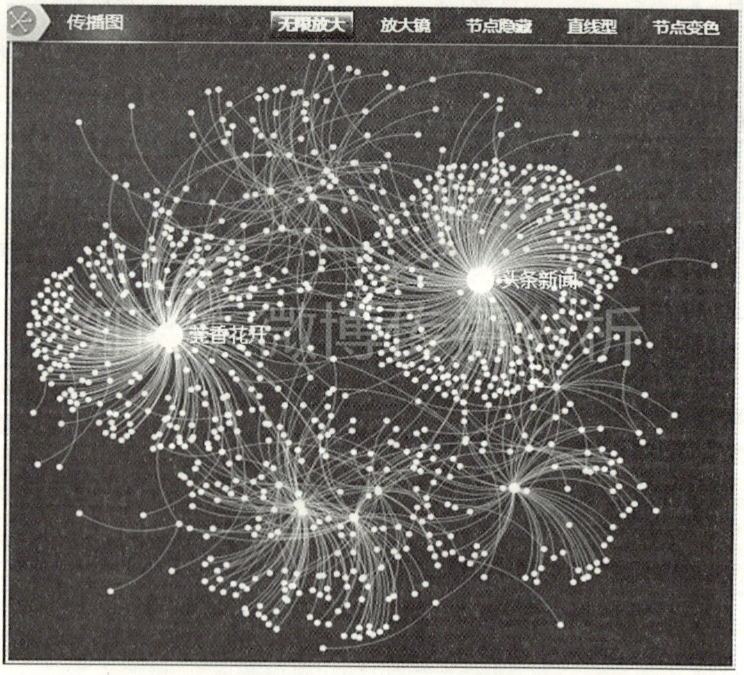

图4 “@莞香花开”2014年2月10日17：56
关于东莞“扫黄”事件的单条微博传播路径图

关键传播账号　认证用户

排名	昵称	粉丝	用户类型	时间	二次转发
	头条新闻	39249670	企业认证	2014-02-10 18:13	549
	头条博客	7929171	企业认证	2014-02-10 18:16	95
	老沉	7016847	个人认证	2014-02-10 18:26	68
4	袁莉wsj	2066145	个人认证	2014-02-10 18:14	53
5	博联社马晓霖	1956521	个人认证	2014-02-10 18:26	37
6	摘星手010	150511	个人认证	2014-02-10 18:01	26
7	向小田	136573	个人认证	2014-02-10 18:10	25
8	宝树	59903	个人认证	2014-02-10 19:37	23
9	聂日明	11277	个人认证	2014-02-10 19:22	20
10	V我是好菇凉V	33	普通用户	2014-02-10 18:13	20

图 5　“@莞香花开”2014 年 2 月 10 日 17：56
关于东莞“扫黄”事件的单条微博关键传播账号排名

另外，据“知微”分析，网友对此条微博的情感值为“正向”63 分，也就是说此条关于东莞“扫黄”事件处理的信息传播含有一定的“正能量”效果。

根据人民网舆情监测室从 2013 年的年度热点舆情中对不同类型的微博在事件曝光、发酵、升级和舆情处置中的覆盖度和活跃度的梳理，以是否成功实现议程设置或使舆情发生重要转折为标准，最终得出结论：“普通网友的话语权约占议程设置或舆情转折影响力的 13%，‘意见领袖’约占 24%，政务微博约占 21%，而媒体微博约占 42%。”这项研究揭示，专业媒体对于舆论的走向，负有相当重要的责任。而在此次传播链条中，新浪微博“@头条新闻”即充当了“媒体微博 42%”的议程设置功能，在转发量上较为明显；而众多个人认证微博则是传播链条上的“意见领袖”，在人际网络传播中为他人提供相关信息、意见和评论，起到了加快传播速度及扩大影响的作用。

（三）微博关注度走势

东莞色情产业被央视新闻频道曝光之后，迅速在微博平台引发热议。2 月 9 日 11 点 33 分，新浪微博“@新浪新闻视频”把曝光节目视频转发至新浪微博；有网友认为央视为制造轰动效应“专捏软柿子”；有的则说央视直接曝光失足妇女面部严重侵犯隐私等等。至此，东莞色情风波从传统媒体迅速被“@作业本”“@浑水自媒体门户”“@吴主任”“@琢磨先生”等微博“大 V”关注；下午 2 点左右，东莞市人民政府新闻办公室官方微博“@莞香花开”发布消息：“东莞下了场不小的雨……”

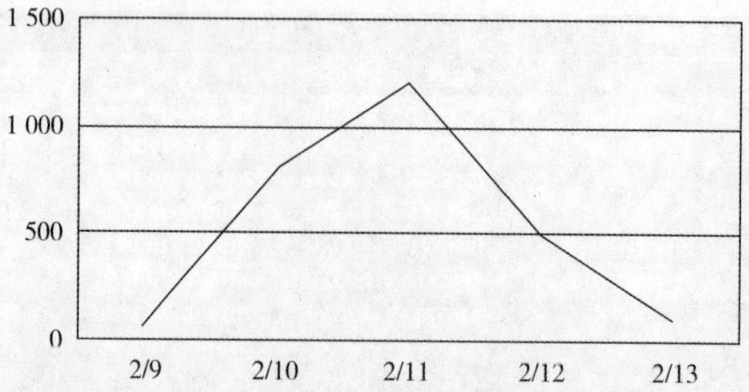

图6　2014年东莞“扫黄”事件微博关注度走势

当晚11点左右，《南方都市报》官方微博发文“东莞挺住”。随后，“#东莞挺住#”成为微博上的热门话题；一时不明所以的人，真的认为东莞是发生了“三级”地震。这个被网民称之为“南娼起义”的“三级地震”成了当日网上最热门的话题，大约在12点，该评论被删除。

11日，“@东莞晚香”发微博称，为严厉打击“涉黄”违法犯罪行为，东莞市委、市政府决定开展为期3个月的“扫黄”专项行动，组织专门力量，集中整治娱乐场所“涉黄”问题。随后，“@头条新闻”“@虎门太平”“@广东政法”等600多个账号进行了转发。

“东莞扫黄”在微博上引发了广泛的关注，关于“东莞”的搜索增长了百倍。而微博上对央视的挞伐之声更是甚嚣尘上，不仅引发当地政府的迅疾整治，也在中国的社交媒体上造成舆论漩涡。

四、结语

东莞“扫黄”事件的发生，无论是在纸媒、电视媒体还是网络社交上，都为其城市印上了刻板负面形象的标签。而这些负面的城市形象愈发掩盖了东莞的真实面目，不利于其产业经济、居民生活、社会稳定等方面的发展。本文经过讨论得出：符号的重建和修正行为能够对消除刻板印象及城市负面形象起到事半功倍的作用。在城市形象传播方面，我们得到的启示是：城市政府官方只有以平等、真诚的态度与公众迅速对话才能够提升网络话语权，从而在平面化、非中心化的舆论空间里应对突发危机事件。东莞的城市形象修复之路并非一帆风顺，也不可能立竿见影。一座城市要想展现真实魅力就必须为自己“正名”，重视形象的传播，注重发展管理中的人文关怀，才能做出全方位的良好形象推介。

老字号品牌激活与广州城市形象传播

徐　清

广州建城2 000多年来一直是我国岭南地区的工商业重地和对外贸易中心，涌现了一批驰名中外的“老字号”企业。2014年，为推进广州市世界文化名城建设，彰显“千年商都”魅力，广州市开展了一系列活动。本文以老字号品牌的激活为落脚点，从老字号品牌与城市的关系出发，梳理广州老字号品牌的发展脉络。在这一基础上，对老字号品牌激活的一系列措施进行归纳分析，最后，探讨老字号品牌的激活对于广州城市形象传播的意义。

一、关于老字号的概念

老字号蕴含着丰富的人文和历史，积淀了厚重的经济价值。他们独到的经营之道、历代相传的工艺，还有产品质量和市场认同度都是毋庸置疑的。

老字号有一些共同的特点，如有着富有传奇色彩的故事；很多老字号与一些历史事件、历史人物存在着密切联系；有些老字号还在国家大事中扮演过不可或缺的角色等等。

关于老字号，一个被广泛引用的定义是，老字号是一个约定俗成的概念，是中国商业特有的称谓，通常是指有多年成功的经营经历，在一定区域内有良好声誉的商号及其商品和服务的称谓。此外，新的《中华老字号认定规范》把老字号定义为：历史悠久，拥有世代传承的产品、技艺或服务，具有鲜明的中华民族传统文化背景和深厚的文化底蕴，取得社会的广泛认同，形成良好信誉的品牌。虽然定义在具体内容上有所不同，但这些定义都强调了老字号广泛认同的声誉、相当长的发展历史、承载了深厚的民族历史文化等特征。

二、老字号与城市的关系

1．城市的记忆

说起广州的老字号，美食是最让人心动的，既是手信，也是广州街坊们一日三餐离不开的。

“秋风起、食腊味”，腊味，在我国已有悠久的历史，而“广式腊味”可以说是门户开放的产物。据说在唐宋年间，阿拉伯人和印度人到广东传经和经商，带来异地的灌肠食品，广东人便把外来的灌肠制作方法与本地腌制肉食的工艺“土洋结合”，制作出独具风味的“广式腊味”。广州市内腊味店遍布各条街道，每年冬季，在广州上下九步行街皇上皇腊味店内，人头攒动，热闹非常，给繁华的闹市增添了热烈的气氛。皇上皇腊味以其独特的风味久享盛誉，吸引着众多的消费者。

每逢中秋佳节，抑或有婚庆嫁娶，莲香楼——“莲蓉第一家”便门庭若市，老广州人无不以赠送该店的莲蓉酥饼、礼饼为讲究。莲香楼以清香幼滑的莲蓉，千姿百态的茶点、菜肴，令宾客如置身于人间美景之中。书法家李曲斋面对莲香楼荷香阁的优雅环境，挥毫赞叹：“香阁楼台小洞天。”诗人、书法家黄文宽留下佳句颂扬：“百年盛誉满城西，月饼趣香孰与齐。再见朋来盈四座，红灯绿酒碧琉璃。”

“食在广州味为先”，老广州人都知道，致美斋酱园真是未到其门，先嗅其香。以前，在致美斋门口正右边，总看见一对石磨在缓缓转动，流出金黄色的麻油和咖啡色的麻酱，散发出阵阵扑鼻浓香，加上酱油的醇香，猪脚姜的醋香，凉果的甜香，确令行者驻步，路人垂涎。致美斋的产品较著名的还有“添丁甜醋”，是南粤产妇的必需品，三乡四邑人家，凡有孕妇，也多向致美斋购买，以备不时之需。

“食在广州”这句话流传已久，美食与人们社会生活联系密切。传承着广州美食的老字号，是这座城市鲜活的历史符号和载体，其兴衰变化是社会历史变迁的缩影，也可以说是广州的一部微商业史。老字号作为广州历史的载体，拥有文字无法取代的地位，因为作为现实的社会存在物，老字号能够体现出城市的变迁轨迹，并为这些变迁提供最生动的描绘。

它们，都是老广州的味道，是这座城市的记忆。

2. 城市的个性

岁月，在城市的大街小巷不歇地游走，清扫着历史的烟云。

老字号，一个几经兴废却总是一脉相承的名字，聚近百年的春秋精华。一个深谙城市传统文化、商业理念的具有代表意义的牌匾，已陶铸成一个城市的性格，是城市的价值观、公德观、审美观等多个因素的综合呈现。

广州最早期的豪华食府陶陶居，多有文人骚客趋慕，几十年来它素以浓厚的饮食文化成为名人雅士聚会之地，书画名家定期在此展出新作。20

世纪90年代，三楼的霜华小苑连续举办书画展，古石爱好者在三楼霜华小苑设“陶陶石轩”，免费提供古石供宾客观赏。宴会大厅设“西关古坛”，邀请广州市著名的说书艺人免费为宾客登台讲古。还为宾客提供粤曲、杂技等服务，使宾客在陶陶居既可品尝美食，又可享受视听之娱，真是乐也陶陶。更难得的是，招牌“陶陶居”三字是康有为在广州讲学之时应老板之请即兴题写的。

著名百年老字号惠如楼位于广州市中山五路117号，是广州市历史最悠久的茶楼之一，素以传统粤菜、精美点心、龙凤礼饼驰名。惠如楼的创始人叫陈惠如，因以德报怨，感化小偷，若干年后小偷还恩的故事成为一桩美谈。惠如楼大门口两旁镶嵌楹联“惠己惠人素持公道，如亲如故长暖客情”，反映出其“服务第一，顾客至上”的经营服务宗旨。

“济公”传奇，家喻户晓。他是一位扶弱救病、普济众生的和尚。广州何济公制药厂之所以取名“何济公”，是因为创始人何福庆有意效法“济公”普济众生，因而名之。同时，由于“何济公”谐音为“活济公”，故在长江南北一带出现了广东有个“活济公”的传说，使“何济公”其名不胫而走。何福庆为自己开办的药业立下了“利人利己驰盛誉，半为慈善半营生”的经营宗旨。

3．城市的名片

老字号在发展过程中沉溺于城市个性之中，因此极具文化传承的意义和价值。当然，老字号的品牌价值更是不可轻视的。例如，北京作为世界著名的古都，“丰富的历史文化遗产是一张金名片”，其中的老字号就是北京城市传统文化的宝贵财富之一。“酒香不怕巷子深”道出了北京老字号的独特魅力，北京老字号以其深厚的文化底蕴，秉承了优秀的传统文化的精髓，并以独领风骚的精湛技艺，以人为本的经营策略，成为北京城市形象传播的窗口。

很多广州老字号声名远播海外，例如艳芳照相馆，20世纪20年代的“艳芳”已颇具规模，并集中了行业中的一些技术人才。因此，社会上不少顾客，特别是海内外华侨都乐意到“艳芳”拍照，使“艳芳”饮誉海内外。

莲香楼从20世纪50年代起就被广州市有关部门指定为广式月饼和冷冻食品的出口生产厂家。莲香月饼远销东南亚、美国、加拿大、澳大利亚、英国、瑞典、德国、荷兰和南非等国家，小小的月饼维系着华夏子孙的亲情，传递着友人的情谊。

早在1600年创建的陈李济药厂，是迄今为止有据可查的最古老的中成药制药企业，有着浓厚的历史底蕴和丰富的文化底蕴，比北京的同仁堂还年长69岁。所以陈李济的各类药丸亦成为“广药”的代名词，形成广州陈李济、北京同仁堂和杭州胡庆余堂三足鼎立的局面。陈李济药厂火起来后，慕名参观、考察的代表团接踵而来，如印度政府医药科技考察团、波兰政府植物药学考察团、泰国政府药用植物考察团、匈牙利药用植物专家团等。

老字号品牌的打响，为城市形象的传播做出了贡献。老字号品牌的延续性、可塑性为城市形象的传播创造了条件。近百年口口相传，最终成为城市的象征性符号，是城市形象传播的一张名片。认识并充分利用这一资源，是明智之举。

三、广州老字号的渊源与发展

1. 历史渊源

广州，作为我国南方的一大都会，有着悠久的历史。

秦始皇统一岭南，建南海、桂林、象三郡，南海郡治就设在今天的广州。从那时起，广州（当时称“番禺”）就在祖国的怀抱中不断成长、壮大。《史记》记载，汉代初年，列全国9个商业大城市为“都会”，广州就是其中之一。在《古诗·为焦仲卿妻作》中，描绘太守家准备办婚事的铺张场面时，有“杂彩三百匹，交广市鲑珍”的记叙。当时中原贵族办婚事，竟不远千里来广州采办山珍海味做彩礼。《古诗·为焦仲卿妻作》反映的是汉末建安年间的事，可见早在汉代，广州（三国时已开始称“广州”）在全国商业中已处于重要的地位。

由于优越的地理位置，广州自古以来就是我国对外通商的重要口岸。据历史记载，在汉武帝时期，广州已与南洋各国有贸易往来，形成海上“丝绸之路”。在漫长的封建时代，广州一直是我国对外贸易的重要口岸。明清两代，由于军事、政治上的原因，广州有很长一段时间还是中央政府指定的对外通商的唯一口岸。鸦片战争以后，海禁大开，广州又成了中外经济、文化交流的中心。

由于上述历史、地理上的原因，新中国成立前，广州的工商业已非常发达，尤其是轻纺工业、饮食、旅游等服务行业。在各行业中，还出现了不少历史悠久、远近驰名的工商字号。

但近百年来，广州老字号经历了重大的曲折演变过程。首先是1956年的公私合营，不少老字号被“统掉了”；之后是在“文革”中，老字号的生产经营遭到了严重破坏；到了20世纪80年代中期以后，老字号在西方先进经营理念和多种业态的冲击下，遭到了严重的打击。例如，成珠楼是广州开业最早、时间最长的老字号茶楼，史载清朝乾隆年间已经开始营业，已有250多年历史。1996年开始，成珠楼生意开始走下坡路；1999年开始，由于背负多重债务，无力偿还，成珠楼最终在2000年9月关门停业。2001年债权人向法院起诉成珠楼，成珠楼的物业被法院拍卖，营业200多年的老字号酒家关门了。艳芳照相馆始建于1912年，是由三水人黄跃云和刘昌泉合资创建的。除抗战时广州沦陷期间一度停业外，艳芳照相馆从建馆至1994年一直扎根于广州最繁华的商业区——中山五路，直至1994年为配合广州地铁建设迁往他处。清平饭店以“广州第一鸡”——清平鸡闻名，2002年初全面停业。

据有关部门统计，新中国成立初期，我国有一万多家老字号企业；1993年以来，国家有关部门确认的“中华老字号”有1 600家，目前老字号企业中勉强维持现状的约占70%；长期亏损，面临倒闭、破产的约占20%；生产经营有一定规模且经济效益好的仅占10%左右。

面对老字号日益衰落的困境，1999年，广州政府开始实施《广州历史文化名城保护条例》，在全国率先提出保护“老字号”。2000年12月，广州市政府公布了广州第一批“老字号”名单，包括广州酒家、陶陶居、北园酒家、泮溪酒家、莲香楼、大同酒家、成珠酒家、爱群大厦、趣香饼家、致美斋、皇上皇、新以泰、南方大厦百货商店、鹤鸣鞋帽商店、大学鞋店、李占记、亨得利、艳芳照相馆、宝生园、三多轩、陈李济、敬修堂、王老吉、何济公、潘高寿、海珠大戏院、太平馆共27家。

2. 经营发展现状

2006年商务部启动了“中华老字号”的认证工作，对老字号资源进行梳理和保护，通过了首批认定的“中华老字号”430家，在这批“中华老字号”名单中，广州有13家。2010年7月，商务部发布第二批“中华老字号”名录345家，其中，上海市以47家企业入围，列各省市之首，广州共入围4家，详见表1：

表1　广州市“中华老字号”名录

序号	企业名称	字号	商标	所属行业
第一批				
1	广州王老吉药业股份有限公司	王老吉	王老吉	医药
2	广州敬修堂（药业）股份有限公司	敬修堂	敬修堂	医药

（续上表）

序号	企业名称	字号	商标	所属行业
3	广州致美斋酱园	致美斋	致美斋	食品加工
4	广州潘高寿药业股份有限公司	潘高寿	潘高寿	医药
5	广州酒家企业集团有限公司	广州酒家	广州酒家	餐饮住宿
6	广州星群（药业）股份有限公司	广州星群	星群	医药
7	广州市药材公司	采芝林	采芝林	医药
8	广州市莲香楼	莲香楼	莲香楼	餐饮住宿
9	广州白云山何济公制药有限公司	何济公	何济公牌	医药
10	广州陶陶居饮食有限公司	陶陶居	陶陶居	餐饮住宿
11	广州食品企业集团有限公司皇上皇肉制品厂	皇上皇	皇上皇	食品加工
12	广州市爱群大酒店	爱群	爱群	餐饮住宿
13	广州市新亚大酒店	新亚	新亚	餐饮住宿
第二批				
14	广州市趣香食品有限公司	趣香	趣香	食品加工
15	广州市泮溪酒家有限公司	泮溪	泮溪	餐饮住宿
16	广州市泮塘食品有限公司	泮塘	泮塘	食品加工
17	广州市宝生园有限公司	宝生园	宝生园	食品加工

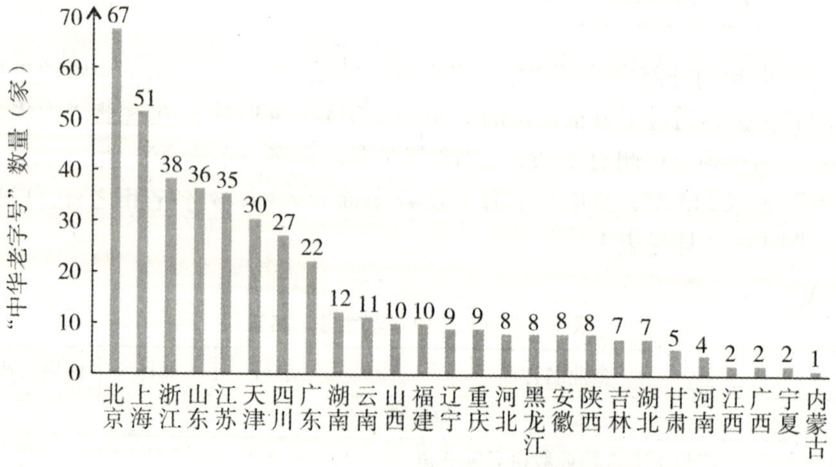

图1 第一批"中华老字号"地区数量分布图

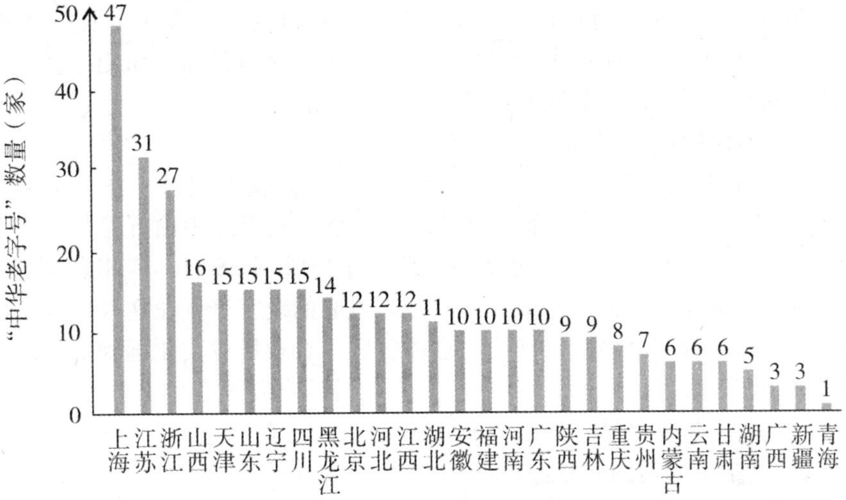

图 2　第二批"中华老字号"地区数量分布图

经过上述两批认证，广州共有 17 家企业进入"中华老字号"名录。从"中华老字号"地区数量分布图来看，"中华老字号"多集中于明清及民国时期经济发展状况较好，新中国成立后尤其是改革开放以来经济比较繁荣的地区。此外，老字号多数产生于城市，与城市的经济社会发展及城市需求、人文特色紧密相关。

四、老字号的激活

广州市社科院 2014 年公布的商贸蓝皮书指出，广州餐饮业增速放缓，餐饮综合实力偏弱。"食在广州"名声响亮，但近几年来这块"金字招牌"背后也有不少隐忧，比如"世界美食之都"之争广州败给了成都；《福布斯》杂志评出的"世界十大美食城"广州名落孙山，北京、上海却榜上有名。2006 年以来 16 家餐饮"老字号"的停业或歇业也加深了"食在广州"的危机感。

老字号能够延续几十年甚至上百年的经营，一方面是因为老字号品牌影响大、传统工艺技术精湛、品牌时间长、产品质量有保证；另一方面则是有街坊的感情支撑着。与此同时，新产品少、管理落后、政府支持不够、品牌影响不够、宣传广告不够、技术工艺陈旧等问题也在困扰着不少老字号企业。历史的光荣写在脸上，长途跋涉的疲惫缠在腿上，一路的烟尘盘旋萦绕在心间，老字号将怎样迎接挑战？

2014 年广州市政府通过政策上的支持，打造老字号街区、承办会展、举办节庆活动，并鼓励图书的出版，为广州市老字号的激活做出了较大的努力，从参加活动的人数来看，其效果是显著的。

1. 街区建设——打造集中展示的窗口

2013 年 3 月，越秀区启动了广州老字号一条街的建设工作。2014 年 10 月 16 日，广州老字号一条街所在地的北京路北段（中山五路口至广卫路口）从周末步行街升级为全日步行街。同年 12 月 28 日，广州老字号一条街首期（北京路北段）建设工作完成。进驻的老字号企业在开展经营的同时，开设了微型博物馆、传统美食体验区、企业历史文化画廊等，为广大市民和游客带来了广州商贸历史文化、老字号传统文化的充分展示。

目前，广州老字号一条街（北京路北段）已有 19 家老字号企业（21 间门店），加上周边的北京路商圈，共有 30 多家老字号企业（门店），老字号街区已初具规模。

2014 年的最后一天晚上，荔湾区建设“广州老字号一条街”在荔枝湾文塔广场亮灯启动，正式拉开荔湾区老字号一条街的筹建序幕。“广州老字号一条街”由泮塘路、龙津桥、龙津桥以南龙津西路、恩宁路组成，连接十甫路及上下九步行街，全长约 2.9 千米。其所在地段是老西关的核心地带，沿线周边著名景点众多，有仁威庙、文津古玩城、梁家祠、荔湾博物馆、蒋光鼐博物馆、小画舫斋、粤剧艺术博物馆、西关大屋群以及历史名人故居等，具有深厚的历史文化底蕴。

泮塘路上的老字号企业（门店）有泮溪酒家、广州酒家（利口福）、莲香楼、宝生园、鹰金钱、王老吉、皇上皇、沧洲栈等 15 家，加上十甫路及上下九商圈内原有的 12 家，共有将近 30 家老字号企业，老字号街区已初具规模。按照计划，荔湾拟在 2015 年开始招商引资工作，争取在龙津桥以南龙津西路段新增引入 30 家老字号企业，在恩宁路段新增引入 20 家老字号企业。

政府部门通过打造“广州老字号一条街”，将其作为集中展示广州城市形象的窗口，浓缩城市历史、文化，展示城市物产，体现城市品位，满足市民与游客的消费需求，对促进广州老字号的发展有重要的意义。在北京路北段实行全日步行街管理，把北京路南北段连起来变成一条步行街，增加广州老字号一条街的人流量，带动老字号一条街的生意，有助于北京路老字号一条街的发展。“老字号一条街”的启动吸引了《广州日报》、网易新闻中心、凤凰网等多家媒体的报道。

2. 出版图书——诠释老字号的新味道

2014 年 5 月 1 日，“老广新游”系列的创作团队“大话国”推出了新的作品——《老广新游之老字号》。5 月 3 日下午，《老广新游之老字号》新书发布会在广州购书中心举行。《老广新游之老字号》是“大话国”团队继《老广新游》与《广州手绘地图》后的又一重磅力作，他们花了两年的时间收集资料，以广州的美食、老店、老药三类老字号为主题，从历史、人文、艺术的角度，搭配一百多幅精致的手绘图画，向读者介绍了广州 48 家老字号的发展历程。内容分为广州老食肆、老店、老药三大板块，图文并茂地收录了 48 间极具口碑的老字号。比如已经有 400 多年历史的陈李济，它之所以出名，是因为它首创了蜡壳丸的工艺。岭南地带闷热潮湿，中药常常会发生霉变或被虫蛀，为了改变这种情况，陈李济便把药注入蜡壳中，具有防虫、防水的功用，随后大江南北的药房也纷纷效仿。一颗药丸，里面就浓缩着广州的制药发展史。又比如广州酒家，尽管百姓现在逢年过节都喜欢去吃，可没有人知道它曾经有多火爆。在 20 世纪七八十年代，当时还没有叫号等位，天刚刚亮大家就开始排队，时间一到，食客就蜂拥而入。拥挤中，许多人被踩掉鞋子，无奈之下，广州酒家只能专门派服务员去捡鞋子，让客人自己去认领，于是便有了“霸位争甩鞋”这样的说法。

在耗时一年多的创作中，在采访、摄影、绘画的过程中，“大话国”得到了老字号的第一手资料，挖掘到许多不为人知的故事，并从历史、风情、产品等方面进行解剖，把这些老字号的“秘密”全数描绘在新书之中，由小见大地表现了广府市井坊间的文化，希望读者也能从《老广新游之老字号》中立体地认识老城窄巷里的怀旧人情味。

老字号的每一段创业发展史，其实也是广州的一段微型历史。《老广新游之老字号》说的是老字号的故事，反映的是广州这些年来的变化。《新快报》发表了文章《在广州这些老字号中，了解爷爷们的故事》对《老广新游之老字号》进行了报道。

3. 商务会展——提升老字号的知名度

2014 年 5 月 30 日至 6 月 2 日，在广州·琶洲保利世贸博览馆，“2014 中华老字号博览会暨旅游嘉年华”（简称“博览会”）在广东省商务厅、广东省旅游局、广州市经济贸易委员会的指导和支持下，由中国商业联合会中华老字号工作委员会、广州岭南国际企业集团有限公司、广东省老字号协会联合主办。博览会设置了全国中华老字号及手信展区、旅游嘉年华展区、境外港澳台老店展区及旅游手信展区、非物资文化遗产展示区四大特色展区。

本届博览会汇集了全国众多的知名老字号品牌，是一个名副其实的全国性老字号行业盛会。在广东地区老字号展团中，共有80家老字号企业参展，约占该地区老字号企业总数的70%，其中有皇上皇、致美斋、趣香、王老吉、陈李济、敬修堂、莲香楼、陶陶居、鹰金钱、金银首饰、五羊表业、冯了性、广州酒家、咀香园、宝生园、李占记钟表、燕塘牛奶、长乐烧酒、锦泉眼镜等。广州市岭南集团、广药集团、轻工集团、饮服集团等35家老字号企业悉数参展，并以特装形式亮相博览会。

5月30日，“2014中华老字号博览会暨旅游嘉年华”开幕之际，“广州老字号一日游”正式启动。首次将老字号文化历史与广州一日游线路相结合，精选陈李济中医药博物馆、王老吉凉茶博物馆、南越王宫署遗址博物馆、神农草堂等景点，推出两条经典线路（A线：以太广场—陈李济中医药博物馆—惠爱酒楼午餐—南越王宫署遗址博物馆—“广州老字号”手信一条街—北京路步行街散团；B线：以太广场—惠爱酒楼午餐—神农草堂和王老吉凉茶博物馆—南越王宫署遗址博物馆—“广州老字号”手信一条街—北京路步行街散团）。博览会闭幕后，“广州老字号一日游”将作为广之旅的一条全新线路，逢周三与周六出团，届时市民仅需79元即可踏上广州老字号之旅。《广州日报》、凤凰网、中新网、网易新闻中心、《南方都市报》对“广州老字号一日游”进行了报道。

同时，“2014中华老字号博览会暨旅游嘉年华”还举办“老字号产品热卖会”、专业买家对接会、“百年老店”发展论坛等活动，目的是传承文化传统、发展老字号品牌、繁荣经济建设。与此同时，组委会还邀请各大旅行社、景区景点、酒店、航空公司、邮轮等核心旅游企业全面参展，利用“端午节”及“儿童节”的黄金周期，共同打造了一届声势浩大、丰富多彩的暑期旅游热卖会，向广大市民销售价格实惠、服务优质的旅游产品。

2014年8月22—25日，“2014年第22届广州博览会”在琶洲中国进出口商品交易会展馆举办。展区内设3个综合展区和7个专业展区，市民在参观的同时，不但可以品尝当地特色小吃，还可以欣赏民俗表演。

在广州老字号和广州手信区内，广州老字号和广州十大手信企业对展位做了精心的布置，展示其独特的广州传统文化。展区内“广州手信”产品有陈李济的冰糖雪耳炖木瓜糖水、沧洲牌腊味、宝生园蜂产品、清心堂养生茶系列、泮塘牌马蹄糕手信产品、皇上皇腊味等。市民在购买广州老字号特色小吃的同时也品味了广州的地方特色、地域文化、人文特色等。

“中华老字号博览会”等商务会展活动，因其事件属性，从活动造势、事件报道等方面天然具有新闻热度和营销潜质，逐渐成为全面展示广州城市形象，扩大对外宣传的一种重要方式，对提升广州的知名度和影响力有重要的意义。

4. 节庆氛围——增强老字号的吸引力

2014年10月17日至2014年10月29日，广州老字号一条街举行了“2014广州国际购物节暨广州老字号购物节”活动。陈李济、王老吉、宝生园、太平馆、趣香、利工民、采芝林、锦泉眼镜等著名广州老字号企业，用多个展位展示老广州的传统工艺，宣传和促销其产品。老字号“港三元”（在香港注册的大三元）也于北京路345号重新开张。

借“2014广府文化旅游嘉年华·广州国际购物节活动”在越秀区北京路北段“广州老字号一条街”举办之际，广州老字号协会10月25日在“广州老字号一条街”举办了一场“广府文化挥毫嘉年华”活动，特邀了广东省书法家协会、广州市书法家协会、广州美术馆的特聘书法家和广州美术学院讲师等多名书法家出席。

这次活动为体现广州城市的特色而办，希望吸引市民在北京路南段参观千年古道，同时在广州老字号一条街购买具有广府特色的手信。

五、老字号的激活对于广州城市形象的意义

1. 彰显“千年商都、岭南文化、美食之都”品牌

凯文·林奇在《城市意象》中把城市空间的“意象”看作是由路径、边沿、区域、节点和标志五种元素构成的，以此揭示城市空间的本质。而代表城市形象或者标志的东西，我们也称之为城市品牌。“浓缩城市精华，彰显城市魅力”，是城市品牌的主要意义和价值。城市品牌作为一个城市的文化表现，对扩大城市的影响力，提高城市的知名度，提升城市的文化品位，具有重大意义。每一个城市都有各自的历史和文化背景，城市的品牌就是要浓缩这种差异化的特质并将其展示出来。

广州有两千多年的建城历史和雄厚的文化积累，其城市文化品牌就是要将广州城市发展历史及建设成就中最有代表性、最独特、最精华的部分展现出来。考察广州历史的演变以及广州之于中国的发展，其独特的文化意义主要来自滨海、商贸、美食和岭南文化。老字号无论从其建筑本身、传统技艺、字号还是情感上，都是一部浓缩的广州微历史，是体验这座城市风情的最佳场所之一。将老字号的激活作为城市形象传播战略部署的一部分，有利于提高广州“千年商都、岭南文化、美食之都”品牌的辐射带动作用，对于广州旅游、商贸、文化都有一定的积极作用。

2. 推动世界文化名城的建设

近代以来，人们都把广州标定为工商业发达的城市。这种标定是合乎实际的。广州确实由于工商业的发展而不断走向兴旺，并为国家乃至世界创造了机会。但不论是在世界还是在中国，要真正获得世人的尊重和尊敬，仅有发达的工商业是不够的。城市靠的是文化，为的是生活。城市、文化、生活是密切联系在一起、不可须臾分离的，城市必须以文化来整合、发展、提升，目的是追求高品质的生活。《广州建设文化强市培育世界文化名城规划纲要（2011—2020年）》提出，广州不仅要成为一流的国际经贸集散中心，还决心十年磨一剑，建设成一流的世界文化名城。

广州致力于建设世界文化名城，何以可能？一般而言，世界文化名城大致可以分为三个不同的层次：第一是对于世界文明，尤其是近现代世界文明的发展具有本源意义，如古希腊和古罗马等地。第二是近现代发生过具有世界性重大影响的历史、文化事件，并产生和汇集了较多的具有世界影响的历史文化名人，如伦敦、巴黎等。第三是有着较为深厚的历史积淀，拥有丰厚的历史文化资源，文化性格与特征鲜明，成为世界文化大观园里显示度较高且独具一格的文化样态。从严格意义上说，广州不是也不可能是第一、第二层次上的世界文化名城，然而从广州的历史底蕴、所拥有的历史文化资源状况和文化特征与个性等方面看，广州是有可能成为第三层次意义上的世界文化名城的。

广州，被誉为岭南文化的中心地、古代海上丝路发源地、近现代民主革命策源地、改革开放前沿地，它同时也是国家首批历史文化名城，拥有丰富的历史文化资源。广州要建成先进的世界文化名城，该如何做？从保护和彰显广州独特的岭南文化特色角度来说，老字号和为老字号的激活而开展的一系列商务会展、节庆演艺活动，是让世界认识广州，从而了解广州、认同广州、宣扬广州的一个方式。从营造现代化的、具有时代特征的“广州味道”角度来说，可以彰显广州味道的，当然是美食。广州素以“美食之都”自称，然而，在福布斯排行榜中，“世界十大美食城”却没有广州，这也从另一个侧面反映了政府的产业政策和城市形象的设计对“食在广州”的荣誉不在意，也不珍惜，使得“食在广州”从来都是一个模糊的口头语。

广州的老字号多以茶楼、酒楼、南药为主，可以说无论从饮食文化的角度，如饮食传统、风俗，还是从饮食多样性角度，如早茶、粤菜、药膳等来说，广州美食都有良好的基础，对老字号的激活，是对这座城市特色的护养，也是推动广州世界文化名城建设的重要一步，以此唤起广州人的文化自觉与自信。

3. 彰显城市精神

城市的历史是城市的血脉。沿着历史的脉络，从中国任何一座城市出发，都可以追寻到中华文化的根。中华文化之所以博大精深、根深叶茂，正是在于中华文明几千年的历史演进中，由于自然地理的局限与塑造，每一座城市都形成了特有的风土人情，形成了独特的文化符号和记忆，有着独特的历史和文化地位。这些构成了城市的个性精神，也是区别于另一城市的独有气质。

城市精神只有传承历史文化才能凸显个性。

广州的城市个性精神是什么？是“重商、重德、开放、务实、多元和包容”。这十二个字的提出源于广州历史的厚重感。悠久的历史沿革，优越的地理位置，频繁的对外交流，这一独具特色的城市个性，正是广州城市文化的体现。

老字号历经沧桑而不衰，既承载着城市的过去和现在，又注视着城市的未来，铸造着城市的气质和价值导向，以“重商、重德、开放、务实、多元和包容”为基本元素的广州精神，在这里交融，形成城市的“魂”。

2014年广州“入穗3日需登记”：城市治理与形象如何平衡

姜　涛

一、城市概述

广州，简称穗，别称羊城、花城，是广东省省会。广州地处中国南部、广东省中南部、珠江三角洲北缘，是西江、北江、东江三江汇合之处，濒临中国南海，东连博罗、龙门两县，西邻三水、南海和顺德，北靠清远市区和佛冈县及新丰县，南接东莞市和中山市，隔海与香港、澳门相望，是海上丝绸之路的起点之一，是中国的“南大门”，是广佛都市圈、粤港澳都市圈、珠三角都市圈的核心城市。

广州对外贸易发达，得益于其良好的地理位置，自秦汉至明清，广州一直是中国对外贸易的重要港口城市。汉武帝时期，就有中国船队从广州出发，远航至东南亚和南亚诸国通商贸易。到明清时期，广州更是特殊开放的口岸，较长时间内曾是全国唯一的对外贸易港口城市。

最新统计数据表明，广州常住人口为832万人。据广州市来穗人员服务管理局局长陈绍康通报，截至2013年年底，广州登记在册的流动人口有686.7万人，按照一定的漏登率计算，广州实际居住的流动人口为837万人左右，反超常住人口。2014年11月，广州市发布通告，要求外地人口来广州应当自到达居住地之日起3个工作日内，向所在街道、社区等管理机构申报登记。房屋出租人、物业、中介、用人单位也有责任协助登记。“落地签”政策引发舆论热议。从改革开放之初的“开门迎客”，到“以证管人”“以房管人”，广州流动人口治理模式的变迁，很大程度上折射出了中国城市化蜕变的阵痛。广州市政府发布的《关于进一步加强来穗人员居住登记工作的通告》，引发社会各界的质疑，从“来穗登记”制度所引发的巨大反响来看，质疑多于赞同，消极应对多于积极响应。对广州“包容性强”的城市形象造成了严重影响。

二、事件还原

2014年11月10日，广州市政府官网发布《广州市人民政府关于进一步加强来穗人员居住登记工作的通告》（以下简称《通告》），规定来穗人员应当自到达居住地之日起3个工作日内，持本人居民身份证或者其他有效身份证明，向所在街道（镇）或者社区（村）来穗人员服务管理机构申报居住登记或者居住变更登记；借住、寄住也需要登记。广州市来穗人员服务管理局表示，旅游观光并不需要登记，相关细则也会随之出台。《通告》所称的来穗人员是指没有本市户籍，在本市行政区域内居住的人员。为准确掌握来穗人员基本情况，科学制定基本公共服务政策，进一步加强来穗人员服务管理工作，广州决定在全市范围进一步加强来穗人员居住登记工作。

具体要求还包括，房屋出租人或其委托代理人，没有房屋租赁关系但以借住、寄住、直接受雇等方式容留来穗人员居住的房屋所有权人、使用权人、代管人应在来穗人员入住后24小时内登记来穗人员的姓名、身份证件种类和号码等基本信息，并在3个工作日内向所在地街道（镇）或者社区（村）来穗人员服务管理机构报告来穗人员基本信息，督促来穗人员按规定申报居住登记或者居住变更登记。

同时，用人单位招用来穗人员的，应当督促其申报居住登记或者居住变更登记。有自用集体宿舍的单位应当自来穗人员入住单位集体宿舍之日起3个工作日内向所在街道（镇）或者社区（村）来穗人员服务管理机构报送来穗人员信息。

《通告》要求，物业服务企业应当协助租赁房屋的来穗人员办理房屋租赁合同网上备案手续，配合有关部门做好来穗人员居住登记和信息报送工作。此外，房地产中介服务机构在促成租赁双方签订房屋租赁合同后，应当及时通过广州市房地产租赁管理信息系统办理房屋租赁登记备案手续。出租人以小时、天数为租期出租房屋的，也应当安装流动人口自助申报系统，即时采集和报送租住人员信息。

《通告》同时规定，房屋出租人或其委托代理人，没有房屋租赁关系但以借住、寄住、直接受雇等方式容留来穗人员居住的房屋所有权人、使用权人、代管人、用人单位、房地产中介服务机构、物业服务企业，违反上述规定的，由相关部门依法追究法律责任。

不少非广州户籍来穗人员针对《通告》提出了疑惑，如广州作为一个对外开放度很高的特大城市，短暂停留也要登记是否过分严格？如果来穗人员没有按照要求3日之内去登记，是否将面临处罚？怎么处罚？再者，这么庞大的来穗人员数量，广州怎么保证政策真的能执行到位？管不管得过来？

不少网友表示，时下公民迁徙越来越自由，该规定是否管得太严？国家卫生计生委于2014年11月18日发布《中国流动人口发展报告2014》。该报告最新统计数据显示：到2013年末，全国流动人口的总量为2.45亿，超过总人口的六分之一。13亿中国人，其中2.45亿为流动人口，这在世界上是独一无二的。2.45亿这个数字，就世界绝大多数国家而言，其总人口数也没有中国的流动人口数字多，由此可见中国人数之多。中国不仅地方大，人口也多，流动人口更是独占鳌头。

正因为如此，对于一线城市来说，如何管理流动人口成为一门必修课。2.45亿流动人口并非冷冰冰的数字。众所周知，流动人口过多对整个社会的人口布局、家庭结构的改变、外出人员子女教育的管理的影响以及对交通所造成的压力都是显而易见的。更为突出的是，这对整个社会治安的稳定、城市生存状态、城市环境与生态、邻里关系和道德水准，都是严峻的考验。

《通告》并没有明确指出，非本市来穗人员自到达居住地之日起3个工作日内没有进行信息登记将受到怎样的处罚。有外来务工人员表示，约束力小，即使有相关规定，也不会主动去相关部门登记信息。有网友称，如果来广州进行短期旅行、学习、出差、看病等，时间仅一个星期，也需要登记吗？广州市社科院研究员彭澎认为，从政府管理的角度来说，该《通告》的出台有利于加强管理和维护治安，但是，关于《通告》的法律依据、能不能有效实施、处罚机制等问题，相关部门还需要更多的思考。“来穗3日需登记”一事，对于人口流动如此频繁的广州，在实践方面面临是否行得通的拷问，在舆情方面也会产生极大的影响。

三、舆情应对

（一）媒体报道情况

广州此次出台的《关于进一步加强来穗人员居住登记工作的通告》恰逢我国各地大力推进新型城镇化建设，努力推进公共服务均等化时期，因此广州作为一线城市代表推出此规定引发了全国性的关注，各地新闻媒体和网民纷纷参与到报道和评论中来，多条微博、微信、新闻跟帖，参与人数过万。

2014 年 11 月 10 日，广州市政府官网公布了《广州市人民政府关于进一步加强来穗人员居住登记工作的通告》，消息一经公布便引发了舆论强烈关注。新闻媒体和民众在质疑其规定合法性的同时，就该规定是否影响广州形象、其可操作性如何等问题展开了激烈探讨。次日，广州当地新闻媒体《新快报》和《羊城晚报》最早报道了该消息。在自媒体传播平台方面，广东广播电视台《卫视新闻坊》官方微博“@卫视新闻坊”和新浪广东官方报料微博“@粤事情报站”最先报道，引起小规模转载和评论。随后，新闻和微博报道量迅速攀升，舆论热度陡增，并同时于 11 月 26 日达到传播顶峰。在传播过程中，广州市来穗人员服务管理局于 25 日举行新闻发布会，对通告内容进行回应，这在一定程度上影响了该事件在传统媒体平台上的传播，但对网民影响不大。将入穗 3 日需登记事件舆情传播趋势用折线图呈现如图 1 所示：

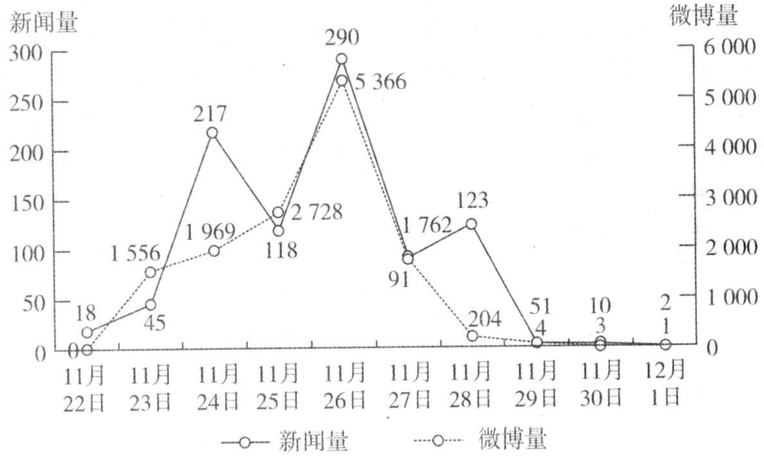

图 1　入穗 3 日登记事件舆情传播趋势

（数据来源：城市中国网，http://www.ccud.org.cn/2014－12－04/114360398.html）

广州当地媒体充分利用自身优势，在该事件的报道中充当了绝对主力。《新快报》《羊城晚报》《南方都市报》《南方周末》、金羊网等本地媒体以及《佛山日报》、佛山在线等广东其他地市媒体先后发布大量相关新闻和评论，舆情关注度不断升温。

2014 年 11 月 23 日，《羊城晚报》发布的题为“来穗三天就得登记　旅游出差经商怎么办？下周出台细则”的报道提出四项疑问：庞大流动人口管得来吗？3 日内不登记是否要处罚？短暂停留也要登记太严格？房东成信息登记责任人？这则新闻被网络媒体转发上百次，并被修改成不同的标题进行二次传播。

2014 年 11 月 25 日，《南方都市报》发表社论《来穗三日须登记应说明制度初衷》，文中表示，翻阅广东对流动人口已有的制度，不难发现流动人口登记的规定早就存在，《广东省流动人口服务管理条例》中就有来穗人员 3 天内需登记的要求，只是现实中未普遍贯彻执行。《通告》只是整合过去的制度规定，此次决心落实流动人口登记制度，或许是流动人口导致了城市管理方面的压力，实属当下的权宜之计。在该社论中，提到需要在登记流程上给予便利，强化服务，淡化管理。具体体现在如何登记、由谁来登记、登记什么信息等方面，前两者涉及流程问题。并具体提出了相关建议，如旅游、就医这类流动人口，即便要求登记，其实相关机构也可尽到登记的责任，完全不需要劳烦本人；至于说在广州有就业需求的流动人口，就业单位可承担登记责任，单位已经登记的，如果再向管理部门登记，就意味着重复采集信息，既浪费人力又制造麻烦；同样，待业人员需要租赁房屋的话，房东可承担相应义务，不必让流动人员亲自前往。在最后，社论从舆情角度提出建议，认为广州过去在流动人口管理方面不乏血的教训，此次制度尝试在舆论缺乏支持的情况下，官方更应竭力说明制度初衷，表明鼓励人口流动的姿态。

2014 年 11 月 26 日，《京华时报》发布题为“广州规定来穗 3 日须登记　专家称没有法律依据”的文章，从法律角度对该事件进行分析，在报道中，中国社会科学院农村发展研究所社会问题研究中心主任于建嵘表示，按照现有政策，到宾馆、酒店住宿需要拿身份证登记，现在广州出台的这个政策要求所有的流动人口都要到公安部门做登记，“我认为这是没有法律依据的，不合时宜的”。于建嵘说，现在是大数据时代，流动人口到广州，无论是买火车票还是飞机票都要拿身份证进行登记，如果要进行管理，直接查询这些资料就可以，没有必要到公安机关重新进行登记。于建嵘认为，即使进行了流动人口登记，也不一定能够完全达到相关部门想要达到的管理目的。这个政策的执行，第一增加了行政成本；第二给流动人口带来负担，尤其给底层人员如农民工等增加负担；第三，这个登记可能会为政府的一些行政寻租行为提供机会，“就是提供了一个处罚别人的理由”。对于流动人口的管理，报道认为政府还是应该转变成服务的思路，利用现代科技进行管理，不能停留在传统的思路上。

到广州 3 天得登记，难操作就是“坏政策”，《环球时报》毫不留情。

光明网担忧，规定会让广州走向封闭。在针对公民迁徙自由所设的限制越来越少的当下，广州市的这一规定颇有些逆向而动的意味。

从该事件的传播主体来看，除了广东本地媒体外，以《京华时报》《新京报》等为代表的传统主流媒体也进行了关注报道。另外，凤凰网、新华网等主流网络媒体和网络新闻频道也纷纷加入了该事件的传播中。

（二）媒体对城市形象认知倾向性分析

综观新闻媒体和网民对该事件的表态可以发现，舆论对广州此次出台的规定普遍持否定态度，除建议政府出台政策前应广泛征求民意、批评政府胡乱作为外，舆论焦点纷纷集中在批判“3 日登记制度”不合法、不合理、难操作，管理方式落后以及有损广州“开放”的形象上。

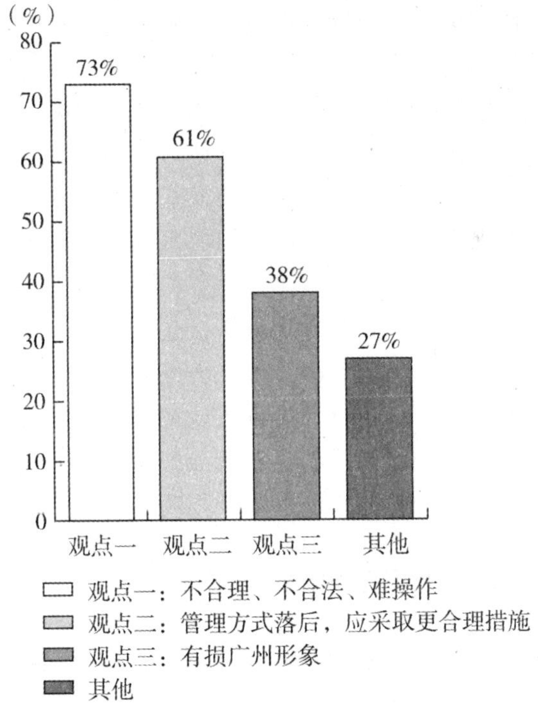

图 2　入穗 3 日需登记舆情观点示意图

（数据来源：城市中国网，http：//www. ccud. org. cn/2014 - 12 - 04/114360398. html）

观点一：不合法、不合理、难操作。（73%）

《南方都市报》发文《来穗三日须登记应说明制度初衷》：

从政策合法性角度看，宪法规定民众有迁徙自由，《通告》的上述提法涉嫌与此权利相抵触，而从政策实施角度看，由于广州流动人口数量庞大，政策一旦落实，由谁来承担登记的责任，不主动登记将面临何种处罚，目前看来，上述问题尚得不到回答，这使得接下来政策实施面临不小的难度。

《新华每日电讯》发文《外地人来穗三日内登记体现政府“低能”》：

此规定被诟病之处，除了其本身的不合理之外，还有很重要的一点就是，几乎无法执行。一方面，3天的时限过短，“你街道办都找不到在哪里，就又走了”；另一方面，具体登记的方式太“过时”，行政成本太高。

《南方都市报》引用广州市人大代表曾德雄观点：

“穗府36号文”法理不足，违背了当前提倡的“自由迁徙”精神，等于为自由迁徙设置障碍。

《新快报》引用广东省综合改革发展研究院副院长彭澎观点：

我认为很难有解决办法，操作性很难。

中国新闻网广州时事评论员万庆涛：

商品、资金在全国都能自由流动，不应该限制公民流动的权利。

中国新闻网采访广州市越秀区某街道工作人员：

无论是“新规定”还是旧规定都很难执行，许多流动人口都不会主动到街道进行登记，不少房东也因怕麻烦而不肯协调，很多时候，对流动人口居住登记更多的是依靠街道工作人员到出租屋上门登记。

观点二：管理方式落后，应采取更合理措施。（61%）

新华网发文《信息时代，“来穗登记”式管理能否聪明点?》：

政府部门的公共管理要以人为本，多听听被管理者的意见，才能彰显城市的文明和胸怀。比如，流动人口的管理能否和“大数据”结合起来，通过交通流量、银行刷卡、手机信号等取得需要的数据？这样既不会给流动人口添麻烦，也能提高数据的真实性和可靠性。人类都跑步进入信息时代了，技术发展日新月异，公共管理完全可以更聪明一些。

《佛山日报》发文《对来穗人员3日内登记引关注的思考》：

在这场广受关注的争议之中，作为同城兄弟，佛山或许汲取更多外来人口管理的智慧和技巧，在出台管理措施时，更多地将管理的措施融入服务中，例如开通网上申报住宿登记信息，推进流管的信息化建设，让流动人口享有城市公共服务优惠，推进外来人口的市民化进程，让他们真正融入佛山，才能做到流动人口管理的顺势而为。

《新快报》援引中国社会科学院农村发展研究所社会问题研究中心主任于建嵘观点：

对流动人口的管理，政府还是应该转变成服务的思路，利用现代科技进行管理，不能停留在传统的思路上。

《南方都市报》引用广州市政协委员韩志鹏观点：

管理再人性化一点，可以考虑开辟网上申报渠道，不用房东一趟趟跑街道办。

《新华每日电讯》引用媒体人梁爱平观点：

“来穗三日内登记”政策的出台，显示了城市管理理念的懒惰，管理手段的落后。

观点三：有损广州形象。（38%）

红网发文《“赴穗3日需登记”的规定让广州走向封闭》：

在针对公民迁徙自由所涉的种种限制越来越少的当下，广州市的这一规定颇有些逆向而动的意味。但广州毕竟是广州，即使有种种限制还是有那么多人挤破了头也要来到这里，不像很多小城市，无论出台多么优惠的措施都吸引不到需要的人才。但是，无论客大欺店还是店大欺客，都不是什么好现象，对于一座城市来说，更是如此。因为，没有哪座城市的发展是建立在排斥外地人的基础之上的。失败的恐怕不仅仅是对流动人口的管理，长远来看，更有可能是广州作为开放城市的优势。

《西安晚报》发文《人口管理不能开倒车》：

作为特大城市的广州，底层的外来务工人群占据了流动人口总量的大部分，此一登记明显对于这部分人群具有很强的针对性，虽名为缓解外来人口的管理压力，但实质上很可能构成对于底层外来人口的排外之实，使得管理沦为实际上的管制，不仅与城市应有的包容性背道而驰，也是对于外来人口服务之责的间接推卸，缺乏必要的温度与担当。

观点四：其他。（2%）

《新快报》发文《来穗居住人员3天内登记　网友吐槽“这是要闭关锁穗吗？”》：

政府在出台相关政策前一定要做好前期论证、细则准备，没听大家意见就去做，没有细则，程序上的不成熟无谓地造成被动。政府出台政策时，要特别注意，相关部门要做好审查，并找相关专家咨询。

中国新闻网援引广州市社科院研究员彭澎观点：

从政府管理的角度来说，《通告》出台有一定的道理，对来穗人员信息进行收集，有利于加强管理和维护治安。但是《通告》有没有法律依据？能不能有效实施？处罚的法律依据是什么？相关部门还需要更多的思考。

《新京报》援引媒体人杨耕身观点：

我们也不能说，对流动人口的信息管理是完全无意义的。广州市来穗局局长宣称的“把基础数据搞准，搞清楚，为政府制定公共服务均等化的政策提供依据”，并非全然不可信。对流动人口进行基本的数据收集，确能为公共管理、服务精细化提供依据。

（三）网民对城市形象认知倾向性分析

通过数据抽样分析发现，网民态度无明显地区差异，质疑、批判呈主流。从抽样调查所得的网友言论来看，绝大多数网友都不认同“穗府36号文”，认为该方案太离谱，而且无法实施，甚至还有时代倒退的嫌疑。从方案的内容来看，执行难度确实非常大，操作性不强，甚至可能成为一纸空文。广州本地民众对“入穗3日需登记制度”多持质疑、批判态度，与全国性样本无明显差异。此外，业内专家、人大代表、网络名人等积极参与探讨，城市管理者鲜见发言。

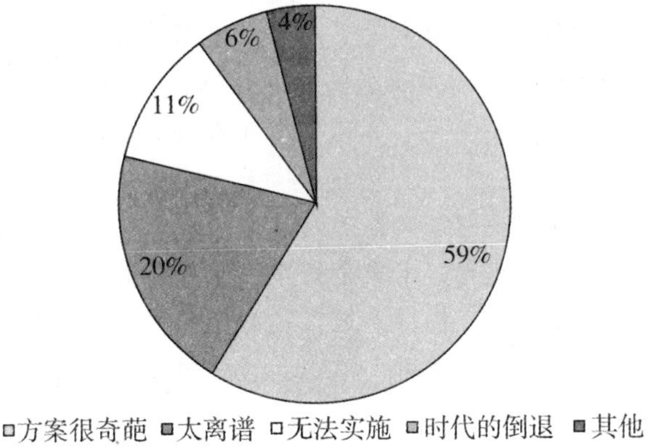

图3　关于“入穗3日需登记”方案网友观点分布图

（数据来源：乐思网络舆情监测系统）

观点一：方案很奇葩！（59%）

“@黎黎宇纪”：简直无语。

“@yendy－Fong”：什么人才属于外地人？广州市外的人吗？离谱。

“@Luiwon”：我是广州的，我都觉得这样的条例很傻很无理，搞分化吗，嫌社会和谐过头了吧？

“@Alwaysia大蝴蝶”：这个真的很搞笑，你在大街上查，你怎么知道这个人是不是在广州过夜、是不是已经居住超过3个工作日？

“@周期性神经质指出”：广州市政府出台“过夜登记”的政策，倒不是摧毁城市的包容性，而是体现出政府的“低能”，即没有考虑政策的合理性和可执行性，以及政策思路过于呆滞，只堵不疏。

凤凰网网友：《通告》有没有法律依据？处罚的法律依据是什么？

人民网网友：在新的人口流动格局下，这种“落地签”无法执行，只能停留在纸面上。

来穗务工人员：作为外地人，人生地不熟，广州很大，隔着条马路可能都不是同一个居委会，要外来人员主动去登记有一定难度。

佛山在线网友：我不登记你赶我走？可是我不登记你找得到我吗？你找不到我你怎么赶我走？那我为什么要登记？

观点二：太离谱，探亲访友也要登记？（20%）

“@双鱼的A大”：投亲访友的有点麻烦了。

“@朱彦硕”：这算是什么规定，我睡朋友家的话也要登记？

“@Innocuous”：去广州亲戚家住宿，也要落地签么？

“@君子兰的小屋”：奇葩，亲戚家住也要登记？父母去看子女住子女家也要登记？

腾讯网友：这其实是对外来务工人员的统计工作，可以让城市规划及各方面统筹工作更细化完善，本来是好事，至少不是什么坏事。但不要用这种高高在上的官家口吻，搞得外来人员好像都是来占便宜似的。这种规定就不该针对个人，而应针对用人单位，让公司企业配合上报即可。人家探亲住三个月不报又如何。

观点三：一个无法实施的方案。（11%）

“@一菜坛子”：怎么实施？

“@威海毛熊”：又是一个无法实施的规定。

“@何光伟”：如果全部执行下来，每天要投入多少人力、财力？

“@华天动力协同”：感觉实施难度很大，监管不过来。

新浪网友：广州的这种做法实在是笨。如果非要统计日均来穗人口数量、平均滞留时间、流动速率等数据，完全可以与电信公司合作，自动获得这些数据。

来穗务工人员：如果能开通网上登记将更为方便。

观点四：时代的倒退，城市包容形象受损。（6%）

“@陈贵wb”：今天广州当局开倒车。

“@樽中酒中鳟”：突然想起了曾经马季的相声《多层旅馆》，这是时代的倒退吗？

“@凯风”：这一新闻，最令人痛心的，不是自由迁徙权继续被罔顾的现实，而是它发生在以自由开放著称的广州。作为内地最具改革创新精神的城市，广州曾被赋予自由、开放和包容的极高评价。无论是舆论监督，还是公民社会，广州都被视为内地城市的标杆。可惜，这一标杆正摇摇欲坠。

“@卡姆兰”：身处大数据的时代，通过各渠道收集此类信息数据并非难事，完全可以做到更便民利民。这样劳民伤财，费力不讨好、事倍功半不说，登记就能解决治安问题么？

“@老鼠看大门”：刷身份证就可以更好地解决问题，化小登记单元，实现流动登记，即时登记，这样数据不是更准确么？

北京锦都艺术中心董事长“荣剑2006”：去广州住3天需到公安机关登记，原以为是谣言，谁知是真的，在《羊城晚报》头版头条上赫然登出，这是中国最开放城市进一步对外开放的重大举措？

媒体人杨云：外来人口来穗3天就需登记，彻底打破了广州开放、友好的国际都市的形象，反而变成了一个闭关自守、疏离排外的小城市。

搜狐网友：广州开放务实的形象哪去了？

网易网友：这是要闭关锁穗吗？

中新网网友：这是要脱离中国的节奏吗？

腾讯网友：排外的城市你还去么？

观点五：其他观点。（4%）

“@孤夜笑云”：广州整治“三非”的呼声由来已久，这摆明了是要管理日益增多的非法移民。

“@longchao2006”：仔细考虑有利于长远社会治安的问题，别动不动讲粗，广州最近几年某些地方的治安是比以前差很多了。

搜狐网友：支持这个做法，因为人数实在太多，甚至多到不方便，好像外来人员一直都要登记的对吧（打工那些）？并不是排斥什么的，这是为了更好地管理。

网易网友：将外来人口的居住信息置于“法眼”，是维护社会治安的必由之路。要知道，交通、住宿、通信等众多实名制，以及多地施行的出租屋登记制，都是对当前人口自由迁徙实施的登记管理。

英才杂志客户副总监贾宁：可见中国的官僚太多了，无正事可做，只好琢磨怎么折腾公民。

民间治堵人陈哲宏：真正是在把人赶出广州，遍地开花的新楼盘等着做鬼城吧！

凤凰网网友：广州国成立指日可期！广州的官员们离开广州一律要办理出入境手续，否则当偷渡处理！

中国广播网网友：既然“不登记也没办法，这个无碍大局”，那制定这个摆设有什么意思？做给谁看？

新浪网友：上海人民深表理解。大城市的外来人员实在太多，远远超过了城市的承受能力，且与本地居民的矛盾越来越激烈。广州制定这一政策，说明广州政府已意识到问题的严重性。支持！

腾讯网友：这些政策论证过吗？不知道那几十万黑人登记不？先把他们登记了再说中国人吧。

广州网友：这便于政府管理和稳定社会。

（四）舆情应对点评与传播建议

1. 舆情应对点评

（1）新闻发布机制较为完善，能够及时做出回应。

2014 年 11 月 25 日下午，广州市来穗人员服务管理局联合市法制办、市公安局就“来穗人员到穗 3 日内需登记”进行答疑。广州市来穗人员服务管理局局长陈绍康解释，“赴穗 3 日内需登记”这一要求的提出具有扎实的上位法依据，“《通告》严格按照依法治市的要求，没有任何超越法律条文的附加条件”。此外，为了进一步研判来穗人员的基本现实需求，2014 年 11 月至 2015 年 5 月，广州市来穗人员服务管理局将牵头在全市范围开展来穗人员和出租屋基础数据核查登记，为制定来穗人员基本公共服务均等化政策提供参考依据。

在发布会上，陈绍康针对四项主要受关注的问题做出了自己的解释：

一是征求过公众意见，按程序审查通过，没有任何超越法律条文的附加条件。陈绍康介绍，事实上，《通告》内容是摘录梳理《中华人民共和国治安管理处罚法》《广东省租赁房屋治安管理规定》《广州市房屋租赁管理规定》《广东省流动人口服务管理条例》(以下简称《条例》)、《广州市流动人员管理规定》(以下简称《规定》) 等法律、法规、规章中有关居住登记的条文。《通告》征求了公众意见，按程序经市府法制办审查通过，并经市政府 11 月 10 日审批同意，以市政府名义、普发文形式，向全社会发布实施。“广州是一座包容开放的城市，不会因暂住登记这一工作而影响广州的形象。”陈绍康直言，相反，通过加强来穗人员居住登记工作，更有利于全面掌握来穗人员群体的实际情况，更好地提供相对应的服务。

二是针对市民质疑“3 个工作日内居住登记时间是否太严格”，陈绍康说，广州从 2001 年实行暂住证制度，全省 2010 年实行居住证制度。经过十多年的探索实践，目前已建立了“人来登记、人走注销、人在更新”的动态管理和居住登记制度。3 个工作日内进行居住登记是按照《条例》的要求，从掌握人口流动信息和治安管理角度来看是有必要的。

三是针对是否有所处罚，陈绍康回应称，根据《条例》第三十条，流动人口未按照规定申报居住登记和居住变更登记的，由公安机关予以警告，责令限期改正。出租屋主在 3 个工作日内不报送来穗人员基本信息，逾期未改正的，处以 200 元以上 1 000 元以下罚款。时租日租房屋主未按照规定采集或者报送租住人员信息，逾期未改正的，处 500 元以上 1 000 元以下罚款。如果房地产中介服务机构未在规定期限内将接受租赁委托的房屋情况告知市房地产租赁管理所，会受到更严厉的处罚，将被处以 1 万元罚款。

四是针对是否有能力进行登记工作，发言人称，据统计，广州市来穗人员服务管理机构建立了市、区（县级市)、街（镇)、社区（村）四级来穗人员服务管理网络，全市共设有 172 个街（镇）流动人员管理服务中心、1 063 个社区（村）流动人员出租屋管理服务站，目前有 1.1 万人的流动人员和出租屋管理员队伍负责具体工作，队伍力量是足够的。

（2）回应虽及时，但内容不具有说服力。

面对铺天盖地的批评和质疑，广州市来穗人员服务管理局的新闻发布会和回应虽然及时，但新闻媒体和网民似乎并不买账，吐槽声和质疑仍是接连不断，究其原因，应是其发布会内容并不具有说服力。

发布会上的官方愿景，从网络所反馈的舆论情况来看，这两个舆论场对“来穗登记”制度的理解存在严重分歧。《通告》经媒体报道后，外界反响强烈，吐槽乃至质疑声持续不断。不少网友指责穗府意图“闭关锁穗”，倒行逆施阻止人口流动，侵犯公民之自由迁徙权利。还有网友传言不登记将面临最高达 3 万元的罚款，虽然这与“若出租方、中介机构、物业服务机构等相关方对外来人口不作相关登记，将受到最高处罚 1 万元”的规定有所出入，但“不登记将罚款”的解读还是得到了不少网友的认可与传播。还有更多的批评更是难以入耳，因这则《通告》，一贯以开放、包容著称的广州这次遭到了网友的强烈抨击。细究起来，笔者觉得官方的规定也许并没有网友所说的那么恐怖，舆论可能有些担心过度。从《通告》内容及官方后续解释来看，此规定既不涉及对流动人口的处罚，亦未要求入穗公民必须登记，很可能只是场虚应事故。但发布会过程中政府的理念和管理意识有悖于时代发展，重“管理”、轻“服务”的传播内容避重就轻，不具有说服力。对流动人口的管理应秉持与市场机制相适应的社会化模式，变过去的防范控制为服务型管理。服务层次跟不上，迷恋设限式管控，遭遇社会批评在所难免。

2. 城市形象传播建议

（1）传播便民服务形象，转化角度进行传播。

消息公布后，引起不少网友吐槽，“管得太严、管得太宽”成了最大的标签。类似“应该先成立外交部”的讽刺更是层出不穷。在当前国内迁徙日益宽松的时代趋势下，相关人员是否经过考量与测算引起了人们的质疑。

据报道，广州实际居住流动人口为 837 万人左右，面对如此庞大的来穗人口，相关政府部门规定 3 个工作日内登记信息，不得不怀疑这是拍脑袋决定的。试想，如果来广州进行短期学习、看病等，时间仅一个星期，还得花费精力与时间排队登记，时间、人力方面的个人和社会成本之大自不用说。

不可否认，从政府管理的角度来说，该《通告》的出台有一定的道理，对来穗人员的信息收集，有利于加强管理和维护治安。出发点是为了加强流动人口管理，更好地维护社会安定。然而，无论是从民意出发还是从现实的可操作性来看，该政策出台的时机还有待商榷，无法实施的政策发布出来，损害的不仅是政府的公信力，同时，多出的弹性公权力又留下了巨大权力寻租的回旋空间。笔者认为，相关部门亟须转变思维，切实为民服务，传播便民服务形象，转化角度进行传播：一是以人为本，做实服务，重管理且要倾听民意。不得不承认，这项政策的出台，会给大众出行带来极大的不便。广州是一个人员出入、商业来往频繁的地方，出差 3 天，还折腾去登记，如此的登记制度，对流动人口偏于管理、约束而非服务的态度，难免引起怨声载道。创新社会管理，应以便民为出发点和落脚点，比如，可以借鉴当前网络管理的经验，管理流动人口以达到社会稳定的局面。还可以出台细则，落实政策，重执行且要强化操作。人口流动如此频繁的广州，3 日内登记信息确实需要细节化的规范，加强可操作性。比如，酒店、房东与计生、租赁、民政等相关部门联动，各司其职，利用网络平台进行网上登记。便民当始于“服务”，牢固民意才是政策之本，在倡导服务型政府建设的语境下，相关部门还需慎行，打造为民服务的政府形象。

（2）传播用语避免公文化，要符合网络时代特征。

为了彰显政府工作的权威性和严肃性，通常政府在行使自身职责时，语言的使用往往不能显得过于随意，而应该显得相对严肃、严谨。公文作为一种被广泛使用的政府文体，作为一种有效的交流沟通的载体，被广泛应用于政府与政府之间，政府与企业之间，甚至企业与企业之间。然而，这一原则，却并不适合政府与公众交流沟通时的用语选择。一方面，群众知识水平各异，政府与群众交流沟通，为尽可能扩大宣传覆盖面，让尽可能多的群众参与到政府的交流沟通中来，应尽可能使用贴近群众、贴近生活的语言。公文对于部分群众而言显得晦涩难懂，某种程度上，远不如鲜活、生动的语言有吸引力，若使用公文作为传播的语言，毫无疑问宣传的效果将难以得到保障。另一方面，在人人都有麦克风、人人都是信息源的微博时代，政府宣传用语公文化则不容易被网民“买账”，对事情的走向难以获得主动控制权，容易处于被动地位。入穗登记这一事件，存在用语公文化趋势明显这一问题，在对公文内容进行解读的过程中，传播主体需要注意适当地简化公文化的语言，使用更利于传播、易被接受的话语来进行传播，才能为公众所接受。

（3）善于利用新媒体，把握好“新的舆论场”。

当前，微博、移动手机等新兴媒体已成为公众尤其是年轻人了解社会的重要渠道和窗口，新兴媒体对于社会公众的影响力与日俱增。在此背景下，对于城市形象的传播，地方政府网络舆情的应对，既是挑战也是难得的机遇。一方面，新兴媒体如微博具备沟通的及时互动、轻易便捷等特点，地方政府若能充分加以利用，则有利于及时了解民众思想动态、有针对性地与民众进行沟通互动，在网络舆论场中维护好城市的形象建设；另一方面，若地方政府对新兴媒体的发展和壮大视而不见，则容易丧失舆论引导的部分主动权，某种程度上亦是放弃了能有效影响并引导年轻受众的渠道和机会，舆情应对效果将受到程度不一的影响。此次“入穗 3 日需登记”事件，网络上的负面批评非常多，但是穗政府却没能及时在网络上进行舆论引导，错失良机，导致骂声一片。

四、总结

从“外来人口”到“流动人口”，再到如今的“来穗人员”，不难看出官方对非本市户籍群体的态度变迁，表现在政策方面则是，歧视性的管理规定越来越少，而有关流动人口公共福利的讨论越来越多。在这样的政策背景下，广州一纸通告要求外地人赴穗需在3日内登记，难免要受到批评。广州过去在流动人口管理方面不乏血的教训，此次制度尝试在舆论缺乏支持的情况下，官方更应竭力说明制度初衷，表明鼓励人口流动的姿态。

除此之外，政府的政务要现代化，其服务理念和传播理念更要与时俱进，借助新媒体并结合传统媒体，打造良好的城市形象。

2014年山西平遥城市形象传播

郝逸林

随着我国城市化步伐的加快，城市之间的竞争也日趋激烈。为推广城市形象，增强城市影响力，促进城市经济文化的发展，不仅要重视城市自身形象的完善，也要重视传播的方式和渠道。

城市形象传播的一般渠道有：传媒及传媒活动、新闻发布会、听证会、招商会、大型会议、城市展览、外事活动以及城市旅游。本文研究的重点放在传媒与城市形象传播上，因此着重研究传媒活动与城市形象传播之间的联系。山西平遥是山西省众多文化底蕴丰富的城镇之一，但平遥的城市形象在外部受众中传播效果是最好的，知名度是最高的，这离不开其通过各类文化活动的宣传。以下，笔者将以平遥古城作为山西省城市形象传播的典型案例进行分析。

一、平遥古城概况

1. 平遥古城历史悠久

平遥古城位于山西省中部，拥有2 700多年的历史，是中国境内保存完整的明清时期县城的原型。1997年12月3日，平遥古城被联合国教科文组织列为世界文化遗产，与云南丽江古城、四川阆中古城、安徽歙县古城并称为中国现存最为完好的“四大古城”。

在尧舜禹时期，尧帝初封于陶，即平遥。到了西周，尹吉甫驻兵于陶，建设防御工事。秦始皇统一中国后，置此地为平陶县，西汉时设置中都县和京陵县。北魏太武帝时，因避太武帝拓跋焘名讳，改平陶为平遥。隋唐时期，平遥以一道土夯的城垣，经历过冷兵器时代一场场自卫战争的考验。北宋初，太祖赵匡胤为讨伐北汉政权，派兵焚烧平遥城。

唐宋时期，平遥古城商贸初具规模。元朝至正九年（1349）时，城内沙巷街以西尚属城外。明洪武二年（1369），大水成灾，冲垮西城墙，留滞了红色泥沙，次年扩建城池时，城墙西迁，遂有沙巷街。明洪武三年（1370），平遥城墙在周长“九里十八步”的“旧城”基础上开始扩建，重建筑成“周围十二里八分四百、崇三丈二尺、濠深广各一丈，门六座，东西各二，南北各一，城墙以砖石包墙”的城池。

明代中叶以后，随着资本主义的萌芽、城市经济的繁荣和人口的增长，城市建筑向外扩展，正德四年（1509）在亲翰门外筑起了“关厢”之外的又一道城垣。明代中叶，古城商贸得到进一步发展。在明清两代500余年间，平遥城墙历经26次修葺增补，形成了现存的规模。体现县置的平遥县衙建成于元至正六年（1346），历经元、明、清各代，保留至今。古城主体的民居宅地，商铺作坊，是在15世纪初随着晋商文化的中心城市逐步形成并兴建起来的。清代中叶，古城商业贸易一度兴盛，曾发展为全国的商业金融中心。道光三年（1823），日升昌票号诞生，平遥商帮迅速崛起，进一步促进古城贸易的发展，此后持续百余年之久。1938年2月，日本侵略者入侵平遥城，许多建筑被毁坏或被改为军事设施。日军推行经济封锁政策，城内商铺减少，满目萧条。

新中国成立后，党和人民政府重视平遥古城的保护，并拨款维修文庙大成殿、双林寺等文物古迹。1965年5月24日，山西省人民委员会公布平遥城墙、双林寺、镇国寺和文庙大成殿为省级文物保护单位。“文化大革命”时期，古城内许多文物古迹被占用或被拆除，遭到了自然的及人为的损坏，城墙周围开始修起大量民宅。十一届三中全会以后，古城保护工作步入正常轨道，县政府建立管理机构，制定政策法规，大力融资维修古迹、修建道路、整治环境、开发旅游。

2. 平遥古城景观独特

平遥古城面积2.25平方公里，平面布局形似龟状，有“龟前戏水，山水朝阳”之说，俗称“乌龟城”。它以南大街为中轴线，呈对称式布局，左城隍庙，右县衙署；左文庙，右武庙；左清虚观，右集福寺。城内“四大街、八小街、七十二条蚰蜒巷”纵横交错，中轴线上建有一座高达18.5米、跨街而过矗立在城池中心的市楼，可俯瞰全城，它画龙点睛，把所有的古街巷从空间上连接起来。可谓“纵目可揽山秀于东南，挹清流于西北；仰观烟云之变幻，俯临城市之繁荣”。

平遥古城墙是山西境内现存历史较早、规模最大的古城墙，始建于西周宣王时期（前827—前782年）。现在的平遥古城城墙长6 162.7米，墙高6～10米不等，墙顶宽3～5米不等，墙顶外筑2米高的挡马墙，内砌女儿墙，墙身以素土夯实，外包青砖。平遥的新旧城区分处古城墙的两侧，城墙以内的街道、铺面、市楼展现着原汁原味的古城，城墙以外是新城。在同一座县城里，人们每天往返于几百年的时差，享受着两种风格迥异的生活，别有一番风味。

在滚滚的历史长河中，平遥有着璀璨的过去，它在政治、经济、文化等诸多方面都留下了丰富的印记，也留下了为数众多的文物古迹。平遥现有各类文物古迹300多处，列入各级政府公布保护的重点文物古迹有99处，其中国家级3处——镇国寺、双林寺、平遥城墙；省级6处——文庙大成殿、慈相寺、清虚观、金庄文庙、市楼、日升昌票号旧址；县级90处，如西沟摩崖造像等。“汇通天下”的日升昌票号被誉为“中国现代银行的鼻祖”，双林寺被专家誉为“东方彩塑艺术宝库”，镇国寺万佛大殿是中国现存最早最珍贵的木构建筑之一。平遥是真正的“五代宋金元明清，历代实物有例证”。

二、晋商文化

平遥是晋商的发源地之一，至今平遥古城中还保留着票号、镖局等古代建筑。清代道光三年（1823），中国第一家现代银行的雏形“日升昌票号”在平遥诞生。3年之后，“日升昌”在中国很多省份先后设立分支机构。19世纪40年代，它的业务更进一步扩展到日本、新加坡、俄国等国家。目前外部受众对于平遥城市形象的认知多来源于对晋商精神和晋商大院文化的认知，文化是城市形象深层次的传播，正能量的精神外显增强了城市形象的竞争力，城市的繁荣发展与城市文化精神的传播休戚相关。

1. 晋商文化的内涵

晋商是中国最早的商人，其历史可追溯到春秋战国时期。晋商的鼎盛时期在明清两代，贸易遍布欧亚大陆，经营范围包罗万象，钱庄票号汇通天下，在中国商界称雄百余年之久，为中国十大商帮之首。凡立于商界神坛而不倒的，必有其经营之道，信守之念，久而久之形成了我们今日所说的晋商文化。晋商文化即晋商精神，它包括进取精神、敬业精神、群体精神，这种精神一直贯穿在晋商的经营意识、组织管理和心智素养中。

（1）进取精神。这是由利益驱动形成的，它是晋商精神的核心，是晋商立于商场不倒的动力。晋商将经商看作大事业，重农轻商的思想对他们毫无影响，他们通过经商来实现创家立业、兴宗耀祖的抱负，并将其视为荣耀，事业不成则无以为家的思想影响着晋商，如果做生意失败，甚至连妻子都不娶。越来越多的商人通过经商致富，提高了其家族的社会威望和地位，鼓舞着更多的人走上经商的道路。

（2）敬业精神。晋商的敬业精神包括敬业、勤奋、谨慎。敬业是源泉，而勤奋、刻苦、谨慎的作风，又是敬业思想在实践中的具体体现。晋商重商重仕，科举考试优秀的人才经常会选择经商，形成一种“学而优则商”的独特氛围，集中优秀人才锐意经营商业，从而形成了晋商这个具有相当文化的商人群体。他们把儒家教育的诚信、仁义、忠恕精神引入商界，带来了商业的繁荣，故晋商又被称作儒商。可见，把商业作为一项崇敬的事业来对待，是山西商人取得成功的重要因素。

（3）群体精神。山西商人在经商过程中重视发挥群体力量。他们以宗法社会的乡里之谊彼此团结在一起，用会馆的维系和精神上崇奉关圣的方式，增强相互间的了解，通过讲义气、讲相与、讲帮靠，协调商号间的关系，消除人际间的不和，形成大大小小的商帮群体。山西商人在发扬群体精神时，还注意量才使用，各尽所能。群体精神也是扩大业务与参与商业竞争的需要，随着山西商人活动区域和业务范围的扩大，商业竞争也愈来愈激烈，于是山西商人从家族到乡人间，逐渐形成“同舟共济”的群体。

2. 大院建筑

如果说晋商文化是平遥城市形象的隐性元素，那么大院文化就是其显性元素。晋商大院是汉族民居建筑的典范，向来有“北在山西，南在安徽”之说。皖南民居以朴实清新而闻名，晋中大院则以深邃富丽著称。由于晋商极少举家迁移至他乡，往往一人在外苦心经营，留家眷在原籍，讲究的是“发财还家盖房置地养老少”，于是便有了大院这一独具代表性的建筑。

在山西，元明清时期的民居现存尚有近 1 300 处，其中最精彩的部分，当数集中分布在晋中一带的晋商豪宅大院。晋商宅院结构严谨，一般呈封闭结构，以高大围墙隔离；以四合院为建构组合单元，院院相连，沿中轴线左右展开，形成庞大的建筑群，有的构成某种图形样式，取吉祥喜庆的象征意蕴。建筑内部精雕细刻，匠心独运，兼具南北汉族建筑文化，大院将木雕、砖雕、石雕陈于一院，绘画、书法、诗文熔为一炉，人物、禽兽、花木汇成一体，姿态纷呈，各具特色，称得上北方地区汉族民居建筑艺苑中的一颗璀璨明珠。

最具代表性的有乔家大院、王家大院、渠家大院、申家大院，它们的占地面积从 5 000 多平方米到 10 000 多平方米。其中王家大院开放面积为 11 000 平方米，这只是当年鼎盛时期大院总面积的 1/15。这些巨型宅院的建设虽然在几百年间持续展开，但在布局设计、工艺技术、艺术风格方面却保持着协调一致。

3. 晋商文化的代表作品——《乔家大院》

晋商文化开始被城市外部受众知晓是由于一部电视剧——《乔家大

院》。乔家大院位于山西祁县，并非平遥古城内，随着平遥城市形象和晋商文化的不断传播，不了解山西地理和历史的外部受众容易产生混淆。电视剧《乔家大院》的播出提升了乔家大院的知名度，同时带来了巨大的旅游经济效益。由于祁县与平遥古城在地域上的接近性和文化上的同质性，反映祁县晋商文化的电视剧《乔家大院》中传递出的晋商重“义、信、利”的精神在城市形象传播方面不会局限于祁县这一地域，而是发展到受晋商文化影响范围更广的区域。

《乔家大院》以历史上真实存在过的山西乔家第三代传人乔致庸的经历为原型进行创作。乔致庸为乔家中兴时期的当家人，亦是晋商商业理念的代表性人物。乔致庸掌家期间也是乔家的经商事业最为繁盛的时期。清末，乔家在全国各地有票号、钱庄、当铺、粮店等200多处，流动资金达千万两之多，再加上土地、房屋等不动产，资金有数千万两。

《乔家大院》以一代晋商为题，通过演绎历史、塑造人物的方式讲述了主人公乔致庸跌宕起伏的人生，将以“仁义礼智信”为中心的晋商文化形象直接地表现出来，深刻又生动地展现出晋商文化以诚信为本、百折不挠的精神，通过艺术的表现引导人们心中的文化认同，达到了传播城市形象的目的。《乔家大院》在反映深厚的晋商文化的同时，具有浓郁的地域特色，表现了山西晋中地区独特的民俗风情和厚重的历史文化，“庭院深深深几许”的乔家大院显示出晋商的辉煌，婚丧嫁娶的仪式体现出晋商的民俗，是其城市形象在历史文化上的印记。

除《乔家大院》外，反映晋商文化的电视剧《日升昌票号》也在筹备中。2010年9月20日，中央电视台国际电视总公司等部门在山西平遥古城明清街日升昌票号门前举行了电视连续剧《日升昌票号》的筹拍启动仪式。电视剧《日升昌票号》以反映当年山西平遥日升昌票号创办、鼎盛、衰败的发展历程为题材，对票号成为“中国现代银行业鼻祖”进行全面诠释。整个剧本贯穿晋商时代别具特色的中国文化精神和文化思考的线索，讴歌了以诚信为本的晋商理念。《日升昌票号》的拍摄将使山西的历史与文化更加深入人心。

三、《又见平遥》

对于游客来说，初级阶段看山水，中级阶段看文物，高级阶段看文化。没有文化内涵的旅游目的地，只会使绝大多数游客“来也匆匆，去也匆匆”。为进一步宣传晋商文化，加深受众对晋商精神的理解，传播城市形象，同时也为了满足产业结构转型的需求，平遥政府在“十二五”期间开发了重点旅游项目——《又见平遥》大型实景剧。《又见平遥》大型实景演艺项目是“又见”系列演艺项目在中国北方地区的第一个项目，山西省领导先后三次会见“又见”团队，市委、市政府成立项目协调组，投巨资支持项目建设。2013 年 2 月 18 日，大型情境体验剧《又见平遥》在山西平遥正式公演。

1.《又见平遥》的故事内核

《又见平遥》讲述了一个关于一诺值千金的故事。清朝末期，平遥古城票号的王掌柜为保护乱世中的票号而丧命，东家赵易硕抵尽家产，委托同兴公镖局从沙俄保回分号王掌柜的一条血脉，同兴公镖局 232 名镖师在 7 年后无一生还，活下来的只有他们保的镖——王家血脉。

整个故事分为三大部分，第一部分是镖师出镖前的洗浴，晋商票号汇通天下，肯定有资金的流动，于是镖局应运而生，票号和镖局一直是一种依存关系。镖局文化是在晋商文化体系内，却又与商业截然不同的一种文化。镖师是武功高强的人，文化程度却不高，他们坚守的理念是“货在人在，货亡人亡”，没有保住镖是镖师的最大耻辱。由于镖师过的是“刀尖上舔血”的日子，所以他们会更加迷信鬼神，祈求保佑。由于这些原因，镖师在出镖前会有一些特定的仪式，在《又见平遥》中表现为“沐浴”。镖师在出镖之前必须洗一次澡，而且要由城里最有福相的姑娘搓背，才会平安回家。这一部分的结尾，镖师们喊道：“我会回来，我一定会回来。”第二部分是 7 年后王家血脉回到了平遥古城，跟着他回来的是 232 名镖师的魂魄。镖师们跟随着愿望回来了，但他们的身体却埋骨他乡。《又见平遥》采用了灵魂对话的方式将镖师对家乡的思念和对生命的遗憾表达出来，但是这些死去的镖师都不后悔，因为他们将镖运回来了。第三部分是王家血脉白手起家获得成功的故事，其中穿插着“选妻”“面秀”等片段，王家血脉此时已不单单是王家的血脉，也是赵东家的血脉，更是那 232 名镖师的血脉，他要让这些生命继续传承并大放异彩。

《又见平遥》通过三大部分内容凸显了平遥人“重情义、守道义”的核心价值观和道德传统，及由此而阐发的悲壮情怀。《又见平遥》塑造了另一种平遥人的精神性格，与之前的晋商精神相辅相成，巩固和完善了平遥的城市形象。

2.《又见平遥》的表现形式

《又见平遥》是由王潮歌导演的“印象”系列实景剧中的一部，与以往的“印象”系列不同，它突破了原来利用山水实景的布景，在搭建的剧场中演出，并把古城的元素和演出有机地融合在一起。对于此次新尝试，导演王潮歌这样解释道："在北方不太适合做室外（演出），冬天能把大家冻够呛，平遥古城不是大山水，完全是人文的特征，所以想要艺术再现的话，不是要接近它，而是稍微出离一点，在外围赞美它，所以要在这里盖个大剧场。"一般意义上的剧场，观众席与舞台面对面，而《又见平遥》剧场却颠覆了这个空间。

《又见平遥》的剧场还原了古城形象，有着繁复的空间分割，完全不同于传统剧场。游客在90分钟内需要步行穿过几个不同形态的主题空间，有镖局、赵家大院、街市、南门广场等，街道上有演员穿梭在人群中，或与游人互动或对游人视而不见，每一扇门里都有各自的小演出，例如儿子在被父亲打板子。从纷繁的碎片中可以感受到清末平遥的生活，如同一次穿越，又如同不小心掉入了鬼城。观众是看客，更像亲临者。《又见平遥》的独特创新和象征性的艺术表现形式冲击了观众的情感，让观众记住了剧中人物，更记住了他们至死不渝的精神。

3.《又见平遥》的演出剧场

《又见平遥》剧场的设计灵感来源于古城内绵延起伏的屋面，有高潮、有低谷，一波三折，起起落落，仿佛在演绎着一幕幕人生大戏，也展示着古城曾经的繁华与沧桑。剧场运用平遥最具代表性的"沙"与"瓦"，以巧妙的穿插、悬挑、转折、叠落等现代简洁的手法聚合成一座"灵气往来、求之无端"的"舞动剧场"，赋予建筑以节奏感很强的造型意境，并表达出传统建筑的精神内涵。"古城"与"舞动的剧场"将会以一种对话的姿态相处——古与今之间的对话，大城与小城之间的对话。

《又见平遥》的演出剧场叫作沙瓦剧场，取"沙"与"瓦"之义。沙瓦剧场共有四大区域，第一区域采用中国清末时期的同兴公镖局铺面为蓝本，真实地反映了平遥最鼎盛时期的建筑特色，观众进入该区后，可以充分体验到从当代到清末的历史穿越，从而对平遥历史文化产生深切的体验。第二区域是商业文化展示区，该区由大街、小巷、牌楼、店铺、小庙等共计22组建筑物组成，采用石雕、砖雕、木雕、磨砖对缝等传统工艺建造，全面真实地反映了平遥古城最鼎盛时期商业活动的繁华景象。观众进入该区后可看到平遥古城在清末时的各种商业活动情况，真切地体味生活在150年前的平遥人是如何用自己的聪明才智，在中国商业历史的舞台上谱写出非同寻常的华美乐章。第三区域是生活场景展示区，该区复建了平遥古城最具代表性的民居建筑。同时，为了演艺的需要，对部分建筑采用了局部解剖放大的方法，使该区更具有表演性和娱乐性。通过该区的建筑和表演的手段，使观众真切地体味到平遥古城最为富庶时期商贾家庭富可敌国的生活场景和悲欢离合的人生长歌。第四区域是综合文化演艺区，该区采用现代化的声、光、电等表现手法，全方位地为观众展示平遥古城2 000多年的历史、政治、经济、宗教等方面的综合文化，使观众对平遥古城有一个全面而新鲜的认识。

4.《又见平遥》的传播效果

2013年1月16日，《又见平遥》完成内部动线测试，测试满意度达到90%。2013年1月20日，《又见平遥》剧场迎来揭幕仪式。2013年2月18日（正月初九）正式公演亮相。

“情景体验剧”是时下最新的剧种，全新的形式满足了观众的好奇心；满足《又见平遥》演出要求的剧场只有沙瓦剧场，其稀缺性使得观众慕名而来。上映3个月内，《又见平遥》已经演出166场、接待观众8.4万人，拉动平遥县旅游综合收入增加3亿元。王潮歌说：“我们很少有机会这样去看一个演出，这更像一个博物馆，或者说，更像一回穿越。”《又见平遥》的成功上演，实现了文化和旅游的水乳交融、高端嫁接和协同发展，成为山西省文化旅游产品中的知名品牌，同时也取得了良好的经济和社会效益。

此外，为进一步打造平遥文化旅游的品牌印象，走出一条旅游经济之路，平遥县旅游局还到山东、江苏、浙江等10省18市，进行了“晋善晋美·美丽山西休闲游”宣传活动。以“何日平常心，千年逍遥游”为营销主题，重点对平遥古城的世界文化遗产、《又见平遥》大型室内情境体验剧等旅游品牌进行了现场推介，有效地传播了平遥的城市形象。

四、2014平遥国际摄影大展

平遥国际摄影大展（Pingyao International Photography Festival，简称PIP）始创于2001年，在中国国家文化部、国务院新闻办公室和山西省委、省政府的支持下，平遥首次创办了“平遥国际摄影节”，使平遥古城独特的风貌、古朴的民风以及形式多样的摄影活动交相辉映，在海内外产生了出乎预料的轰动效应。平遥摄影展每年举行一次，从2001年至2014年已经举行了14届。

城市形象传播渠道众多，其中最常见的有：传媒及传媒活动、新闻发布会、听证会、招商会、大型会议、城市展览、外事活动、城市旅游。平遥正处于以能源产业为主向、以旅游产业为主过渡的阶段，正在大力发展旅游业，并积极通过传媒途径塑造和传播城市形象，电视剧和情景体验剧正是平遥传播城市形象的主要方式。除此之外，平遥还通过像平遥国际摄影大展这样的城市展览传播城市形象。

1. 影响范围广

2014 年 9 月 19 日 9 点 30 分，第 14 届中国平遥国际摄影大展在平遥古城迎薰门广场开幕。本次摄影展的主题是“影像生活，梦想世界”，共有来自亚洲、欧洲、美洲、南美洲、大洋洲等 32 个国家和地区的展览参展。

中国平遥国际摄影大展是一个具有中国传统文化特色的国际摄影展，每届大展都会有数百名世界各地的优秀摄影师和摄影机构参展。马克·吕布（法国）、何奈·布里（法国）、塞巴斯蒂奥·萨尔加多（巴西）、苏珊·梅塞勒斯（美国）、马丁·帕尔（美国）、马丁·弗兰克（美国）、尤金·理查兹（美国）、卢卡斯·朱丽安（意大利）等诸多国际摄影大师都曾在平遥展出作品，马格南图片社、美国联系图片社、美国国家地理杂志社、美国光圈基金会、法国巴黎竞赛杂志社和 PHOTO 杂志社、德国国家地理杂志社等摄影机构也都在平遥举办过各种展览及活动。

中国平遥国际摄影大展还重视新媒体的运用，在摄影节开幕前夕，主办方会在官网上大量宣传摄影节的主题、嘉宾、参展作品，并在合适的区域镶嵌城市的标志性符号，比如古城墙、日升昌票号、双林寺等，通过这种方式在浏览网页的受众中形成影响，提升平遥城市符号的关注度，进而提升平遥城市形象的竞争力。

平遥国际摄影展的气氛开放并宽容，吸引了来自不同国家、不同文化的摄影作品，让其在摄影展上自由地交流与碰撞。作为国际最大规模的摄影活动，平遥国际摄影大展秉承“全民摄影”的办展理念，聚合城市创新、文旅产业整合、专业学术前瞻和全民参与互动的多样化展览模式，体现摄影的多元价值。

2. 注重对话交流

“九月公开课”是平遥国际摄影节摄影爱好者进行交流对话的主要方式，它聘请国内外优秀的摄影教育家、摄影师以讲座的形式讲授行业领域的前沿动态。除“九月公开课”以外，摄影节还通过展览、论坛、讲座、幻影之夜、现场讲解等多种学术形式让摄影爱好者们进行交流。摄影节已经逐步发展为一个展示与交流并重的平台。2014 年，平遥国际摄影节的学术活动共计 34 场，其中“九月公开课”4 场，讲座、论坛 16 场，幻灯晚会 4 场，国外经典展览现场讲解 6 场，重要展览开展仪式 4 场。

2014 年平遥国际摄影展首设“众”对话单元，10 位来自不同国际摄影节及摄影机构的摄影节主席以及来自世界各地的知名策展人、艺术家齐聚平遥，与国内策展人、摄影师平遥论剑，为大展提供整体的战略规划与可持续的框架及理念架构，提升大展的国际化、专业化水准。这种方式将不同国家、不同理论体系下的策展理念展现在观众的面前，使当代摄影在交流互动乃至对话中，建立起新的实践方式与展览模式。

3. 传播城市特色

每年举办的中国平遥国际摄影大展是传播平遥城市形象的重要一环，摄影节前的网络宣传在受众的广度上影响很大，当摄影大展的参加者和观赏者来到平遥后，所接受到的是平遥城市形象深度上的传播。在为期10天的摄影展中，参与者的衣食住行皆在平遥，在一个地方长时间、近距离的接触更容易被一座城市的文化和氛围感染，城市形象被立体、形象地传播给外部受众，这种切身感受使得参与者对平遥的体验逐步深化。因此，大型活动作为一种互动交流的平台，有着其他媒体宣传方式无法比拟的优势，它可以从五感入手，随时随地地传播城市文化。

除了近距离接触城市以取得的良好传播效果外，平遥国际摄影大展还会选择文庙、城隍庙、清虚观等标志性建筑作为活动场地。摄影节举办期间，这些标志性建筑会潜移默化地给参与者们留下深刻的印象。这些标志性建筑会在受众意识中逐渐形成一种代表平遥城市形象的符号，使城市形象立体化、生动化，这种符号与自身的美好经历结合在一起，从而提升了平遥城市形象。

城市形象是由外在表现和内在精神共同组成的，只看到标志性建筑或只了解晋商文化都不能算是达到了宣传城市形象的目的。只有运用各种形式的传媒方式将城市形象的内外两面展现给受众，才能将陌生的城市形象变成生动、立体的交流。

2014年艺术空间与城市文化形象传播

左艺芳

文化形象是城市形象的重要组成部分。城市文化形象传播主要包括对内文化建设和对外形象传播两部分。近年来，我国许多城市形象的定位都强调了国际化，城市已然不再只是某国的城市，而是世界的城市。2014年城市文化形象传播的一个新特点，就是在传播中交流，在交流中发展，即城市文化的自我更新意识逐渐增强。城市艺术空间作为城市文化形象的展示窗口，不仅是市民文化生活的主要活动场所，还成为地区间多元文化艺术思想交融、碰撞的平台。

一、艺术空间的主要形式及其传播特点

艺术空间包括影剧院、美术馆、艺术区、艺廊等多种形式，这些艺术空间的一个共同特点是以艺术品展示、作品交易、文艺表演、艺术文化思想交流为日常主要经营内容。艺术空间的经营管理有政府拨款和民间资本两类资金来源，既有营利性质的，也有非营利性质的公益艺术空间。近年来，随着市民们的艺术文化素养逐渐提高，市民们对艺术作品学习、欣赏、投资的热情也不断增强，我国艺术空间的发展脚步也在逐渐加快。

（一）艺术展会

艺术展会是会展业的一个重要组成部分。我国会展业已有30年的发展历程，但艺术品展会还是最近几年才刚刚进入快速发展阶段。艺术展会通过公开陈列书法、画作、照片、雕塑、装置、设计产品等艺术品，为艺术品爱好者提供获取信息、交流思想、审美娱乐和艺术品交易的平台。艺术展会是集中化的艺术展览，往往以会展的形式在一定的场馆内举办，既可以是以艺术品销售为主要目的的销售会，也可以是以文化交流传播为主要目的的非营利性质的展览会。

2014年我国艺术展会事业取得明显的进步，许多大型展会成功举办，探索出了一条特色化、国际化、品牌化发展道路。比如五六月间，“2014

上海设计之都活动周”的子活动“上海艺术设计双周展”中展出了大黄鸭之父霍夫曼为上海量身打造的沪上大型艺术装置；9月，第十七届北京艺术博览会于北京展览馆举办，吸引了来自国内及法国、奥地利、美国、韩国等20多个国家的100余家画廊、艺术机构参展，展出5 000多件国画、油画、雕塑等艺术精品，现场艺术品成交额1.2亿元人民币；[①] 第五届“艺术广东·国际收藏品及艺术品博览会”与淘宝网合作，成为国内第一个举办线上预展及拍卖的专业艺术博览会。

2014年11月21日，首届“中国（苏州）民间艺术博览会”在苏州开幕。这是一次颇有中国传统文化特色的全国性艺术展会。苏州市吴中区民间工艺家协会主席叶志明说：“众所周知，天下工艺看苏州，苏作精华在吴中。近年来，吴中区内的民间工艺品屡夺大奖，区内的国家、省、市三级工艺美术大师总数占据全市的‘半壁江山’。”本次展会上体量最大的展区就是以“指尖上的传奇——手艺太湖·天工吴中”为主题的传统工艺展区。[②] 此次展览以“传承、弘扬、繁荣”为主题，以“发掘民间艺术瑰宝、

图1　中国（苏州）民间艺术博览会上的传统建筑雕刻技艺

（图片来源：名城新闻网，http：//news.2500sz.com/news/szxw/2014－11/21_2513898.shtml）

---

① 2014第十七届北京艺术博览会［N/OL］．华夏收藏网．http：//www.cang.com/exhibit/18711.html．2014－6－20．

② 首届中国民间艺术博览会开幕　苏州工艺抢眼［N/OL］．名城新闻网．http：//news.2500sz.com/news/szxw/2014－11/21_2513898.shtml．2014－11－21．

展示民间艺术风采、汇聚民间艺术精品、交流民间艺术成果、培育民间艺术市场”为宗旨，立足苏州，面向全国人民及海外同仁，汇聚民间工艺精品，促进各民族、各地区之间民间艺术大交流与大合作，并结合第12届苏州市民间艺术节，在苏州参加民博会的作品中评选出苏州市首届“金桂奖”民间工艺美术作品奖。可以说这次展会是对苏州民间文化底蕴的一次大开发，也是苏州“工艺名城”形象在全国范围内的一次成功推广。

（二）艺术馆

艺术馆是指保存、展示艺术作品的设施，通常以视觉艺术为中心。最常见的展示品是绘画、雕塑、摄影作品、装置艺术、工艺设计等。艺术馆除了为艺术品提供展示空间，有时也会举办其他类型的艺术活动，例如音乐会、诗会、文艺演出、学术论坛等。此外美术馆通常也兼具推广与文化相关的教育、研究等功能。美术馆一般有公共和私人两种性质：公共美术馆是一种博物馆，对一般民众公开、免费展示艺术作品；私人美术馆通常又称为“私人艺廊”，大部分以艺术品交易为主要目的，近年来也出现了公益性质的私人艺廊。

中央美术学院美术馆（CAFAM）是我国目前最活跃的美术馆之一。依托中央美术学院作为源头活水，2014年的CAFAM可谓佳展不断。2月至4月间，第二届“CAFAM双年展——无形的手：策展作为立场”，可谓CAFAM开年最大的艺术盛会。“无形的手”是一次跨国界的策展与教育实践，本届双年展邀请了中央美术学院、中国美术学院、法国Magasin美术学院、荷兰Appel美术学院、美国加州艺术学院、英国皇家艺术学院6所享有国际声誉的艺术学院的学生担任策展人，呈现出大胆前卫的策展思路。参展作品中有提诺·赛格尔（Tino Sehgal）、瓦利德·拉德（Walid Raad）、马克·迪翁（Mark Dion）等多位国

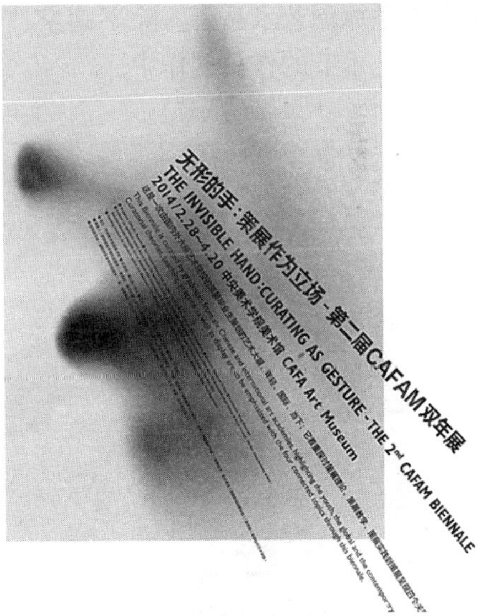

图2　第二届CAFAM双年展海报

（图片来源：艺术中国 http://art.china.cn/zixun/2014-02/07/content_6651363.html）

际大牌艺术家的佳作。这次 CAFAM 双年展的成功举办，进一步巩固了北京作为全国文化中心的地位，也使得北京在世界前卫艺术舞台上绽放光彩。

（三）艺术区

艺术区是一种大型艺术空间形式，往往是多种类型艺术空间的汇集。通常艺术区内不仅有美术馆、艺廊、舞台，还有艺术家工作室、文化公司驻点、餐饮区、生活区等，是一个以艺术为主题的综合性社区。我国目前最大的艺术区是位于通州的宋庄艺术区，其内最大也是最重要的艺术空间就是成立于2006年的宋庄美术馆。宋庄美术馆积极扶持与帮助青年艺术家，策划、开展了一系列针对宋庄艺术生态的调查、研究、整理工作，进行了“生活在宋庄田野调查”等相关学术研究，美术馆广泛开展国际学术交流活动和展览，积极组织、参与、支持各类公益和慈善活动。

2014 年9 月29 日，“2014 宋庄艺术节”在宋庄镇小堡淘宝街开幕，7 个展馆及300 个艺术家工作室集中对公众开放，创历届艺术节规模之最。本届宋庄艺术节的主题为“艺术品让生活更美好”，有2 大主会、5 个主题展和1 条原创艺术品街。除了画家、雕塑家之外，一些作家、评论家也加入此次艺术节的作品创作中。

图3　宋庄美术馆内景

（图片来源：游天下，http：//guidebook. youtx. com/Info/1233366/）

（四）艺廊

20世纪70年代，随着对外开放的深化，人民生活水平有所提高，人们对艺术文化生活的需求也渐渐增强，于是一些物质文化水平较高的城市率先出现了以收藏、陈列或销售美术作品为主要经营项目的各类画廊。近年来，艺术市场多元化与产业化的发展使得单纯的画廊难以满足市场需求，于是许多画廊进行了调整和改革，将经营范围扩大，并更新经营理念，“艺廊”的概念遂破茧而出。艺廊不同于画廊，有着更广泛的艺术类型，各类沙龙、专业讲座、时装秀、小型音乐会、话剧、现代舞演出都在艺廊的经营范围之内。艺廊可谓城市艺术产业发展中的实干家。

图4 西泠艺廊 Logo

（图片来源：西泠艺廊新浪微博，http：//weibo. com/u/2132195474）

例如有着金字招牌的西泠印社，近几年为拓展多元化经营渠道开办了西泠艺廊。2014年恰逢“中国大运河”申遗成功，12月23日，西泠艺廊在位于大运河南起点的杭州拱宸桥畔举办了“中国国际青年艺术周（杭州站）——一河串百艺·运河怀古”暨“2014首届国际青年艺术家提名展”，展出来自美国、韩国、日本、印度、缅甸等多个国家的青年艺术家的93件艺术作品。西泠艺廊副总经理何琦说：“你能从我们的展览中感受到青年艺术家在整个城市的变迁和演进的过程中，所承担的角色和关注的点。”①我们可以从这次展览中看到杭州城几百年来的变迁，也能够从年轻艺术家的努力中看到杭州城富有创造力的未来。

（五）剧院

剧院是专门用来表演戏剧、话剧、歌剧、歌舞、曲艺、音乐等文娱的场所，也兼有放映电影、举办庆典的功能，是一种面向高端消费群体的公共艺术空间形式。比如坐落于浦东新区陆家嘴金融城的上海东方艺术中心，以“听交响到东方”为经营目标，是中国大陆第一家举办过柏林爱乐乐团与维也纳爱乐乐团世界两大顶尖乐团音乐会的剧场。东方艺术中心是

---

① 首届国际青年艺术家提名展开展 西泠印社打造年轻人的艺术庙会［N/OL］. 杭州网. http：//ori. hangzhou. com. cn/ornews/content/2014－12/23/content_ 5582449. htm. 2014－12－23。

上海的标志性文化建筑之一，从高处俯瞰，东方艺术中心5个半球体大厅宛若一朵盛开的“蝴蝶兰”。《芝加哥论坛报》在评论上海东方艺术中心时说道：“这座剧院可以说是整个地区变革的重要文化推动力量。”① 其打造“中国作品世界首演、世界作品中国首演”艺术平台的经营成果不断扩大；多年坚持举办以民族戏剧为主要内容的“东方名家名剧月”广受好评；年观众量达10万人次的“东方市民音乐会”闻名遐迩；贯穿全年的会员活动日、艺术欣赏讲座、音乐普及讲座和东方文化讲堂构成了“月月有开放日，周周有公益场，场场有学生票”的公益格局，广受市民欢迎。世界指挥大师祖宾·梅塔在考察东方艺术中心演出季的内容和运营情况后说：“我对上海能有这样国际水准的剧院感到震惊!”东方艺术中心对上海国际化、高端化城市文化形象的塑造功不可没。

图5　上海东方艺术中心夜景
（图片来源：上海文化信息网，http：//www. culture. sh. cn/venue_ detail. asp？ venueid =113）

二、2014年各地艺术空间对城市文化形象的传播概况

（一）北京：798牵头艺术区“商圈化”

20世纪90年代中后期，798曾是中国先锋艺术潮流的策源地，当时除了外国人和国内先锋艺术家汇聚于此之外，鲜有市民问津。如今，798不仅是闻名中外的当代艺术重镇，而且成为北京的重要旅游景点和市民休闲区。798的艺术性、时尚性、开放性和娱乐性，使其成为北京旅游地图的主要推荐地。

2014年9月20日，以“艺象·时空”为主题的798艺术节开幕。此次艺术节主要活动有《忆影·时空》798艺术空间摄影展，通过摄影爱好者的镜头，回顾798艺术空间里精彩曼妙的展览瞬间；《游乐园——798公共艺术邀请展》，用优秀的当代雕塑作品扮靓798艺术区户外空间；2014北京798艺术节之“艺术市场及艺术品经营”讲座，主要进行交流经管经

---

① 上海东方艺术中心主页［EB/OL］. http：//www. shoac. com. cn/NewsInfo. aspx？ NewsID =7466.

验，介绍艺术品交易市场的发展情况等活动。2014 北京 798 艺术节期间，共迎来国内外宾客超过一百万余人次，创造了 798 艺术节到访宾客史上的一次新高。①

然而快速发展中的 798 却与艺术渐行渐远。“798 和国外大多数艺术区的命运和发展路径基本一致，即以艺术始，以商业终，商业的繁华最终将艺术气息淹没。目前来看，还没有更好地改变这一路径的办法。”中央财经大学文化经济研究院院长对艺术区商圈化现状表示无奈。② 2014 年初，《光明日报》的评论文章揭示了以 798 为代表的国内艺术区正面临的窘境：10 年前它引领艺术潮流，正因它的存在，北京入选当年美国《财富》杂志评选的世界最具发展性的 20 个城市；而今，艺术氛围被浓厚的商业气息挤压，许多艺术家与艺术机构撤出 789，曾经作为先锋艺术展示窗的工厂街区成为拍照留念的“景点”。③

（二）上海：多元经营东方艺术之窗

如今，上海的博物馆数量已经达到 120 座，美术馆的数量也在激增，多元文化形象贯穿上海城市文化建设的始终。2014 年是上海市徐汇区《文化发展三年行动计划（2012—2014 年）》的最后一年，该年取得的一项重要成果是中国大陆第一批私人经营的公益美术馆与观众见面了。1 月初，余德耀美术馆在上海黄浦江畔开幕，相距不远处的龙美术馆西岸馆，也于 2014 年春季开馆。这两家私人美术馆于 2012 年签约上海“西岸文化走廊”品牌工程，以收藏家个人名义设

图 6　2012 年 7 月 7 日，余德耀美术馆投资人余德耀（上图左）、龙当代美术馆投资人刘益谦（下图左）签约“西岸文化走廊”计划

① 艺术中国：2014 北京 798 艺术节完美落幕［N/OL］. http://art.china.cn/zixun/2014-10/20/content_7306055.html. 2014-10-20.

② 798 之困：商业是艺术的“敌人”吗？［N/OL］. 光明网. http://epaper.gmw.cn/gmrb/html/2014-04/18/nw.D110000gmrb_20140418_1-10.htm? div=-1. 2014-4-18。

③ 798 之困：商业是艺术的“敌人”吗？［N/OL］. 光明网. http://epaper.gmw.cn/gmrb/html/2014-04/18/nw.D110000gmrb_20140418_1-10.htm? div=-1. 2014-4-18.

立，吸引了众多关注的目光。

“西岸文化走廊”利用上海铁路南浦站旧址，修复了龙华机场老机库、老煤炭码头、油罐等老建筑，打造集工业文化、演艺文化、创意文化、游艇文化为一体的文化休闲带，通过吸引全球影视文化、音乐文化、时尚文化在此集聚，成为全球精品文化传播集散地。其中龙华机场老机库的复建项目是重头戏，这个“36号机库”原属于龙华机场，由旅德留学归国的建筑师设计。2014年初，旧飞机库焕然一新，余德耀美术馆入驻此地，百余件“后现代”美术及装置艺术作品正式与市民见面。此举标志着“十二五”期间上海着力打造的“西岸文化走廊”初具雏形。

图7 “西岸文化走廊”项目地图
（图片来源：百度）

上海一直以来都是我国文化艺术领域“引进来”“走出去”的重要窗口，相继开展了许多国际化大型文化节、展览、交易会，引进国内外著名的文化经纪公司和艺术大师，策划、培育具有广泛知名度和吸引力的文化演出项目，举办大型文化交流活动，推进民间文化艺术交流。

2014年上海的另一项艺术壮举是2月至3月间举行的“设计上海·上海国际设计创意博览会”（DESIGN SHANGHAI 2014），自2000年起，该展会已成功举办7届。此次展会是中国迄今为止规模最大的国际设计博览会之一，逾150个世界知名设计品牌齐聚上海，其中90%的品牌首次被介绍到中国。Magis、Fritz Hansen、Se London、Boss Design、Amtico、Ginger & Jagger、Cole & Son等大批国际设计品牌均列展览名录，一系列旨在探讨中外设计话题的论坛讲座和限量、珍藏馆大师杰作拍卖活动将在博览会期间推出。该项展览旨在推动上海创意设计发展，培育具有创

图8　2014年“设计上海·上海国际设计创意博览会”海报
（图片来源：艺术中国，http://art.china.cn/zixun/2014-02/07/content_6651363.html）

新开拓精神的设计师，打造具有上海城市特色的文化品牌项目，已成为上海文化艺术领域具有极大专业影响力的品牌活动之一。本届展览以“美学城市 Aesthetics City”为主题，旨在提倡“设计引领创意生活，美学建构理想城市”的美好愿景。“美学”是城市和设计之间最具特色的思想纽带，“美学城市”以批评和探索的角度思考城市化进程中经历的城市化、郊区城市化、逆城市化、再城市化过程中出现的问题，通过“设计”探索人与自然和谐相处、城乡共荣的城市化模式。

图9　上海艺术设计展工业设计作品
（图片来源：豆瓣网，http：//www. douban. com/event/20809239/）

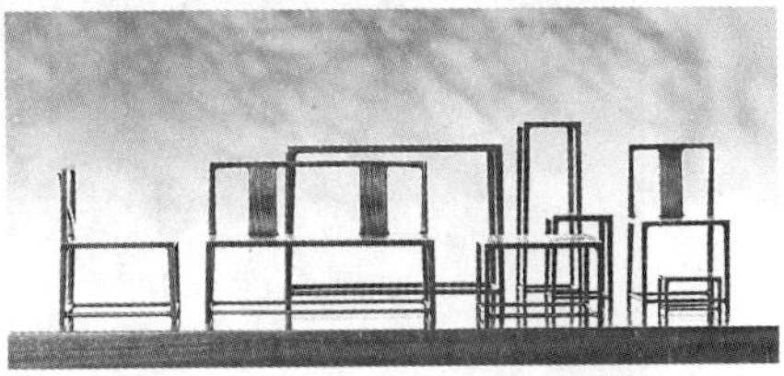

图10　“大天地”系列家具（蒋琼耳）
（图片来源：中国艺术报，http：//www. cflac. org. cn/zgysb/dz/ysb/history/20131129/index. htm? page =/page _ 13/201311/t20131129 _ 233648. htm&pagenum = 13）

（三）东莞：莞产音乐剧打造东莞文化品牌

东莞自 2007 年提出打造“音乐剧之都”的目标以来，莞产音乐剧不断发展，涌现出了许多优秀剧目。近年来，东莞已先后推出了《蝶》《爱上邓丽君》《三毛流浪记》等多部音乐剧，受到各方好评，莞产音乐剧先后斩获韩国大邱国际音乐剧节最高奖、中宣部“五个一工程”奖等国内外 9 个重要奖项。

2014 年 12 月 6 日最新莞产音乐剧《聂小倩与宁采臣》在东莞玉兰大剧院开启首轮演出，随后开始在全国 32 个城市巡回演出。该部音乐剧是第四届中国东莞音乐剧节的重头戏。本届音乐剧节主题为“幸福城市，欢乐节拍”，分为活动开幕、名剧展演、音乐剧沙龙、本土音乐剧小戏小品比赛、普及推广、剧目评奖颁奖 6 大板块，有美国音乐剧《新泽西之夜》、韩国音乐剧《爱情花》等 13 个来自国内外优秀演出团体的 28 场精彩演出。此次音乐剧节在形式和规模上均超越往届：一是除主会场东莞玉兰大剧院外，增设东城影剧院等 6 个分会场；二是东莞原创剧目悉数登场；三是注重基层文艺普及，多部音乐剧作品及讲座到街道或学校演出；四是首办音乐剧小戏小品比赛，进一步推动东莞音乐剧原创力量发展；五是鼓励《下一个出口，望牛墩》这种本地题材戏剧的创作，充分利用本土文化资源，为东莞城市文化形象传播带来源源不断的创新动力。

图 11　莞产音乐剧《聂小倩与宁采臣》剧照

（图片来源：摄影部落，http：//dp. pconline. com. cn/public/photo/source_ photo. jsp?' id = 17410512&photoId = 3472224）

（四）西安：传统文化与现代科技的交谊舞

西安不仅历史文化底蕴丰厚，而且科技产业发展较快，是中部地区少有的产业发展较为平衡的大都市。陕西省人民政府高度关注本省文化事业，制定了发展文化大省的战略目标。

2014 年“媒体城市”国际艺术展在西安贾平凹文化艺术馆举办，可谓西安文化界的一大盛事。2014 年 9 月，中外参展艺术家以西安城市的不同空间、场合为载体和背景，实施并展示充满动感、日常趣味和参与性的媒体艺术作品。他们在城墙、建筑和 LED 视频终端上，使用多种光影技术手段，将空间与媒体进行交融，与观众进行多感官交流。9 月 26 日至 27 日，“媒体城市”开展“聚合微时代：西安新媒体短片高峰论坛”主题论坛，并将“聚合微时代：西安新媒体短片放映会”作为主题展重点推出。此次艺术展参展艺术家近100人，来自亚洲、欧洲多个国家；还有数量众多的艺术机构联合展，包括“ARTY LIGHT西安国际灯光秀”“‘虚拟实境’影像艺术展”“五种感官：MAGMART国际录像艺术双年展25个获奖作品展”“创意生产/非艺术家的艺术”等多个不同主题。其中联合展“ARTY LIGHT西安国际灯光秀”用3个现场的灯光秀展示了西安丝路古城的别样风貌，《“丝路之光”西安城墙特别之夜》《“丝路之光”金鹰国际灯光秀》《丝路之光：大唐西市灯光装置秀》交替上演，将现代化的视觉效果与传统文化中的精致华美有机结合，给人深入心灵的震撼。

图12　西安城墙上的灯光秀

（图片来源：西部网，http：//news. hexun. com/2014－10－01/169032532. html）

半坡国际艺术区有着西安“798”之誉，是一个在政府扶持下建设起来的新兴艺术区。半坡艺术区在原有自发形成的纺织城艺术区的基础之上，依托于陕西省美术家协会、灞桥区委区政府和纺织城综合发展办的大力支持，实行政企合作，统一规划、统一实施、统一运营，经过一个冬天的酝酿，半坡艺术区于2015年开年之际迎来首展。半坡艺术区举办的第一个大型活动是“大鱼集市”原创手工艺制品售卖会。“大鱼集市”是一项举办过13次的民间品牌文化活动。手工艺爱好者们将自己的原创作品以地摊售卖的方式展示给其他参与者。这一活动以高度的原创精神和打破成规的勇

图13

（图片来源：西安半坡国际艺术区新浪微博，http：//weibo. com/banpoart？sudaref＝www. baidu. com＃_ rnd1425830661619）

气，吸引了大量的青年文艺爱好者，把西安这座古城的文化形象营造得年轻而富有活力。

三、案例研究：广州——大陆南端的文化中心

2014 年摄制、2015 年初发布的广州市城市形象片，以“融”为主题，体现了广州海纳百川的文化气量。广东省政府一直以来都非常重视本省的文化建设，从 2011 年至 2015 年，省财政每年投入一个亿，用于补助经济欠发达地区未达标的公共文化设施建设，2015 年基本实现市、县、镇、村四级公共文化设施全覆盖。广州是国内首个举办艺术博览会的城市，广东省“三馆”免费开放工作也走在全国前列，于 2011 年 7 月 1 日全部完成。广东省文化厅副厅长杨树表示，公共文化设施与社会无距离，使公众在文化心理上增强了主人感。①

随着全球化程度的加深和市民文化素养的提高，广州民间艺术空间逐渐增多，“艺术广东”等大型国际化、品牌化展会成功举办，这使得广州不仅成为华南地区的文化产品集散地，也成为位于亚洲大陆南端的一个全球前卫艺术中心。这些艺术空间通过艺术展会、艺术活动、文艺作品演出、学术交流等形式，吸引了世界各地的艺术爱好者和艺术家的目光，成为广州城市文化形象对外传播的一个有效渠道。

广州作为千年商都，文化资源丰富，今年来在《珠江三角洲地区改革发展规划纲要（2008—2020 年）》的指导下，广州出台了《广州市区产业“退二进三”企业工业用地处置办法》《关于广州市旧厂房改造土地处置实施意见》等相关政策，大力推进“退二进三”和“三旧改造”进程，这为广州城市中的旧厂房、旧仓库等优秀历史建筑和文化建筑资源向创意园的改造提供了良好的政策优势。截至 2014 年，广州市共有文化创意产业园 62 家，分布于 12 个区县之中，其中越秀区、海珠区、番禺区、荔湾区、天河区、白云区是文化产业园分布的主要区域。

---

① 广州市十区 10 月前向市民全面免费开放“三馆”［N/OL］. 凤凰网. http：//news. ifeng. com/gundong/detail_ 2011_ 06/28/7292920_ 0. shtml. 2011 -6 -28.

表 1　广州主要文化创意产业园名录

分布区域	主要园区代表名称
越秀区	星坊 60 文化创意产业园
海珠区	太古仓文化旅游艺术创意区、广州 TIT 创意园、海珠创意产业园、珠碑文化创意艺术区、珠影文化创意产业园、海珠区文化星城
番禺区	广州星力动漫游戏产业园、金山谷创意产业园、长隆旅游度假区、国家数字家庭应用示范产业基地、天安节能科技园、中颐创意产业园
荔湾区	信义会馆、1850 创意园、芳村文化创意园、基督教堂园区、922 宏信创意园、IDC 创新科技园
天河区	红砖厂创意艺术区、北岸文化创意园、羊城创意产业园、天河创意港
白云区	白云创意创业产业区、白云科技创意园、嘉禾创意园

广东在中国艺术历史上拥有着辉煌的往绩，然而，历史的光环并未能推动广东艺术市场攀上高峰，由于本土艺术氛围单薄，本地画廊宣传力度欠缺，致使本地藏家无从考究，也无从信任，从而造成了本地艺术家签约外地画廊、本地藏家到外地购买艺术品的现状，广东艺术市场逐渐陷入低潮期。“艺术广东”通过借鉴国内外成功的艺术展览会运营模式和经验，加强各地区之间的交流，以近现代及当代艺术作品作为中心向导，让艺术聚焦于广东，推动广东艺术事业产业化发展再攀高峰。

（一）扉艺廊打造全感官艺术体验

当前我国艺廊发展整体情况并不乐观，艺术区地价居高不下，网络艺廊挤占市场，很多实体艺廊生存状态堪忧。广州扉艺廊却能独树一帜，充分使用多种经营手段，荟萃粤闽艺术精英，张扬当代艺术个性，成为岭南地区最为成功的商业艺廊。扉艺廊一直致力于将艺术与当下社会紧密联系，注意与媒体及慈善机构合作，深入大众生活，多次成功举办公益展览活动，得到艺术界和大众的充分肯定。

2014 年 12 月扉艺廊举办了“哗，瑞士”Open Show，是一场多种感官形式交融的艺术盛宴。“这并非一个画展，虽然有水墨岩彩画装置；这也不是一个影展，虽然有两位摄影师的摄影作品；这不单单是一个演出，虽然有来自瑞士的舞蹈艺术家 Sylvie Xing Chen 和由她带领的 Butoln Switzerland 瑞士人当代舞团。”① 此次展演的主题是“Wow Switzerland”，一个你跟团旅行、从旅游杂志或明信片上看不到的瑞士。主要目的是带领参与者感受瑞士，感受两位摄影师和一群艺术家对瑞士的印象。扉艺廊借助广州优越的内外文化沟通地位，利用多种现代化手段，多种艺术形式表现同一主题，探索出了一种新型艺术展会形式，不仅为艺廊的发展经营提供了借鉴，也让广州的国际化城市文化形象更为响亮动人。

图 14 “哗，瑞士”Open Show 舞蹈作品

（图片来源：网易艺术，http：//fashion.163.com/14/1209/17/AD1Q2VLA00264MK3.html#p = AD1Q0E5654A50026）

（二）“艺术广东”展会引领广州美术潮流

广州大学会展产业研究所所长刘松萍认为，成功的文化展会要具备三点，第一是要有正能量，具备舆论的导向性；第二要有传统性，挖掘传统的优秀文化并与之相融合；第三是策划及操作方式要专业化，要考虑国际性。② “艺术广东·国际收藏品及艺术品博览会”（ART CANTON）就是这样一个兼具国际性与传统性，有着积极舆论导向的艺术盛会。“艺术广东”创办于 2010 年，在 2014 年迎来第五届盛会。“艺术广东”以“立足本土，面向国际”的定位，积极建构本土与海内外艺术机构的沟通桥梁，创新探索独具自身特点的展览形式，获得了业界的广泛认可，被誉为“华南地区最顶级的艺术博览会”，并逐渐成为广州城市文化中的重要符号与名片，被广东省文化厅列为全面深化改革与发展的重点任务之一。

2014“艺术广东”展会上，我国著名版画制作机构三版工坊带来以广东本土著名当代艺术家邓箭今创作作品的版画参展；电脑包、帆布袋、丝巾等生活化物品与艺术结合所得的衍生品也可以在扉艺廊展位看到，这些创新展示了艺术广东对艺术产业的关注，这也是艺术衍生品首次在“艺术广东”以一个独立的产业形态参展。2014“艺术广东”与中国最大的在线

---

① 扉艺廊：“哗，瑞士”体验秀［N/OL］. 网易艺术. http：//fashion.163.com/14/1209/17/AD1Q2VLA00264MK3.html，2014 - 12 - 9.

② 广东：让文化展会为城市形象代言［N/OL］. 人民网. http：//culture.people.com.cn/n/2013/0901/c172318 - 22765197.html.

拍卖平台——淘宝拍卖会启动 O2O 特别合作，将专业艺术展览平台与互联网融汇，触探艺术品电商交易模式，“艺术广东”成为中国第一个举行线上预展及拍卖的专业艺术博览会。“艺术广东不仅希望展示专业化、多元化、国际化的面貌，也希望从艺术产业上引入更多生机。”艺术广东总监陆茵欣女士这样说。[①] 2014“艺术广东”开发本土艺术市场的兴趣点，展示传统艺术与现当代艺术之余，首次设立艺术衍生及设计品展区，这是“艺术广东”切合本土贸易市场优势，凸显艺术品产业发展前景的创新尝试。

图 15　“艺术广东”海报

（图片来源：大粤网，http://gd.qq.com/zt2014/canton/）

（三）“红砖厂”对广州文化形象的长期营销

广州红砖厂位于广州市员村，其前身是建于 1956 年的中国最大的罐头厂——广州罐头厂，艺术家们将废弃的生产车间改造成了 LOFT 风格街区，可以说红砖厂的演变历程深深打下了城市发展的烙印。现在的红砖厂散发着浓浓的艺术气息，自建成以来，吸引了国内外众多知名的画廊、设计工作室、媒体、学术基地、艺术机构、时尚店铺、文化俱乐部、特色餐饮等创意机构进驻，几乎每月都有新的展览，对广州城市文化形象进行着长期营销。目前，红砖厂已经成为广州 CAD（艺术中心区），也是华南地区一个具有国际影响力的文化创意产业区。

---

① 第五届艺术广东将于 9 月盛大启幕［N/OL］. 大粤网. http://gd.qq.com/a/20140911/022606.html. 2014-8-20.

图 16　“三位艺体”亚洲青年创作展中“亚洲崛起艺术与设计跨界分享会”环节
（图片来源：艺术中国，http：//art. china. cn/zixun/2014－04/15/content_ 6819373. htm）

2014 年 4 月，“三位艺体”亚洲青年创作展于红砖厂 C1 艺术中心开幕。展览旨在陈列一个微型的青年创作生态，打破单一类别展示秩序，以立体面貌解读新锐创作。这次邀请到 35 位 35 岁以下的跨界创作者，类别涵盖装置艺术摄影、时装设计、平面设计、短片，以及插画和绘画等多个类别，策展人与参展人均为 80 后，可以说是一次青年艺术盛会。

图 17　澳大利亚艺术联展
“一半/一半”宣传海报
（图片来源：豆瓣网，http：//www. douban. com/event/21928633/）

2014 年红砖厂举行的另一次颇具特色的艺术展是 6 月由澳大利亚著名土著策展人琼·孟丹（Djon Mundine）策划，澳大利亚艺术家盖里·李（Gary Lee）、桑德拉·希尔（Sandra Hill）和贾森·荣（Jason Wing）共同参与的艺术联展“一半/一半”，旨在向观众们展示中澳两种文化在相互交融之后，是如何碰撞产生别具特色的艺术创作灵感的。3 位参展艺术家成长环境各异，创作风格不同，但有一个共同的特点：或多或少具有华人血统。这使得此次展览具有了国际文化传播的特殊意义。

2014 年 9 月，“动人偶像香港原创玩具展”在红砖厂 E7 展馆开幕，展览汇集 3 位著名香港玩具设计师马志雄（Winson Ma）、哈士奇魂（Husky Kevin）以及梁沛乐（Paul Leung）的优秀作品。本次参展的设计师、猿创作的创办人 Winson Ma 说：“作为玩具设计媒体，能从自己的作品中带出一些对世界关注的爱。世界是需要设计，同时设计就是为了世界。”广州由于其得天独厚的地理条件，百年来作为中外文化的交流站，形成了独特的以“融”为特点的城市文化特色，而与香港同语相连的文化个性也使得粤港之间的文化交流频繁而深入，这对广州城市文化形象的传播起到了不容忽视的建设性作用。

图 18　红砖厂“动人偶像香港原创玩具展”海报

（图片来源：网易艺术，http://fashion.163.com/14/0926/10/A72G1BEL00264MK3.html）

四、充分利用艺术空间对城市文化形象进行正面传播

（一）艺术空间助公民艺术文化素养的提高

艺术空间是进行市民文化艺术教育的一个重要场所。2011 年文化部、财政部联合出台《关于推进全国美术馆公共图书馆文化馆（站）免费开放工作的意见》，明确要求在 2011 年底之前，国家级、省级美术馆全部向公众免费开放；全国所有公共图书馆、文化馆（站）实现无障碍、零门槛进入，公共空间设施场地全部免费开放，所提供的基本服务项目全部免费。[①] 免费开放政策极大地提高了公共文化场馆的使用率，使得“旧时王谢堂前燕，飞入寻常百姓家”。管理好、利用好、发展好城市艺术空间，不仅可

① 解读美术馆博物馆的免费开放之路专题［N/OL］. 99 艺术网. http://www.99ys.com/zt/meishuguan/msg.html.

以推动城市文化的建设，更能提高市民的文化素养。市民是一座城市的文化、个性、精神的缔造者，一座城市的文化形象建设不能仅靠政府出力，更需要全体市民的参与。因此，帮助艺术空间建设，提高市民艺术文化素养，对于城市文化形象传播具有重要意义。

（二）充分利用艺术空间的对外宣传作用

艺术空间是城市对外宣传的重要窗口，也是各地文化交流的主要媒介平台。艺术空间一方面是城市原有的历史文化和创造精神的展示空间，另一方面也是引入新艺术形式，进行艺术文化交流的空间。2014 年正值中法建交50 周年，长久以来，中法文化的交流始终在两国关系发展中有着特殊的地位。9 月间，由文化部艺术发展中心主办的“2014 中国国际文化艺术博览会”，除了邀请中国大陆的知名画廊、艺术家外，还邀请到来自法国、意大利、德国、奥地利、西班牙、俄罗斯、乌克兰、加拿大、韩国、叙利亚 10 个国家，以及台湾、香港地区共 200 余家知名艺术机构共同参展，展出 7 000 余件艺术作品。展会现场由中法艺术联盟 TS、让·米歇尔艺术空间、Yann Rebecq 等来自法国的 10 家知名艺术机构组成的贵宾国展团，隆重且集中地展示经典绘画，充分彰显法兰西艺术魅力。① 这样的国际性展会无疑促进了城市文化形象的传播和国际的艺术文化思想交流，对两国的友好往来也会起到积极的促进作用。

图 19　2014 年 Art China 展会现场俯瞰

（图片来源：宁夏新闻网，http：//www.nxnews.net/jy/system/2014/03/24/011003915.shtml）

① 2014 中国国际文化艺术博览会在北京举行［N/OL］. 艺术中国. http：//art.china.cn/market/2014 -09/21/content_ 7248953.htm. 2014 -9 -21.

（三）警惕“商圈”蚕食“艺术”的空间

目前我国艺术空间发展正陷入“商圈化”窘境。中国经济网于2014年3月21日发布了《“画廊去哪了”——798艺术区画廊生存现状调查报告》，对整个北京798艺术区的画廊生存现状进行了深度调查和分析。报告显示，中国画廊业经历了10年左右的发展，作为新兴业态还很脆弱。一、二级市场倒挂现象明显，拍卖公司开始尝试私人洽购，进一步挤占了画廊的市场份额。画廊业所面临的挑战还不止于此，经济大环境的下行，大批资本的离场，让画廊生意更加惨淡；实力雄厚的海外机构不断入场，让竞争骤然加剧；新媒体的出现，网上画廊雨后春笋般出现，其快捷的传播速度和低廉的成本优势，也让实体画廊饱受冲击。[①] 这种“商圈”蚕食艺术生存空间的现状，使得很多艺术家和艺术机构撤出艺术区，如果市民在艺术区不能享受到真正的艺术盛宴，那么不论艺术区的经济贡献有多大，都会失去保护、扶持艺术发展的根本意义。雕塑家周永阳评论2014年宋庄艺术节时说道：“宋庄艺术节与往年的区别就是全面官办化和贵族化，失去的是民间化的根基与自发性，失去的是人，凸显的是钱，艺术上是黔驴技穷，用大来张扬，用学院来显贵，用老套来代替创新，用不傻装傻，不野装野，用符号化代替多样性，有莫名其妙来代替观念思想，人性的枯竭与思想的枯竭必是发展的枯竭。”[②]

（四）政策扶持保证艺术生存空间

据中国传媒大学文化发展研究院副院长谢伦灿观察，一方面，798不断上涨的房租，很大程度上造成798内大批量优秀艺术家的流失；另一方面，名声的扩大造成来798旅游的人数日益递增，在一定程度上冲击了艺术家应该要受到保护的创作环境，798的艺术生态遭到破坏。“虽说商业化倾向确实加剧了一些艺术家和艺术机构所面临的困境，但是不能就此将商业与艺术对立起来。”谢伦灿认为，商业不是艺术的“敌人”，艺术和商业是可以结合的。真正经典的艺术作品不仅能在艺术角度上经久不衰，同时也能经受住市场的检验，798也需要解决艺术生态与商业生态之间的关

---

① 798艺术区画廊生存现状堪忧　或可从三大方向突围［N/OL］. 环球网. http://finance.huanqiu.com/data/2014-03/4920616.html. 2014-3-21.

② 周永阳：评宋庄2014年艺术节［N/OL］. http://blog.sina.com.cn/s/blog_485221310102v3gp.html. 2014-10-3.

系。① 在这一问题上，我们可以借鉴国外艺术空间的发展经验。比如，美国苏荷区发展之初方向不明，纽约市就明确提出全部保留苏荷区旧建筑景观，以立法的方式确认苏荷为文化艺术区；再比如韩国的 heyri 艺术谷就明确定位为艺术区而不是旅游点，以利于艺术家的创作。可见每一个艺术区的成长发展都离不开当地政府的积极扶持与科学引导。

这种“以艺术始，以商业终”的轨迹已反复在全球多个艺术区出现。艺术的发展会带来商业的繁荣，然而艺术市场的发展成熟可能必然要经历与商业反复争执的过程。国外很多著名的艺术空间的建设都经历了少则二三十年、长则半个世纪以上的反复阶段，才完成一个从发展成熟到渐成气候的完整过程。中国的艺术空间发展起步较晚，基础薄弱，更需要一个较长时间发展成熟的过程。只有引导好艺术空间的发展，艺术空间才能真正从文化艺术的基点出发，为城市的文化形象建设发挥积极作用，才能在国内外传播过程中展示一个健康、向上、有创意的城市文化形象。

① 798 之困：商业是艺术的“敌人”吗？［N/OL］. 光明网. http：//epaper.gmw.cn/gmrb/html/2014 - 04/18/nw. D110000gmrb_ 20140418_ 1 - 10. htm？div = - 1. 2014 - 4 - 18.